法律法规释义系列

中华人民共和国
动物防疫法导读

刘振伟 于康震 主编

ZHONG HUA REN MIN GONG HE GUO
DONG WU FANG YI FA DAO DU

中国民主法制出版社
全国百佳图书出版单位

图书在版编目（CIP）数据

《中华人民共和国动物防疫法》导读/刘振伟，于康震主编.—北京：中国民主法制出版社，2021.4
ISBN 978-7-5162-2563-9

Ⅰ.①中… Ⅱ.①刘… ②于… Ⅲ.①动物防疫法—中国—学习参考资料 Ⅳ.①D922.45

中国版本图书馆 CIP 数据核字（2021）第 059643 号

图书出品人：刘海涛
责 任 编 辑：张　霞

书名/《中华人民共和国动物防疫法》导读
作者/刘振伟　于康震　主编

出版·发行/中国民主法制出版社
地址/北京市丰台区右安门外玉林里 7 号（100069）
电话/（010）63055259（总编室）
（010）83910658　63056573（人大系统发行）
传真/（010）63055259
http：//www.npcpub.com
E-mail：mzfz@npcpub.com
开本/32 开　880 毫米×1230 毫米
印张/15.875　**字数**/277 千字
版本/2021 年 6 月第 1 版　2021 年 6 月第 1 次印刷
印刷/北京天宇万达印刷有限公司

书号/ISBN 978-7-5162-2563-9
定价/56.00 元

编 委 会

主　　编　刘振伟（全国人大常委会委员、全国人大农业与农村委员会副主任委员）

于康震（农业农村部副部长）

编 委 会　张福贵（全国人大农业与农村委员会法案室主任）

杨振海（农业农村部畜牧兽医局局长）

王功民（农业农村部畜牧兽医局副局长）

王观芳（全国人大农业与农村委员会法案室副主任）

编写人员　门　炜　管崇涌　王　瀚　梁志强　柳焜耀　李卫华　万　强　李　昂　刘金才　任晓玲　翟海华　陈向武　张桂芳　倪鸿韬　王　斌　王　勇　邓　勇

动物防疫法也是人的健康保护法

（代序）

十三届全国人大常委会副委员长　吉炳轩

2021 年 5 月

动物防疫法修订案已经在第十三届全国人大常委会第二十五次会议表决通过。

这部法律草案从着手修订前前后后经过了两年多时间，广泛征求了各方面的意见，应该说是比较充分的。特别是在防疫抗疫的关键时刻，针对出现的一些问题，对动物防疫法修订，有很强的针对性和现实意义，也是在用法律来为抗疫防疫提供支持的实际表现，说明全国人大常委会的立法修法工作是着眼全局，联系实际，服务现实需要的，这也是一种政治意识、大局观念和强烈的使命感、责任感的具体表现。这不是拿好听的词语硬往这部法律的修订上贴，也不是刻意拔高这部法律修订的重大意义，而是摆在面前的活生生的现实。

现在仍在蔓延的新冠肺炎疫情，其溯源工作仍在进行，其逞凶的毒魔冠状病毒与动物的关联性很高。至于是蝙蝠、是蛇或是什么其他动物是它的最初宿主，是不是由动物传给了人，现在还需要考证，这是个非常复杂的科学问题。但可以说清楚的是，源头肯定不在中国，从正在传染的病毒类型即毒株来看，有些地方流行得比中国要早，只是当时没有认定罢了。流行性疫病的探源彻底搞清楚很难。自古以来流行性传染病的传染源头都很难找到。这是因为人类对病毒的研究虽然投入了很大的精力、物力和财力，但对其认识还是很有限的。现在已知的是，病毒是狡猾的，多变的，适应性超强的，是一般药物很难杀死的，而且它是随机应变的，在各种抗体面前，多能逃避，变异后去发动新的进攻。用生物学家、病毒专家的话说，病毒有一个特殊的本事，就是会突变。在每一个受感染的细胞中能很快产生出几千个病毒，而且每一个病毒同自己的兄弟姐妹也都有细微的差异，它的繁殖和遗传、扩散功能是超强的。这不是说病毒就不可治、不可防，疫苗就是对抗病毒的，实践也已证明，在目前是最为有效的。在已知的传染病中，多数是人畜共患的，至于怎样由动物传染给了人，或由人传染给了动物，最初的源头始终很难弄清楚。这也是因为病毒传播渠道是多种多样的。病毒可以通过食物、接触、血液、唾液传播，还可以通过空气中的气溶胶传播，这都是已经被发现所证实了的事情，而且病毒进入新的宿主体内，并不是一进入就致病的，而是有很长的适应期，或叫潜伏期，也叫相互对抗胶着期，即谁也战胜不了谁，就这么长期对峙着，使被感染者没有外在的反应和表现。这也是溯源难的一个方面。我不是危言耸听，也不是宣扬病毒的恐怖和厉害，认为满世界到处都是病毒，恐怖得不得了。人和病毒是共生共存的，都是生命体，和谐相处就平安无事，没有什么可怕的。害人的病毒在动物身上，甚至在水里、土里、空气里，只要人加以防范，能够远离或相互隔离，就不会有问题，这也是被抗疫防疫斗争的实践所证明了的。

我在这里只想强调一个观点，动物防疫至关重要，人类的生产生活有很大一部分是跟动物打交道的。有许多动物，如：牛马驴骡、鸡鸭猪羊和猫狗鸽兔，基本上是同人类一同生活的，不但是人类生活所必需，有的还是人的生产帮手，属于人类社会生产力的一部分。动物的疫病有很多，特别是一些传染性疫病，不但对动物危害很大，而且对人的危害也很大。禽流感时有发生，非洲猪瘟持续影响三四年，造成肉类供应紧张，我们一度要到国外去买更多冻猪肉吃。更为可怕的是，如果动物防疫做得不好，很有可能传染到人，造成疫病流行，如人感染禽流感等。去年新冠肺炎疫情被控制住以后，北京、天津、大连、青岛等地再次出现零星散发，一些批发市场和港口、仓库冷链食品包装被感染而引发的一些点状、片状疫情，给我们的检疫工作敲了警钟。自有史记载以来，人类所经历的恶性传染病，有许多都与动物有关，如：非典、黑死病、疟疾、流感、艾滋病、狂犬病、埃博拉、疯牛病、马尔堡病、中东呼吸综合征、登革热、汉坦病毒、炭疽病、寨卡等。这些流行性传染病，多是牛、羊、鸡、蚊、猴、蝙蝠、老鼠、犬等传播给人的，然后在人与人之间传播，给人类造成了极大危害。有关研究人员研究了 142 种已知的从动物传染给人类的病毒，并与世界自然保护联盟濒危物种红色目录进行对照，他们发现，牛、绵羊、山羊、狗，这类家养动物与人类共有的病毒种类最多，它们携带的病毒是野生哺乳动物的 8 倍。

世界卫生组织把人畜共患病定义为“能够在脊椎动物和人体间自然传播和感染的疾病”，引发疾病的可以是细菌、病毒、真菌或其他病原体。据有关资料显示，人类现存已知的传染病中有 60% 属于人畜共患病，75% 的新发传染病来自于动物。美国国家医学研究院关于新发传染病的报告中说：“在导致人类疾病出现的各类因素中，人畜共患病扮演了至关重要的角色。”有研究者认为，家畜驯化可能提供了人畜共患病最主要的传播途径。例如，引发胃癌和胃溃疡的幽门螺旋杆菌最初可能是通过羊奶传给人的。最近几十年，此前未知的疾病以前所未有的速度出现，甚至达到 30 年里发现 30 种人类病原体的程度，这其中大多数是人畜共患病。世卫组织认为，人畜共患病增加的趋势将会持续，而潜在病原体可能有成千上万种。2000年以来出现的一些人畜共患病对人类的生命安全和全球经济都造成了巨大破坏。据有关资料显示，人畜共患病每年造成超过20亿人患病，死亡人数居高不下，其中包括埃博拉病毒、中东呼吸综合征、艾滋病、牛结核病、狂犬病、细螺旋体病等，而人们多没有认识到，只知人是害病而死，但并不知道这些病是怎么来的。就经济损失来说，联合国粮农组织数据显示，非典、H5N1禽流感、甲型H1N1流感、埃博拉造成的经济损失均超过300亿美元。而新冠肺炎造成的全球经济损失预计超过数万亿乃至数十万亿美元或者说经济损失难以估量。

有研究认为，人畜共患病可分为三个阶段，即无人感染阶段、偶发人感染阶段和大范围传播阶段。其中，偶发人感染既可能来自野生动物，也可能来自牲畜。病原体也会从人传染到动物，在不同动物种群之间再传播，最后又传回人体。在此过程中，病原体混合、聚集、变异，可能导致其致病性增强。有研究报告说，人口密度越高，新发传染病越容易出现。人口密度越高、生物多样性越高的地方，源自野生动物的人畜共患病病原体也就越多，越有可能成为大流行病来源地。世卫组织、联合国粮农组织和世界动物卫生组织有关专家认为，新发人畜共患病的出现和传播被归结于：人类对动物蛋白质日益增长的需求、与之相关的养殖业扩张和集中化、活体动物长途运输、活体动物交易市场、食用野味以及自然栖息地破坏。在人口增长、城市化、收入增加等因素驱动下，人们对肉蛋奶消费量快速增长，传统的低效、家庭为主、低产出的养殖模式被高产的工厂化农场所取代。新养殖模式使大量同种动物挤在狭窄的空间，这可能为病原体进化、种群扩大和集散创造了理想环境。所以，加强动物的防疫就显得尤为重要。

从这个角度思考问题，动物防疫法的修订和完善就显得十分紧要和迫切。特别是对于防止疫病的流行，则更为重要和紧迫。而要防止动物身上携带的病毒传染给人类，或人类身上携带的病毒传染给动物，或动物之间所携带的病毒相互传播，最有效的办法就是做好防疫工作，不但家畜家禽要防疫，对于豢养的野生动物也要防疫。动物防疫太重要了，依法来确保动物能够及时有效地进行防疫太重要了。保护动物，从某种意义上说，也是在保护人类自己；动物防疫，从另外一个角度看，也是在对人类进行防疫。

还需要看到的是，由于我们对病毒的认识还很有限，许多人畜共患病，特别是疫病的发生和传播，现在还很难弄清，只能从已知的东西中来提出预防和控制措施，法律的不断修订完善也是必须的。

法律的作用在于实施，法律的权威也在于实施，再好的法律只有宣传到群众中去，落实到工作中来，才能收到实实在在的效果。动物防疫法经过认真修订、反复审议，已经通过并于2021年5月1日起施行，希望各有关方面认真地、广泛地、深入地宣传好这部法律，认真地、及时地、实在地实施好这部法律，真正做到依法保护动物健康，依法维护人类安宁。

目　录

附　录

绪　论

构建科学合理健全的动物防疫法律制度

刘振伟

2021 年 5 月

《中华人民共和国动物防疫法》（以下简称“动物防疫法”）于 1997 年 7 月第八届全国人大常委会第二十六次会议通过。2007 年 8 月 30 日第十届全国人大常委会第二十九次会议第一次修订。2013 年 6 月 29 日第十二届全国人大常委会第三次会议和 2015 年 4 月 24 日第十二届全国人大常委会第十四次会议两次修正。2021 年 1 月 22 日第十三届全国人大常委会第二十五次会议第二次修订，由 10 章 85 条修订为 12 章 113 条，向构建科学合理健全的动物防疫法律制度迈进一大步。

一、修订动物防疫法的重要意义

动物防疫法在保障养殖业生产安全、动物源性食品安全、公共卫生安全及生态环境安全方面具有十分重要的作用，是涉农法律制度中带有基础性的重要法律。

长期以来，由于我国饲养动物量大面广，养殖方式相对落后，动物及动物产品国际贸易增多，基层动物防疫体系薄弱，动物防疫形势严峻复杂，主要表现在：一是重点动物疫病净化、消灭缺乏全面的中长期规划，疫病多发高发突发，潜在风险及防控压力大。二是人畜共患传染病防控环节薄弱，制度建设、资源配置、部门协作机制不够健全。三是动物防疫制度体系不完善。病死动物和病害动物产品无害化处理、动物及动物产品调运监管、动物疫病区域化管理、动物防疫条件审查、动物疫病疫情监测预警等制度建设滞后。四是基层动物防疫机构、队伍及保障措施难以满足防疫需要。五是动物防疫责任体系不完善，生产经营者防疫主体责任落实不到位，一些生产经营主体履行强制免疫义务自觉性不强。六是法律责任缺乏刚性。2020年2月24日，全国人大常委会作出《关于全面禁止非法野生动物交易、革除滥食野生动物陋习、切实保障人民群众生命健康安全的决定》，对非食用性利用野生动物审批监管和检疫检验提出明确要求，需要及时转化为法律规范。综上，修订动物防疫法十分必要。

二、修订动物防疫法的总体思路及重点

认真贯彻习近平新时代中国特色社会主义思想，深入贯彻党的十九大和十九届二中、三中、四中、五中全会精神，按照全面提升动物卫生水平和全力防控人畜共患传染病的目标，着力解决动物防疫面临的制度性问题，对动物防疫方针、保障公共卫生安全和人体健康的工作机制、防疫责任体系、制度体系、监管体系和法律责任调整完善，构建科学、合理、健全的动物防疫法律制度。

修订后的动物防疫法在七个方面得到强化：一是强化对重点动物疫病的净化、消灭，在全面防控基础上，推动重点动物疫病从有效控制到逐步净化、消灭转变，调整了动物防疫方针；二是强化人畜共患传染病的防控机制；三是强化对非食用性利用野生动物的检疫和疫源疫情监测预警；四是强化生产经营者的防疫主体责任、行业部门的监管责任和地方政府的属地管理责任；五是强化动物防疫制度体系；六是强化基层动物防疫体系和保障措施；七是强化法律责任。

（一）强化对重点动物疫病的净化、消灭，调整动物防疫方针

过去，我国动物防疫工作坚持“预防为主”方针，有效控制了高致病性禽流感、口蹄疫等重大动物疫病大范围发生。但从动物疫病流行规律看，单纯预防难以有效遏制动物病原体变异及侵害，防不胜防，成本很高。有计划地净化、消灭对动物卫生安全和公共卫生安全危害大的重点病种，推进重点病种从免疫临床发病向免疫临床无病例过渡，有步骤地清除动物机体和环境中存在的病原体，降低疫病流行率，缩小病原污染面，是消灭重点动物疫病的科学路径。我国于 1956 年、1996 年已分别净化、消灭了牛

瘟和牛肺疫，国外一些国家亦成功净化、消灭了十多种重点动物疫病，积累了成功经验。为此，修订后的动物防疫法将动物防疫方针调整为，“实行预防为主，预防与控制、净化、消灭相结合的方针”。

对动物疫病防控方针的调整，是实践检验的结果，也是付出沉重代价后形成的共识。在动物疫病防控技术路径上，是单纯走“疫苗路线”，还是走从根本上解决问题的“净化、消灭路线”，长期争论不休。这次修订，着眼长远，权衡利弊，确定了“疫苗路线”与“净化、消灭路线”相结合的方针，取二者之长，有利于最大限度提升动物防疫水平和效果。

为什么要调整动物防疫方针？

一是动物疫病防控进入新阶段。动物疫病防控体系、技术支撑、资金投入、规模化养殖、管理水平及法制建设，是从预防为主向预防与净化、消灭相结合阶段转变的前提条件，经济发展水平及经济实力是重要因素，我国进入新阶段的上述条件基本具备。目标定得高一些，跳一跳可以摸得着。

二是实践效果较好。从已经建立的疫病净化示范场实践看，选择垂直传播的重点病种及人畜共患病从点到面再到区域净化、消灭，顺应了动物疫病防治规律，社会动员更加广泛，技术运用更加规范集成，防疫强度更高更严，资金投入增加，很好地控制了疫病扩散。成功的实践促使我们下决心在全国实施，打造预防为主方针升级版。

三是国际通行做法。国外一些国家经过数十年努力，已经净化、消灭十多种重点动物疫病，如口蹄疫、猪瘟、家猪伪狂犬病、猪布鲁氏菌病、禽沙门氏菌病。有的国家（如加拿大）通过立法，要求各地建立“疫病净化区”，确定对重点人畜共患传染病和垂直传播的动物疫病分阶段分区域净化、消灭的目标。

四是“预防为主”与“净化、消灭”相辅相成，互不排斥。“净化、消灭”不排斥“预防为主”，“预防为主”为“净化、消灭”夯实基础。全面防控是净化、消灭的前提，净化、消灭着眼长远、全面布局，构成完整的防控链条。二者有机结合，会收到 1 + 1 > 2 的效果。

世界动物卫生组织（OIE）制定的《陆生动物卫生法典》，对不同动物疫病净化、消灭标准已经作了规范，例如口蹄疫无疫区的标准是：在过去 12 个月内未发生过口蹄疫病例；在过去 12 个月内没有发现口蹄疫病毒感染的任何疑似迹象；在过去 12 个月生物安全隔离区内无口蹄疫疫苗接种动物；对进入生物安全隔离区内的动物、精液、胚胎和动物产品符合相关规定等。需要说明的是，净化、消灭是针对病原微生物引起的病种，做到无临床发病，或把临床发病控制在规定的标准范围内，不是将病原微生物物种消灭，这是两个概念。

（二）强化人畜共患传染病防控，保障公共卫生和人体健康

现在已知的常见动物传染病有200多种，其中70%以上属于人畜共患传染病，危害程度大的有90多种。全球传染病死亡人数中，因人畜共患传染病死亡的占比很高。人畜共患传染病的传播是双向的，必须构建动物卫生与公共卫生协作机制，双向防控。

修订后的动物防疫法，完善了人畜共患传染病联防联控工作机制。一是，国务院农业农村主管部门根据国内外动物疫情以及保护养殖业生产和人体健康的需要，及时会同国务院卫生健康等有关部门对动物疫病进行风险评估，制定并公布动物疫病预防、控制、净化、消灭措施和技术规范，省级相关部门开展本行政区域的动物疫病风险评估并落实相关措施。二是，明确县级以上人民政府卫生健康主管部门和农业农村、野生动物保护等主管部门建立人畜共患传染病防治协作机制，加强部门间信息相互通报、疫情会商和协同配合，国务院农业农村主管部门会同国务院卫生健康、野生动物保护等主管部门制定人畜共患传染病名录。三是，县级以上地方人民政府根据本地情况，决定在城市特定区域禁止家畜家禽活体交易。四是，发生人畜

共患传染病时，由卫生健康主管部门对疫区易感染的人群进行监测并依法采取防控措施。五是，将人民群众反映强烈的狂犬病防控管理入法。六是，违反本法规定，造成人畜共患传染病传播、流行的，依法从重给予处分、处罚。

将人民群众反映强烈的狂犬病防控管理入法，是修订后的动物防疫法的一大亮点，回应了人民群众的关切。新中国成立后，我国狂犬病曾经出现过三个疫情高峰。第一次高峰是20世纪50年代中期，年均报告感染狂犬病死亡1900例。第二个高峰是20世纪80年代，年均报告死亡4000例，最高的1981年为7037例。第三个高峰是2005年至2007年，年均报告死亡3000例以上。2008年至2015年，我国农业、卫生、公安、城管等部门落实防控措施，狂犬病报告数量有所下降。但是，近年来我国城乡饲养犬猫数量急剧增加，达到1亿只以上，二线城市和青年群体饲养宠物呈高增长态势，犬只伤人、致死事件屡屡发生，给受害家庭造成永久伤痛。虽然一些地方出台了犬只管理的地方性法规或规章，但存在立法层级低、管理环节脱节等问题，一些地方办理养犬证和疫苗接种流于形式。修订后的动物防疫法对狂犬病预防及管理作出规定：一是单位和个人饲养犬只，应当按照规定定期免疫接种狂犬病疫苗，凭动物诊疗机构出具的免疫证明向所在地养犬登记机关申请登记；二是携带犬只出户的，应当按照规定佩戴犬牌并采取系犬绳等措施，防止犬只伤人、疫病传播；三是街道办事处、乡级人民政府组织协调居民委员会、村民委员会，做好本辖区内流浪犬、猫的控制和处置，防止疫病传播；四是县级人民政府和乡级人民政府、街道办事处结合本地实际，做好农村地区饲养犬只的防疫管理工作；五是饲养犬只防疫管理的具体办法，由省、自治区、直辖市制定。人民生命安全至上，是本条款最大的法律价值。

（三）强化非食用性利用野生动物检疫

现阶段，人类对野生动物携带的高致病性病原体、宿主、传播路径认识甚少，疫苗和有效药物研究开发滞后，病原体不断变异又增加了防控的不确定性和难度，公共卫生体系薄弱环节多，应对突发事件多为“被动式”应对。1988 年，上海市因人食用毛蚶发生甲肝疫情，历时 5 个月，共 30 万人染病，最高日确诊感染超过万人。2003 年发生的 SARS 疫情，涉及 24 个省、自治区、直辖市的 266 个县（市、区），累计报告临床诊断病例 5327 例，死亡 349 例。2004 年我国 10 多个省发生高致病性禽流感（H5N1）疫情，对养殖业和农民收入造成重大影响。2013 年出现人感染 H7N9 禽流感病例。2009 年至 2010 年，甲型流感（H1N1）疫情在北美地区爆发，后传至包括我国在内的其他多个国家，共死亡 20 万人。2012 年至 2017 年 12 月，中东呼吸综合征（MERS-CoV）在 27 个国家爆发，发现 2127 例，死亡 757 例。2014 年西非爆发埃博拉出血热疫情，造成经济损失 326 亿美元。2016 年拉丁美洲和加勒比海国家流行寨卡疫情，18 个国家报告感染病例，疫情最严重的巴西感染者 150 万人。2019 年底、2020 年初爆发全球性新冠肺炎疫情，其惨烈程度历历在目，难以预期的滞后影响还在延续。上述公共卫生突发事件，病原体大多与动物有关。在这种情况下，立法禁止非法野生动物交易，禁止食用陆生野生动物和水生保护动物，规范非食用性利用并强化检疫，防止其危及公共卫生安全，十分必要。

2020 年 2 月 24 日，全国人大常委会作出《关于全面禁止非法野生动物交易、革除滥食野生动物陋习、切实保障人民群众生命健康安全的决定》（以下简称“决定”）。动物防疫法对此作出衔接性规定：一是因科研、药用、展示等特殊情形需要非食用性利用的野生动物，应当按照国家有关规定报动物卫生监督机构检疫，检疫合格的，方可利用；二是国务院农业农村主管部门会同野生动物保护主管部门制定野生动物检疫办法；三是在重大动物疫情报告期间，必要时，所在地县级以上地方人民政府可以作出封锁决定并采取扑杀、销毁等措施；四是县级以上人民政府应当完善野生动物疫源疫病监测体系和工作机制，根据需要合理布局监测站点，野生动物保护、农业农村主管部门按照职责分工做好野生动物疫源疫病监测等工作，并定期互通情况，紧急情况及时通报；五是野生动物保护主管部门发现野生动物染疫或者疑似染疫的，应当及时处置并向农业农村主管部门通报；六是野外环境发现的死亡野生动物，由所在地野生动物保护主管部门收集、处理。上述规定中，第一条是与全国人大常委会决定的衔接性规定，第二、三、四、五、六条是对全国人大常委会决定的延伸，细化了决定内容，完善了国务院农业农村主管部门与野生动物保护主管部门的工作对接机制，明确了各自的职责。

目前，农业农村部已发布生猪、家禽、反刍动物、马属动物、犬、猫、兔、蜜蜂等10种陆生动物的检疫规程，对野猪、野禽、野生牛羊等反刍动物、野生马属动物、野生犬科动物和野生猫科动物，对应参照上述规程检疫，还有相当数量的野生动物没有检疫规程，需要对照法律精神抓紧制定。

（四）强化“三方”责任

动物疫病防控是系统工程，需要生产经营者、地方各级政府、兽医主管部门的密切配合、有效衔接、落实责任。我国动物防疫面对千家万户，长期以来，动物防疫主要由政府兽医机构承担，强制性免疫费用由各级财政负担，动物卫生监管机构忙于应对防疫具体工作，监督管理职责本末倒置，主体错位。随着畜牧养殖业的转型升级和规模化养殖发展，动物生产经营主体具备了承担防疫主体责任的能力，政府主管部门职能需回归本位。修订后的动物防疫法立足于构建责任明确、各负其责、各尽其能的防疫责任体系，压实了生产经营者的主体责任、行业部门的监管责任和地方政府的属地管理责任，让责任回归本位。

压实生产经营者的主体责任。一是明确饲养动物的单位和个人的强制免疫责任。要求其按照强制免疫计划和技术规范，对动物实施免疫接种，并按照国家有关规定建立免疫档案、加施畜禽标识，保证可追溯。二是明确生产经营者的动物防疫责任。从事动物饲养、屠宰、经营、隔离、运输以及动物产品生产、经营、加工、贮藏等活动的单位和个人依法承担动物防疫相关主体责任，按照不同环节，对应承担免疫、消毒、检测、隔离、净化、消灭以及无害化处理等具体责任。上述几个环节的责任，在动物防疫法（修订草案）一审稿中表述为“主体责任”。但在之后的修改中，对这个表述产生了争论。不同意使用“主体责任”者认为，“主体责任”概念模糊，不是法律语言。主张使用者认为，在民事法律制度中，民事义务是与民事权利对立统一的范畴，两者共同构成民事法律关系的主要内容，权利主体的“权利”一般与“义务”对应，公民、法人“享受权利，承担义务”，比“享受权利，承担责任”妥帖。不同于民事法律制度规范平等的民事主体，行政法律关系主体是由行政主体和行政相关方构成，当某类涉及权利、义务的行政关系上升为行政法律关系时，必然要求这种行政关系通过法律强制力加以保障，使行政主体依法履行职权，使行政相对方自觉遵守并承担起完成相关工作任务的责任，因此，在行政法律关系中，与权利、义务相对应的职权、责任是行政法律关系的主要内容。在行政法律制度中，权利主体是对应“义务”，还是对应“责任”，要分析是什么指向。如安全生产法规定，强化和落实生产经营单位的主体责任，动物防疫法规定，从事动物及动物产品生产经营的单位和个人，承担动物防疫相关责任，比承担义务更具约束力。责任主体承担主体责任，目前无教科书式答案，但现实中人们对“主体责任”的理解是清晰的，并不模糊，一方面明确了承担责任的主体是谁，另一方面明确了这种责任是全面责任、分内责任。如，中央反复强调，从严治党，党风廉政建设的责任主体是各级党组织及其负责人，对责任主体要压实主体责任。落实主体责任后，党风廉政建设的成效有目共睹，效果明显。法律的源泉是实践，人们对立法用语的与时俱进也有期待。

压实行业部门监管责任。按照农业综合执法改革要求，分清农业农村主管部门与动物疫病防控机构及动物卫生监督机构的职责：一是明确农业农村主管部门的监管职责。县级以上地方人民政府农业农村主管部门依照本法规定，对动物饲养、屠宰、经营、隔离、运输以及动物产品生产、经营、加工、贮藏、运输等活动中的动物防疫实施监督管理。二是将行政处罚和行政强制等职能划转给农业综合执法机构承担。但是，动物卫生监督机构原承担的动物及动物产品的检疫工作仍然保留，日常的管理和服务工作仍不能放松，防止出现管理真空。三是结合动物防疫方针调整，明确由动物疫病预防控制机构承担动物疫病净化、消灭的技术支持工作，包括技术指导、培训，对动物疫病净化效果进行监测、评估等。四是明确相关部门责任。科技、海关等部门依法开展动物疫病监测预警，野生动物保护主管部门依法对野生动物疫源疫病监测；海关、野生动物保护主管部门向农业农村主管部门通报动物染疫或疑似染疫相关信息的职责，在野外环境发现的死亡野生动物，由所在地野生动物保护主管部门收集、处理。

压实地方政府属地责任。修订后的动物防疫法，明确了地方人民政府在疫情处置、无规定动物疫病区建设、动物疫病净化消灭的组织实施、无害化处理场所规划建设和运营、动物防疫体系队伍建设、工作条件和物资保障等方面的属地责任。特别是重大疫情处置，涉及人、财、物等资源配置、疫区封锁等问题时，必须由地方政府出面。

（五）强化动物防疫制度体系

1. 动物疫病风险评估制度。

动物疫病风险评估是提高动物防疫科学性的重要措施，定期或不定期对动物疫病发生的风险评估预测，根据评估结果及时调整动物疫病防控政策，可以确保动物防疫工作的科学性和有效性。修订后的动物防疫法，明确国家建立动物疫病风险评估制度。为了提高风险评估的科学性和可操作性，明确将国务院卫生健康等有关部门列入参与部门。

2. 动物疫病强制免疫制度。

强制免疫是动物疫病防控的重要手段。多年来，国家先后将口蹄疫、高致病性禽流感、高致病性猪蓝耳病、猪瘟、小反刍兽疫纳入强制免疫范围，为预防重大动物疫病发挥了重要作用。动物防疫方针调整后，需要将强制免疫、动物疫病净化消灭、动物疫病区域化管理综合配套实施。修订后的动物防疫法，完善了强制免疫制度，明确国务院农业农村主管部门确定强制免疫的动物疫病病种和区域，授权省级人民政府农业农村主管部门对强制免疫的动物疫病病种和区域动态管理，并与重点动物疫病净化消灭、动物疫病区域化管理作好衔接。为了保证强制免疫的实施效果，明确由农业农村主管部门对强制免疫履行情况进行评估和监督检查，乡级政府、街道及村委会、居委会协助做好相关工作。针对社会公众广泛关注的动物疫苗质量问题，明确用于预防接种的疫苗应当符合国家质量标准。

3. 动物及其产品调运监管制度。

我国70%的重大动物疫病源于活体动物调运，最大限度减少动物远距离调运并加强卫生监管，是控制动物疫病传播的重要措施。

国家实施动物疫病分区防控制度，建立基于分区防控的动物、动物产品调运监管。根据防控需要，可以禁止或者限制特定动物、动物产品跨区域调运。引导推进活畜禽集中屠宰、冷链运输、冰鲜上市，最大限度减少活畜禽跨省长距离调运。对动物运输实行备案管理，明确从事动物运输的单位、个人以及车辆，应当向所在地县级人民政府农业农村主管部门备案，妥善保存行程路线和托运人提供的动物名称、检疫证明编号、数量等信息。通过道路跨省运输动物的，应当经省级人民政府设立的指定通道进入省境或者路过省境。为了防止发生疫情时，动物、动物产品调运造成疫病扩散，修订后的动物防疫法规定，发生重大动物疫情时，国务院农业农村主管部门负责划定动物疫病风险区，禁止或者限制特定动物、动物产品由高风险区向低风险区调运。

我国陆地国境线长约2.2万公里，9个边境省区分别与14个陆地邻国接壤，是边境管理形势最复杂的国家之一。口岸通道、边民通道、跨境放牧、边民互市等都是境外动物疫病输入的风险因素。小反刍兽疫、非洲猪瘟都是由境外传入。修订后的动物防疫法规定，国务院农业农村主管部门和海关总署等部门应当建立防止境外动物疫病输入的协作机制。海关发现进出境动物和动物产品染疫或者疑似染疫的，应当及时处置并向农业农村主管部门通报。陆路边境省、自治区人民政府根据动物疫病防控需要，合理设置动物疫病监测站点，健全监测工作机制，防范境外动物疫病输入。

4. 病死动物和病害动物产品无害化处理制度。

病死动物和病害动物产品无害化处理是指利用物理、化学等手段，处理病死动物尸体和相关动物制品，消灭其所携带的各种致病原，有效减少致病原传播蔓延，防止污染生态环境，防止相关产品流入市场，确保食品安全。随着我国畜禽养殖规模扩大和数量增加，在饲养、屠宰、加工、运输、交易等环节出现的病死动物和病害动物产品数量增多，如何处理这些病死动物和病害动物产品，已经成为保障畜禽养殖健康可持续发展、维护公共卫生安全的重要问题。

修订前的动物防疫法，对病死动物、病害动物产品无害化处理的责任主体、工作机制、保障措施缺失，修订后增加专章予以规范：一是将病死动物和病害动物产品无害化处理纳入动物防疫工作范围。二是明确生产经营者承担无害化处理的主体责任。从事动物饲养、屠宰、经营、隔离以及动物产品生产、经营、加工、贮藏等活动的单位和个人，应当按照规定做好病死动物、病害动物产品的无害化处理，或者委托动物和动物产品无害化处理场所进行处理。从事动物、动物产品运输的单位和个人，应当配合做好病死动物和病害动物产品的无害化处理。任何单位和个人不得买卖、加工、随意弃置病死动物和病害动物产品。三是规范无害化处理场所的规划、建设及运营。省、自治区、直辖市人民政府制定动物和动物产品集中无害化处理场所建设规划，建立政府主导、市场运作的无害化处理机制。四是建立无害化处理补助制度。各级财政对病死动物无害化处理提供补助，补助标准和补助办法由县级以上人民政府财政部门会同农业农村、野生动物保护等有关部门制定。五是明确县、乡两级政府组织协调对水域和公共场所无主病死动物的收集、处理和溯源责任，明确野生动物保护主管部门对野外环境发现的野生动物搜集、处理的职责。

5. 兽医管理制度。

官方兽医、执业兽医和乡村兽医是动物防疫的主体。2007 年第一次修订动物防疫法，建立了官方兽医和执业兽医制度，明确了职责。为满足农村地区兽医服务和防疫工作需要，保留了乡村兽医服务人员可以在乡村从事动物诊疗服务活动的规定。近年来，官方兽医、执业兽医和乡村兽医的职能越来越明晰，修订后的动物防疫法，将官方兽医、执业兽医和乡村兽医管理合并为“兽医管理”专章规范。

官方兽医是经兽医主管部门任命的兽医技术官员，主要承担动物饲养、运输、市场流通、屠宰加工、出入境检疫等全过程的动物卫生监管职责，负责动物及动物产品检疫并出具检疫证书，对兽药使用行为实施监督，行使政府职能。修订后的动物防疫法，明确国家实行官方兽医任命制度，官方兽医依法履行动物、动物产品检疫职责；删除了官方兽医应当取得资格证书的要求，增加了官方兽医培训、考核等内容；将官方兽医确认权限下放到省级农业农村主管部门，由所在地县级以上农业农村主管部门任命，减少管理层级；将海关从事进出境动物检疫、出具检疫证书的人员纳入官方兽医范围，具备规定条件的，由海关总署任命，与国际接轨。

从国际上看，官方兽医（Official Veterinarian）制度是普遍实行的兽医管理制度。世界动物卫生组织规定，官方兽医是由国家兽医行政管理部门授权的兽医，行使动物及动物产品的公共卫生监督并授权签发卫生证书。国际上的官方兽医管理制度分为三类：第一类是欧盟国家，实行全国垂直管理制度。第二类是美国和加拿大，实行联邦与州共管的管理制度。如美国联邦动植物卫生检疫局，设立最高兽医行政长官、若干高级兽医官和助理兽医官，分别负责全国动物卫生监督、动物及动物产品的进出口监督和紧急疫情扑灭。此外，在全国分别设立了三个区域性兽医局，分别管理联邦地方兽医局。各州设立州兽医局，与联邦兽医局签订协议，共同负责本州的动物卫生监督工作。第三类是大洋洲国家，实行动物及动物产品的进出口卫生监督国家垂直管理，动物防疫州垂直管理。

执业兽医主要从事诊疗和动物保健等活动，接受官方兽医业务指导，协助官方兽医开展检疫工作。规模化养殖场配备执业兽医，承担养殖场产地检疫和规范使用兽药等技术性工作。修订后的动物防疫法，明确从事动物疾病诊疗等活动的人员，应当取得执业兽医资格，将执业兽医注册改为向所在地县级人民政府农业农村主管部门备案；对执业兽医的诊疗行为、开具处方、接受继续教育等作出了规范；调整完善执业兽医资格考试制度，不再将取得兽医相关专业大学专科以上学历作为申请参加执业兽医资格考试的条件，解决了兽医专业学生在校期间不能参加考试的问题；拓展了取得执业兽医资格的人员范围，允许通过执业兽医资格考试、符合条件的乡村兽医获得执业兽医资格，打通乡村兽医向执业兽医过渡的通道，以调动乡村兽医工作积极性。

乡村兽医是未取得执业兽医资格，主要在乡村从事动物诊疗服务的兽医人员，是服务中小规模养殖场户的重要力量，已纳入《国家职业资格目录》。修订后的动物防疫法将“乡村兽医服务人员”修改为“乡村兽医”，在法律层面明确其法律地位。

将来条件比较成熟时，再推动制定兽医法。

（六）强化基层动物防疫体系能力建设，完善保障措施

近年来，基层畜牧兽医体系力量弱化问题突出：一是畜牧兽医机构设置不健全。二是兽医专业人员缺乏。全国30%的省级兽医行政管理部门中专业人员不足5人，30%的市县不足2人，乡镇畜牧兽医站平均不足1.5人。部分地方乡镇畜牧兽医站技术人员被抽调至其他岗位，“在编不在岗”、“跨岗兼职”现象普遍。县乡两级畜牧兽医技术人员常年工作在一线，待遇低、任务重、压力大、晋升空间小，“招人难、留人更难”，专业技术骨干流失严重，老化现象严重。三是动物防疫工作经费保障不足。各级财政对动物防疫工作投入的经费与实际需求相比缺口较大，一些本应由政府主导的公益性职责推向市场后，尚未形成有效对接主体。

修订后的动物防疫法规定的保障措施，包括财政预算、工伤保险、技术创新、机构队伍建设和工作条件保障等五个方面：一是拓展了县级以上人民政府财政对动物防疫工作的保障范围，将动物疫病监测、净化、消灭和病死动物的无害化处理，及监督管理经费纳入政府预算。明确对在动物疫病净化、消灭过程中强制扑杀的动物、销毁的动物产品和相关物品，给予补偿。二是要求县级以上人民政府采取有效措施稳定基层机构队伍，为动物卫生监督机构配备与动物、动物产品检疫工作相适应的官方兽医，配齐基层动物疫病检疫、检测设施设备，保障检疫工作条件。推动县级农业农村主管部门向乡、镇或者特定区域派驻兽医机构或者工作人员，“县管乡用”。三是引导社会力量参与动物疫病防治工作，鼓励养殖企业、兽药及饲料生产企业组建动物防疫服务团队，提供防疫服务，支持单位和个人参与动物防疫的宣传教育、疫情报告、志愿服务和捐赠等活动。四是保障动物防疫人员权益，明确有关单位应当依法为动物防疫人员缴纳工伤保险费，为因参与动物防疫工作致残、致病、死亡人员的补助或者抚恤留出制度接口，增加动物防疫人员享受畜牧兽医医疗卫生津贴等相关待遇的规定。地方人民政府组织村级防疫员参加动物疫病防治工作的，应当保障合理劳务报酬。五是增加国家对动物防疫领域新技术、新设备、新产品等科学技术研究开发的支持，以满足动物疫病防控工作的技术需求。

（七）强化法律责任制度

提高对违法违规行为的处罚标准，修订后的动物防疫法补充完善了相关违法行为罚则，加大惩处和责任追究力度，提高违法成本，增强法律的权威性和威慑力。主要包括：

一是细化农业农村主管部门、动物卫生监督机构、动物疫病预防控制机构及工作人员在动物防疫工作中不依法履行职责应承担的法律责任，增加了县级以上人民政府农业农村主管部门及其工作人员从事与动物防疫有关的经营性活动的，动物卫生监督机构及其工作人员违法收取费用的，动物疫病预防控制机构及其工作人员接到染疫或者疑似染疫报告后，未及时按照国家规定采取措施、上报的等违法行为的处罚。

二是明确各类生产经营主体的责任，增加了对 18 项违法行为的处罚措施。主要包括：对饲养的动物不按照动物疫病强制免疫计划或者免疫技术规范实施免疫接种的；未按规定对饲养的犬只进行狂犬病免疫接种的；实施免疫接种的动物未达到规定免疫质量要求的；动物、动物产品的运载工具、垫料、包装物、容器等不符合规定的动物防疫要求的；患有人畜共患传染病的人员直接从事动物疫病监测、检测、检验检疫，动物诊疗以及易感染动物的饲养、屠宰、经营、隔离、运输等活动的；经营动物、动物产品的集贸市场不具备国务院农业农村主管部门规定的防疫条件的；跨省、自治区、直辖市引进种用、乳用动物到达输入地后未按规定进行隔离观察的；未经备案从事动物经营、运输的；未按规定保存行程路线和托运人提供的动物名称、检疫证明编号、数量等信息的；未按规定处理或者随意弃置病死动物和病害动物产品的；饲养种用、乳用动物的单位和个人未按照要求定期开展动物疫病检测的；将禁止或者限制调运的动物、动物产品由动物疫病高风险区调入低风险区或者使用未备案车辆承运动物的；未经指定通道跨省运输动物和动物产品的；持有、使用伪造或者变造的检疫证明、检疫标志或者畜禽标识的；动物诊疗机构未按照规定实施卫生安全防护、消毒、隔离和处置诊疗废弃物的；生产经营兽医器械产品质量不符合要求的；发现动物染疫、疑似染疫未报告或者未采取隔离等控制措施的；拒绝或者阻碍官方兽医依法履行职责的。

三是兼顾法律的威慑性和可执行性，加大了对 13 项违法行为的处罚力度。主要包括：不按照规定处置染疫动物及其排泄物，染疫动物产品，运载工具中的动物排泄物以及垫料、包装物、容器等污染物以及其他经检疫不合格的动物、动物产品的；违反本法第二十九条规定，屠宰、经营、运输动物或者生产、经营、加工、贮藏、运输动物产品的；兴办动物饲养场和隔离场所、动物屠宰加工场所以及动物和动物产品无害化处理场所，未取得动物防疫条件合格证的；未经检疫合格，向无规定动物疫病区输入动物、动物产品的；屠宰、经营、运输的动物未附有检疫证明，经营和运输的动物产品未附有检疫证明、检疫标志的；用于科研、展示、演出和比赛等非食用性利用的动物未附有检疫证明的；转让、伪造或者变造检疫证明、检疫标志或者畜禽标识的；不遵守县级以上人民政府及其农业农村主管部门依法作出的有关控制动物疫病规定的；藏匿、转移、盗掘已被依法隔离、封存、处理的动物和动物产品的；违法发布动物疫情的；未经执业兽医备案从事经营性动物诊疗活动的；不如实提供与动物防疫有关资料的；拒绝或者阻碍农业农村主管部门进行监督检查的；拒绝或者阻碍动物疫病预防控制机构进行动物疫病监测、检测、评估的。

四是增加了从业禁止的内容。因违反本法第二十九条规定，给予行政处罚的违法行为人及其法定代表人（负责人）、直接负责的主管人员和其他直接责任人员，自处罚决定作出之日起五年内不得从事屠宰、经营、运输动物和生产、经营、加工、贮藏、运输动物产品等相关活动；构成犯罪的，终身不得从事屠宰、经营、运输动物和生产、经营、加工、贮藏、运输动物产品等相关活动。

五是增加构成违反治安管理行为的，依法给予治安管理处罚，造成环境污染的，依照环境保护有关法律法规进行处罚的内容，以与相关法律作好衔接。

在动物防疫法修订后，抓紧制定、修改相关法律及配套法规、规章，完善动物防疫制度体系。法律层面，需要修改畜牧法、进出境动植物检疫法、野生动物保护法。行政法规层面，需要修改重大动物疫情应急条例、兽药管理条例、饲料和饲料添加剂管理条例、生猪屠宰管理条例等。部门规章层面，需要新制定兽医器械管理办法、种用动物健康标准、动物运输管理办法、野生动物检疫规程、病死畜禽无害化处理管理办法、海关官方兽医管理办法等；需要修改动物防疫条件审查办法、国家突发重大动物疫情应急预案、动物检疫管理办法、动物诊疗机构管理办法、执业兽医资格考试管理办法、乡村兽医管理办法、高致病性动物病原微生物实验室生物安全管理审批办法、动物病原微生物分类目录、动物病原微生物实验活动生物安全要求细则等。地方层面，地方性法规要衔接修改，省、自治区、直辖市制定饲养犬只防疫管理办法。

从长远看，研究制定兽医法、兽药器械法等法律，逐步建立起以动物防疫法、兽医法和兽药器械法三部法律为主干，以“行政法规（地方性法规）——部门规章——规范性文件——操作规程及标准”为枝干，相互支撑、互为补充的动物防疫法律制度体系，为维护国家公共卫生安全和动物卫生安全提供强有力的法治保障。

有理由相信，好的法律加上不折不扣的实施，我国动物防疫水平一定会跨上一个新台阶，对人畜共患传染病防控，也期望能取得最大化积极效果。

（作者为动物防疫法修改领导小组组长）

第一章

总　则

法律的总则是总纲，是对该法立法目的、适用范围和基本内容纲领性、概括性的法律表述，贯穿于法律始终，具有统领和指导其他各章的作用。新修订的动物防疫法总则共 14 条，规定了立法目的、适用范围、适用定义、疫病分类、防疫方针、防疫责任划分、动物防疫管理体制、部门间协作机制、社会力量参与动物防疫、动物防疫科学技术研究和表彰奖励抚恤等。

一、修改动物防疫法的必要性

动物防疫法自 2008 年 1 月 1 日修订实施以来，我国动物防疫工作不断加强，在保障养殖业生产安全、动物源性食品安全、公共卫生安全及生态环境安全方面发挥了重要作用。

当前，我国已进入全面建设社会主义现代化国家的新发展阶段，养殖业转型升级和全产业链现代化建设处于关键时期，全社会对动物防疫工作及兽医专业服务的数量、质量要求均有大幅提升。但是，由于我国大多数生产经营主体养殖方式比较落后，基层动物防疫体系薄弱，加上动物及动物产品国际贸易活动频繁，我国动物防疫面临着复杂、严峻的形势。主要表现：一是动物疫病净化、消灭工作缺乏中长期规划，疫病种类多，疫情风险大，防控压力大。二是动物防疫制度体系不完善。病死动物和病害动物产品无害化处理、犬只防疫、兽医管理制度缺失；动物及动物产品调运监管、动物疫病区域化管理、动物防疫条件审查、疫病疫情监测预警等制度不够完善；基层动物防疫体系薄弱，保障措施难以满足防疫工作需要。三是动物防疫责任体系不完善。生产经营者防疫主体责任在一些地方难以落实到位，履行防疫义务自觉性不强。四是法律责任缺乏刚性。处罚类型多以警告、责令改正、罚款为主，且罚款额度总体较低，难以形成对违法行为的有效震慑。2020 年 2 月 24 日，全国人大常委会作出《关于全面禁止非法野生动物交易、革除滥食野生动物陋习、切实保障人民群众生命健康安全的决定》，对非食用性利用野生动物的审批和检疫检验提出明确要求，需要及时转化为法律规范。动物防疫工作面临的新形势、新情况，需要全面修订完善动物防疫法。

二、修改的思路、原则和立法目的

动物防疫法修改的总体思路是：认真贯彻习近平新时代中国特色社会主义思想，落实党的十九大和十九届二中、三中、四中、五中全会精神，按照全面提升动物卫生水平和全力防控人畜共患传染病的目标，着力解决动物防疫面临的制度性问题，对动物防疫方针、保障公共卫生安全和人体健康的工作机制、防疫责任体系、制度体系、监管体系和法律责任调整完善，构建科学、合理、健全的动物防疫法律制度。

动物防疫法修改工作把握三个原则，即“问题导向、框架稳定、填齐补缺”。一是坚持“问题导向”，既针对近年来动物防疫工作中存在的问题和弱项，又聚焦非洲猪瘟、新冠肺炎等疫情防控中暴露的突出问题。二是保持“框架稳定”，保持原法框架结构不变，动物防疫法律制度及其逻辑总体稳定，重点修改和增加关键性条款。三是“填齐补缺”，根据动物防疫工作实际需要，就无害化处理和兽医管理增加专门章节。

关于立法目的，动物防疫法第一条规定：“为了加强对动物防疫活动的管理，预防、控制、净化、消灭动物疫病，促进养殖业发展，防控人畜共患传染病，保障公共卫生安全和人体健康，制定本法。”对于立法目的，在绪论中已有清晰解读，不再赘述。

三、动物防疫法的适用范围

法律的适用范围，也称法律效力范围，包括法律的时间效力、空间效力以及法律对人和行为的效力。法律的时间效力即法律生效和失效的时间；法律的空间效力又称法律适用的地域范围；法律对人和行为的效力，即法律对什么主体和什么行为适用。动物防疫法第一百一十三条规定，本法自 2021 年 5 月 1 日起施行。对法律的时间效力予以明确。

动物防疫法第二条规定："本法适用于在中华人民共和国领域内的动物防疫及其监督管理活动。进出境动物、动物产品的检疫，适用《中华人民共和国进出境动植物检疫法》。"

（一）地域范围

本法适用的地域范围是中华人民共和国领域内，即中华人民共和国主权所及的全部领域内，包括我国的领陆、领水和领空以及中国驻外国的使（领）馆和航行于公海或停泊于外国港口的我国的船舶和飞机。本法没有列入香港特别行政区基本法和澳门特别行政区基本法这两部法律的附件三中，所以不适用于香港特别行政区和澳门特别行政区。

（二）对人的适用效力范围

本法适用的人是我国领域内的法人和个人。法人包括各类营利性法人、非营利性法人和特别法人；个人包括我国公民，即具有中国国籍的人，还包括进入我国国境的外国人、无国籍人。本法适用的人的行为即动物防疫及对动物防疫的监督管理活动。动物防疫活动包括有关单位和个人在动物饲养、经营、屠宰、加工、贮藏、运输等环节和动物产品的生产、加工、经营、运输、储存等，以及动物疫病诊疗、病死动物和病害动物产品无害化处理等环节中预防、控制、净化、消灭动物疫病的各种活动。

（三）本法的调整事项范围

一是动物防疫活动。动物防疫涉及社会生产、生活的各个方面，决定了本法所调整的动物防疫活动的广泛性和综合性，如受本法调整的动物、动物产品涉及动物防疫方面的相关的生产经营性活动。二是监督管理活动。动物防疫监督管理包括农业农村主管部门、动物卫生监督机构和动物疫病预防控制机构，在其职责范围内对动物疫病预防、控制、净化、消灭，动物、动物产品检疫，动物诊疗，以及病死动物、病害动物产品的无害化处理等进行的管理活动。

（四）与进出境动植物检疫法的衔接

进出境动植物检疫法第二条规定：“进出境动植物、

动植物产品和其他检疫物，装载动植物、动植物产品和其他检疫物的装载容器、包装物，以及来自动植物疫区的运输工具，依照本法规定实施检疫。”按照我国现行的法律规定和行政管理职责划分，进出境（包括过境）动物、动物产品的检疫监管适用进出境动植物检疫法。动物防疫是必须坚持全过程管理的工作，不同部门管理，不能切断管理链条。近年来，非洲猪瘟、小反刍兽疫等外来动物疫病先后传入，给国内养殖业造成巨大损失，甚至影响了畜产品正常供给和国内经济秩序，充分说明做好进出境检疫工作的重要性。因此，需要加强动物疫病全链条、全环节防控监管，牢牢把住动物防疫工作的每一个关口。本次修订专门增加了建立防止境外动物疫病输入协调机制和疫病监测、疫情通报等方面的规定，对农业农村、海关等部门履职尽责提出更明确的要求。

四、动物防疫法的调整范围

动物防疫法第三条规定：“本法所称动物，是指家畜家禽和人工饲养、捕获的其他动物。本法所称动物产品，是指动物的肉、生皮、原毛、绒、脏器、脂、血液、精液、卵、胚胎、骨、蹄、头、角、筋以及可能传播动物疫病的奶、蛋等。本法所称动物疫病，是指动物传染病，包括寄生虫病。本法所称动物防疫，是指动物疫病的预防、控制、诊疗、净化、消灭和动物、动物产品的检疫，以及病死动物、病害动物产品的无害化处理。”

（一）关于动物

在《现代汉语词典》中，动物一词是指“生物的一大类，这一类生物多以有机物为食料，有神经，有感觉，能运动。”这是自然科学中对动物的定义。法律定义通常与自然科学定义有紧密联系，但法律调整的是特定的权利义务关系，法律定义在其调整范围内具有特定含义。本法所称动物是指家畜家禽和人工饲养、捕获的其他动物。家畜包括猪、牛、羊、马、驴、骡、骆驼、鹿、兔等，家禽包括鸡、鸭、鹅、鸽等，总之，依据畜牧法纳入国家畜禽遗传资源目录的动物均属于家畜家禽。2020 年 5 月 27 日，经国务院同意，农业农村部公布《国家畜禽遗传资源目录》，包括 28 种家养动物及其杂交后代，分为传统畜禽和特种畜禽两大类。传统畜禽有 12 种，包括猪（含家猪与野猪杂交后代），普通牛、瘤牛、水牛、牦牛、大额牛，绵羊、山羊，马，驴，骆驼，兔，鸡，鸭，鹅，鸽，鹌鹑；特种畜禽有 16 种，分别为梅花鹿，马鹿，驯鹿，羊驼，火鸡，珍珠鸡，雉鸡，鹧鸪，番鸭，绿头鸭，鸵鸟，鸸鹋，以及非食用的水貂，银狐，北极狐，貉。人工饲养、捕获的其他动物包括各种实验动物、特种经济动物、观赏动物、演艺动物、宠物、水生动物以及人工驯养繁殖和捕获的野生动物。上述动物是动物病原体侵袭的主要对象，也是动物疫病的宿主。依法加强与上述动物相关生产经营活动的监管，切实有效地做好动物疫病防控，方能保障养殖业健康发展，维护人体健康和公共卫生安全。本法关于动物的定义，明显小于自然科学定义的范畴，在法律执行中应注意区分。

（二）关于动物产品

本法所称动物产品是指供食用、饲用、药用、农用或工业用的动物源性产品，如动物的肉、生皮、原毛、绒、脏器、脂、血液、精液、卵、胚胎、骨、蹄、头、角、筋以及可能传播动物疫病的奶、蛋等，其中绝大部分是供人类食用和使用的。此处所称的生皮，是指家畜屠宰后剥下的、尚未经过鞣制的鲜皮。此处所称的卵，除种蛋以外，还包括哺乳类动物的卵子。这些动物源性产品，可能含有动物疫病病原，在生产、加工、贮藏、运输和交易等过程中存在传播动物疫病的风险，进而威胁到养殖业发展、人体健康和公共卫生安全。因此，依法加强对动物源性产品及其生产经营活动的监管，也是做好动物防疫工作的重要手段。

本法虽然将蛋和奶列入调整范围，但是，仅以“可能传播动物疫病”为限，即只对可能传播动物疫病的蛋和奶实施必要的防疫管理措施。

（三）关于动物疫病

疾病，是指在一定病因作用下自稳调节紊乱而发生的异常生命活动过程，并引发一系列代谢、功能、结构的变化，表现为症状、体征和行为的异常；而疫病，与疾病存在一定差异，是指具有感染性、传染性、能向自身外传播的疾病。本法所称动物疫病，是指动物传染病，包括寄生虫病。动物传染病是指由动物疫病病原体引起的，通过飞沫、接触、饲喂等渠道传播，使动物产生具有一定潜伏期和临床症状并具有传播性的疫病。例如非洲猪瘟、口蹄疫、高致病性禽流感、新城疫、牛肺疫、炭疽、布鲁氏菌病、狂犬病、猪链球菌病、高致病性猪蓝耳病等，以及猪囊虫病、旋毛虫病、钩端螺旋体病和血吸虫病等由动物性寄生物（统称寄生虫）引起的，具有传染性和较大危害性的寄生虫病。

（四）关于动物防疫

动物防疫是综合运用多种手段，发动全社会力量，依照动物疫病发生、发展和消亡的规律，对动物从育种、饲养、经营、销售、运输、屠宰到动物产品加工、经营、贮藏、运输、销售，以及相关的动物诊疗、无害化处理等各个环节严格实施预防、控制、净化、消灭、检疫等措施，保障动物健康及其产品安全的一项系统性工作。主要包括以下内容：

1. 动物疫病的预防。主要是指采取免疫接种、驱虫、药浴、消毒和饲养场所的生物安全控制，以及实施动物疫病的区域化管理等一系列预防性措施，防止动物疫病的发生。同时，加强动物防疫监督管理也是预防动物疫病的重要措施。

2. 动物疫病的控制。主要是指发生动物疫病时，采取隔离、扑杀、消毒等措施，防止其扩散蔓延造成大范围传播流行。特别是发生重大动物疫情时，需要采取紧急、严厉的“封锁、隔离、销毁、消毒和无害化处理等”强制性措施予以迅速有效处置。

3. 动物疫病的净化和消灭。兽医学所称的动物疫病净化，是指通过检测、扑杀、淘汰、无害化处理等措施，对动物饲养场内患病动物发现和淘汰，从而降低动物疫病的流行率，逐步达到动物疫病消灭的状态；动物疫病消灭，是指通过净化措施，达到彻底消灭动物疫病病原的结果和状态。目前，在我国动物防疫工作实践中，主要在种畜禽饲养场，针对垂直传播、无有效疫苗、传播速度慢、发病率和死亡率较低的动物疫病，如禽白血病、马立克氏、球虫、马传贫等实施动物疫病净化措施，同时也在开展布鲁氏菌病、结核等人畜共患传染病的净化工作。从国际经验来看，动物疫病净化是一项综合性动物防疫措施，其目的是通过持续不断地实施监测、淘汰等措施，最终消灭对养殖业存在重大危害或极高风险的动物疫病。2017 年，中办、国办印发《关于创新体制机制推进农业绿色发展的意见》（中办发〔2017〕56 号），明确提出要“推动动物疫病防控从有效控制到逐步净化消灭转变”，为动物防疫工作指明了方向和路径。本次动物防疫法修订，对动物防疫方针进行调整，将动物疫病净化、消灭纳入国家法律制度，是工作思路的重大调整。

4. 动物、动物产品检疫。主要是指为了防止动物疫病传播，由动物卫生监督机构根据行政相对人的申请，依照本法和国务院农业农村主管部门的规定，对动物、动物产品的动物传染病状况进行确认，并根据确认结果作出行政许可决定的行为。检疫是预防、控制动物疫病的重要手段，属于政府行为，以国家强制力为后盾。实施检疫的目的，一是为了防止染疫动物、动物产品进入流通环节；二是防止动物疫病通过运输、屠宰、加工、贮藏和交易等环节传播蔓延；三是防范人畜共患传染病向人传播，维护公共卫生安全。

5. 病死动物、病害动物产品的无害化处理。对病死动物、病害动物产品进行无害化处理，是降低动物疫病传播风险，防范其流入市场等流通环节的重要举措，是动物防疫的重要工作内容。国家已就无害化处理作出了相应部署，2014 年国务院办公厅印发《关于建立病死畜禽无害化处理机制的意见》（国办发〔2014〕47 号），对该项工作作出安排，本次法律修改将“病死动物和病害动物产品的无害化处理”单列专章，作出制度安排，将成熟的实践经验上升为法律制度，确保各项管理措施于法有据，并以法律保障其顺利实施，十分必要。

6. 诊疗。是指对动物传染病等疾病进行有效的预防和诊断治疗工作。在诊疗过程中，主要是应用先进的仪器设备明确具体病因，然后进行有效的预防和治疗，是防范染疫动物传播疫病的重要措施。诊疗服务水平的提升有利于及时发现、控制动物疫病，提升养殖业生产的效益；反之，不规范的动物诊疗也极易造成动物疫病传播蔓延。近年来，我国动物诊疗行业发展迅猛。截至目前，我国已有9万余人取得执业兽医师资格，3万余人取得执业助理兽医师资格，各类动物医院、动物诊所1.2万家。但总体来看，在城乡分布、业务范围、兽医资源配置等方面与现代养殖业发展仍不相适应，与发达国家也存在较大差距。为进一步规范动物诊疗行业发展，促进提供兽医服务的动物诊疗机构发展，本法明确将诊疗纳入动物防疫范畴，调整完善“动物诊疗”一章内容并新增“兽医管理”一章，为促进动物诊疗行业发展提供更加充分的法律保障。

五、动物疫病的分类和确定主体

动物疫病的特点及危害程度不同，采取的预防、控制、净化、消灭措施也不同，如果采取一个模式，难以实现预期效果，有必要对动物疫病实行分类管理。动物疫病的分类管理是动物防疫工作的基础，有利于制定动物疫病总体防治规划和特定动物疫病的防治计划、应急预案，也有利于集中有限的人力、物力、财力迅速控制重大动物疫情，最大程度降低经济损失和影响。

（一）动物疫病的分类

动物防疫法第四条规定："根据动物疫病对养殖业生产和人体健康的危害程度，本法规定的动物疫病分为下列三类：（一）一类疫病，是指口蹄疫、非洲猪瘟、高致病性禽流感等对人、动物构成特别严重危害，可能造成重大经济损失和社会影响，需要采取紧急、严厉的强制预防、控制等措施的；（二）二类疫病，是指狂犬病、布鲁氏菌病、草鱼出血病等对人、动物构成严重危害，可能造成较大经济损失和社会影响，需要采取严格预防、控制等措施的；（三）三类疫病，是指大肠杆菌病、禽结核病、鳖腮腺炎病等常见多发，对人、动物构成危害，可能造成一定程度的经济损失和社会影响，需要及时预防、控制的。前款一、二、三类动物疫病具体病种名录由国务院农业农村主管部门制定并公布。国务院农业农村主管部门应当根据动物疫病发生、流行情况和危害程度，及时增加、减少或者调整一、二、三类动物疫病具体病种并予以公布。人畜共患传染病名录由国务院农业农村主管部门会同国务院卫生健康、野生动物保护等主管部门制定并公布。”以“对养殖业生产和人体健康的危害程度”为分类标准，将动物疫病划分为三种类型，并列举主要的代表性病种，根据每类动物疫病的危害程度和需要采取的措施，规定其含义。

1. 一类疫病。口蹄疫、非洲猪瘟、高致病性禽流感等动物疫病，从危害程度看，对人、动物危害特别严重；从其影响看，可能造成重大经济损失和社会影响；从防疫措施看，需要采取紧急、严厉的强制预防、控制措施。紧急，是指采取措施要快，避免动物疫病迅速传播、流行，危害加大。严厉，是指采取的措施程度较重且须严格执行。预防上要突出强制性，畜主必须采取免疫、消毒等措施，否则将受到法律惩处。控制上，要对疫区实行封锁，对疫点的染疫动物及同群动物实施扑杀，对垫料、排泄物等污染物实施销毁，并在周边及一定区域进行紧急免疫接种。对待一类动物疫病，应采取上述措施，尽快消除影响，避免短期内复发。

2. 二类疫病。狂犬病、布鲁氏菌病、草鱼出血病等动物疫病，从危害程度看，对人、动物危害严重，虽不像一类疫病那样危害特别严重，但如不采取断然措施也会造成重大损失；从影响看，可能造成较大经济损失和社会影响；从防疫措施看，需要采取严格预防、控制等措施。严格，是指根据疫情的实际情况，按照国务院农业农村主管部门有关规定，严格落实隔离、监测等有关措施。二类疫病一般不实施强制免疫，但在疫情防控形势严峻、可能造成大范围传播等特殊情况下，也可以实施强制免疫。控制方面，发生疫情时，通常以隔离、消毒等为主，一般不采取封锁措施或者采取较短时间封锁，对同群动物一般不扑杀，对垫料等污染物一般采取发酵等无害化处理措施处理。

3. 三类疫病。大肠杆菌病、禽结核病、鳖腮腺炎病等动物疫病的存在形式为常见多发，即在养殖业生产等过程中较为常见。从危害程度看，对人、动物构成危害，危害程度有限；从影响看，可能造成一定程度的经济损失和社会影响，影响程度与一、二类疫病相比较为轻微。采取的措施主要是及时预防、控制，除采取必要的监测等措施外，动物饲养者要加强饲养管理和消毒，适当投药预防，提高动物抗病能力。发生疫情时，以隔离、消毒、治疗等控制措施为主，及时控制该疫病大面积流行。

（二）病种分类确定主体

1. 动物疫病分类确定主体。由于人类认识世界的局限性和渐进性，加之动物疫病病原发生变异等影响因素，对动物疫病发生、流行情况及其危害的认识也是一个逐步深化的过程。因此，本法授权国务院农业农村主管部门根据动物疫病发生、流行情况和危害程度，及时增加、减少或者调整一、二、三类动物疫病具体病种并予以公布。除国务院农业农村主管部门外，其他任何单位和个人无权制定、公布动物疫病病种名录。2008 年 12 月，原农业部修订发布《一、二、三类动物疫病病种名录》，其中一类动物疫病 17 种，二类动物疫病 77 种，三类动物疫病 63 种。

2. 人畜共患传染病确定主体。人畜共患传染病的认定，需要兽医专业技术人员和人的医疗卫生等方面的专业技术人员在实验室和临床试验的基础上共同论证后确定，国际上有明确的人畜共患传染病名录，但人畜共患传染病在各国发生和流行的种类不完全相同。为此，本法规定，我国的人畜共患传染病名录由国务院农业农村主管部门会同国务院卫生健康、野生动物保护等主管部门结合我国实际情况共同制定并对外公布，其他单位和个人无权发布人畜共患传染病名录。

六、动物防疫方针

动物防疫法第五条规定：“动物防疫实行预防为主，预防与控制、净化、消灭相结合的方针。”

本次修订，明确动物疫病净化、消灭在动物防疫工作中的地位，主要基于以下几方面考虑：一是我国动物疫病防控进入新阶段。动物疫病防控体系、技术支撑、资金投入、规模化养殖、管理水平及法制建设，是从预防为主向预防与控制、净化、消灭相结合阶段转变的前提条件，经济发展水平及经济实力也是重要因素，目前，动物防疫工作进入新阶段的条件已基本具备。二是动物疫病净化具有现实基础。近年来，农业农村部稳步推进动物疫病净化工作，在全国组织建设多个特定动物疫病净化示范场和创建场。这项工作遵循动物疫病防治规律，广泛动员和激发了生产经营主体的积极性，新技术、新集成规范运用，养殖场的防疫力度更强更严，资金投入更多更有效，很好地控制了疫病发生。三是符合国际通行做法。

“预防为主”与“控制、净化、消灭”相辅相成，互不排斥。在多种疫病交织存在的情况下，“控制、净化、消灭”依赖于“预防为主”的积极成效，“预防为主”为“控制、净化、消灭”提供了必要基础。预防为主，指防控动物疫病要重视预防措施，以防止疫病发生为目的，从环境、育种、饲养、免疫及物流、人流管理等方面入手，通过采取各种防治措施，力争实现疫病不发生、不流行。预防为主不是不重视治疗，有病时要治病，但无病更要防病，立足于防。究其原因，第一，动物疫病有其固有特性，它的发生、传播、流行必须具备传染源、传播途径和易感动物三个必要条件。只要做到消灭传染源、切断传播途径和保护易感动物三者之一，就可以防止疫病的发生、传播和蔓延。如果三个方面都做到了，就可控制或消灭该疫病，因此做好预防可收到事半功倍之效。第二，由于动物疫病具有传染扩散的特点，有的疫病至今尚无有效的防治方法，有的即使得到治疗，本身仍是带毒的传染源，具有潜在的危险性，只有通过扑杀、销毁才能彻底消除隐患。因此，如果不提前预防，一旦疫病发生、蔓延，控制起来需要耗费相当长的时间和巨大的人力、物力、财力，给养殖业生产造成严重打击，对人体健康、公共卫生安全及国民经济发展带来严重后果，国内外在这方面的教训不乏其例。第三，目前我国养殖业仍然存在大量家庭式分散饲养，动物防疫基础薄弱，再加上疫病种类多，发病范围广，已有的动物疫病尚未得到有效控制，外来动物疫病又不断出现。因此，依法采取预防为主的方针，防患于未然，符合我国养殖业实际。

七、鼓励社会力量参与动物防疫工作

鼓励社会力量参与动物防疫工作，构建全民参与动物防疫的新格局，对于解决动物防疫面临的问题和困难，实现动物防疫工作新发展具有重要意义。动物防疫法第六条规定：“国家鼓励社会力量参与动物防疫工作。各级人民政府采取措施，支持单位和个人参与动物防疫的宣传教育、疫情报告、志愿服务和捐赠等活动。”

（一）鼓励社会力量参与动物防疫工作的必要性

一是顺应农业社会化服务发展的新要求。党的十九大明确要求，要健全农业社会化服务体系，实现小农户和现代农业发展有机衔接。兽医社会化服务是农业社会化服务的重要组成部分，是兽医服务的重要实现形式。鼓励社会力量参与动物防疫工作，有利于引导调动人才、技术、资本等各类社会资源，向养殖业和兽医服务领域集聚，为兽医公益性服务提供补充，形成全社会共同参与动物防疫工作的新机制、新模式，更好支撑各类生产经营主体发展现代农业，助力乡村振兴。

二是落实生产经营者主体责任的重要方式。我国动物防疫工作中长期存在公共服务和社会化服务边界不清的问题，兽医公共服务机构承担了本应属于生产经营者的责任，存在“越位”现象，而生产经营主体未能有效履行应尽责任义务，动物防疫主体责任落实存在“缺位”现象，客观上造成兽医社会化服务发展缺少必要条件和基础。大力推动兽医社会化服务发展，让有资质的兽医社会化服务机构、人员承担更多技术性工作，既可以提高兽医服务的质量和效率，又有利于促使生产经营主体履行动物防疫责任。

三是适应动物疫病防控形势的需要。动物疫病防控是养殖业高质量发展的重要保障。近年来，动物疫病出现了新的病原增多、原有病原变异加快、外来病不断传入等新趋势，加剧了动物疫病防控的复杂性和防控任务的艰巨性。加之人员编制和条件保障相对偏紧，各级各类兽医机构的防控任务和压力越来越重。由兽医社会化服务主体提供支持，可有效补充政府部门人力等资源的不足，不断提升动物防疫成效。

（二）鼓励单位和个人参与哪些动物防疫活动

本条在法律层面确立单位和个人参与动物防疫的基本要求，向全社会发出国家支持参与动物防疫相关活动的倡议书，并保障其合法权益。单位和个人参与动物防疫活动，主要有以下几类：

1. 宣传教育。宣传教育的主体有多种多样，既可以是个人，也可以是单位，比如，居民委员会、村民委员会等基层群众性自治组织，以及学校、社区、企业等。开展动物防疫法律法规和相关防疫知识的宣传教育，应当充分发挥相关单位和个人与社会公众联系密切的优势，在日常工作中采取举办通俗易懂的讲座、发放宣传材料等方式。

2. 疫情报告。疫情报告是指相关单位或个人发现动物疫情或疑似疫情时，及时向相关部门报告。本法对动物疫情的报告作了专门规定，对从事动物疫病监测、检测、检验检疫、研究与诊疗以及动物饲养、屠宰、经营、隔离、运输等活动的单位和个人的报告义务作了规定。但是，动物疫病的出现往往具有突发性，除了负有报告义务的单位和个人外，还应当广泛发动群众报告动物疫情，扩展疫情信息来源，争取在疫情出现的早期及时采取应对措施，减少疫情造成的危害。

3. 志愿服务。志愿服务是指单位或者个人基于公益目的，向动物防疫工作提供志愿无偿服务以及其他非营利性服务。志愿服务的主体包括志愿者、志愿服务组织和其他组织。志愿者是指以自己的时间、知识、技能、体力等从事志愿服务的自然人。志愿者可以参与志愿服务组织开展的志愿服务活动，也可以自行依法开展志愿服务活动。志愿服务组织是指依法成立，以开展志愿服务为宗旨的非营利性组织，可以采取社会团体、社会服务机构、基金会等组织形式。开展动物防疫志愿服务应当遵循自愿、无偿、平等、诚信、合法的原则，不得违背社会公德、损害社会公共利益和他人合法权益，不得危害国家安全。

4. 捐赠。捐赠是指单位或者个人基于公益目的，自愿、无偿赠与财产支持动物防疫相关工作。捐赠的内容和形式可以多种多样，既可以捐赠资金，也可以捐赠物资等；既可以直接捐赠给动物防疫机构，也可以捐赠给相关单位或机构，支持动物防疫事业。

（三）支持单位和个人参与动物防疫活动的措施

各级人民政府，要采取措施支持单位和个人参与动物防疫活动。这里的措施既包括政策措施等制度机制方面的措施，也包括财政、奖励、表彰等具体保障措施。

相关单位和个人依法参与动物防疫相关活动，有权依照相关法律法规的规定，享受国家对公益事业的有关优惠措施。主要有以下几个方面：一是税收优惠。如慈善法规定，自然人、法人和其他组织通过捐赠财产或者提供服务等方式，自愿开展的防治污染和其他公害，保护和改善生态环境等公益活动，属于慈善活动，可以享受税收优惠、金融服务等激励措施。企业所得税法规定，企业发生的公益性捐赠支出，在年度利润总额12%以内的部分，准予在计算应纳税所得额时扣除；超过年度利润总额12%的部分，准予结转以后三年内在计算应纳税所得额时扣除。个人所得税法规定，个人将其所得对教育、扶贫、济困等公益慈善事业进行捐赠，捐赠额未超过纳税人申报的应纳税所得额30%的部分，可以从其应纳税所得额中扣除。二是奖励或表彰。如本法第十四条规定，对在动物防疫工作、相关科学研究、动物疫情扑灭中作出贡献的单位和个人，各级人民政府及有关部门按照国家有关规定给予表彰或者奖励。三是其他优惠。如志愿服务条例规定，高等学校、中等职业学校可以将学生参与志愿服务活动纳入实践学分管理；国家鼓励企业和其他组织在同等条件下优先招用有良好志愿服务记录的志愿者；公务员考录、事业单位招聘可以将志愿服务情况纳入考察内容；县级以上地方人民政府可以根据实际情况采取措施，鼓励公共服务机构等对有良好志愿服务记录的志愿者给予优待。

八、动物防疫的责任主体

动物防疫法第七条规定："从事动物饲养、屠宰、经营、隔离、运输以及动物产品生产、经营、加工、贮藏等活动的单位和个人，依照本法和国务院农业农村主管部门的规定，做好免疫、消毒、检测、隔离、净化、消灭、无害化处理等动物防疫工作，承担动物防疫相关责任。"

（一）生产经营者须承担动物防疫主体责任

从事动物饲养、屠宰、经营、隔离、运输以及动物产品生产、经营、加工、贮藏等活动的单位和个人是动物防疫相关活动的实施者，也是动物防疫的直接受益者。由生产经营者承担必要的动物防疫责任和义务是国际上的普遍做法，也是其他类似行业的普遍做法。如安全生产法规定，安全生产工作应当强化和落实生产经营单位的主体责任，建立生产经营单位负责、职工参与、政府监管、行业自律和社会监督的机制。食品安全法规定，食品生产经营者应当依照法律、法规和食品安全标准从事生产经营活动，保证食品安全，诚信自律，对社会和公众负责，接受社会监督，承担社会责任。

长期以来，动物防疫缺乏明确的责任主体，生产经营主体责任落实不到位，这与我国养殖业发展的历史和阶段有关。长期以来，我国养殖业生产方式以散养为主，一直到本世纪初，农村地区基本上是家家户户养有畜禽，动物防疫基本靠各级政府及兽医部门组织，乡镇畜牧兽医站和村级防疫员承担了免疫注射等具体的防疫工作。这种养殖方式和动物防疫工作机制，使得广大养殖者等生产经营主体对动物防疫责任的认识存在偏差，缺乏规范开展动物防疫活动的自觉性和主动性。近十几年来，我国规模化、标准化养殖快速发展，在保持畜禽养殖总量不减的情况下，从事养殖活动的劳动者已减少80%左右，场均养殖规模不断扩大。出于生产安全和经济收益的考虑，养殖者必须开展一定的动物防疫活动，对防疫能力和主体责任的认识快速提高。据统计，我国畜牧业综合规模化率已达到64.5%，规模养殖场已成为我国肉奶蛋生产供应的主体。生产经营主体的发展成熟，为在法律中明确动物防疫主体责任和具体要求奠定了基础。同时，生产经营者由于与饲养的动物接触更为密切，能够第一时间掌握信息，对动物疫情也更为敏感，压实相关生产经营者在动物防疫中的主体责任，有利于动物防疫工作向更高水平发展迈进。2020年国办印发的《关于促进畜牧业高质量发展的意见》对落实生产经营者动物防疫责任提出明确要求，依法督促落实畜禽养殖、贩运、屠宰加工等各环节从业者动物防疫主体责任；引导养殖户改善动物防疫条件，严格按规定做好强制免疫、清洗消毒、疫情报告等工作；建立健全畜禽贩运和运输车辆监管制度，对运输车辆实施备案管理，落实清洗消毒措施；督促指导规模养殖户和屠宰厂配备相应的畜牧兽医技术人员，依法落实疫病自检、报告等制度。从动物防疫的逻辑关系来看，明确动物防疫的责任主体，方能督促其符合动物防疫条件，做好强制免疫，依法落实检测、消毒、申报检疫和无害化处理等工作，也才能确保法律规定的动物防疫措施能够执行落实。

（二）责任主体履行义务的要求

本条为生产经营主体履行动物防疫责任的环节、内容和方式作出概括性规定。值得注意的是，生产经营主体开展动物防疫活动，是有前提条件的，即依照本法和国务院农业农村主管部门的规定。本法在不同章节和条款中，规定了不同类型生产经营者的法律义务。同时，本条为农业农村主管部门预留了制度接口，规定各类生产经营主体除遵守本法的规定外，还需遵守农业农村部的各项规定。一旦未按法律及配套规定履行对应的义务，则将依法受到惩罚。

九、政府和基层群众性自治组织的动物防疫职责

动物防疫法第八条规定："县级以上人民政府对动物防疫工作实行统一领导，采取有效措施稳定基层机构队伍，加强动物防疫队伍建设，建立健全动物防疫体系，制定并组织实施动物疫病防治规划。乡级人民政府、街道办事处组织群众做好本辖区的动物疫病预防与控制工作，村民委员会、居民委员会予以协助。"对各级人民政府和居民委员会、村民委员会等基层群众性自治组织的动物防疫职责作出规定。

（一）县级以上人民政府的职责

一是加强对动物防疫工作的统一领导。动物疫病的预防、控制和净化、消灭，需要政府制定一系列的强制性措施，并在法律规范、财政支持、技术措施等方面予以保障。特别是发生重大动物疫情，更需要全国统一领导，地方政府负责，部门指导协调，各方联合行动，才能得以有效控制。由于动物防疫工作涉及多个部门，必须由县级以上人民政府来统一领导，统一指挥，统一调配资源，统一采取措施，才能做好动物疫病预防、控制和检疫、无害化处理等工作。

二是采取有效措施稳定基层机构队伍，加强基层动物

防疫队伍建设。动物防疫工作的重点在基层，难点也在基层，没有基层动物防疫机构、队伍作保证，就不可能做好动物防疫工作。近年来，一些地方的基层动物防疫机构逐渐弱化，专业技术力量薄弱，基层动物防疫队伍后继人才不足。与动物防疫的复杂严峻形势不相适应，迫切需要加强基层动物防疫机构、队伍建设。第一，积极采取有效措施稳定基层机构。机构是队伍的重要载体，加强农业农村主管部门、动物卫生监督机构和动物疫病预防控制机构建设，是强化队伍建设的基础，法律对此作出了规定。第二，切实加强基层动物防疫队伍建设。基层动物防疫队伍肩负着动物疫情排查、动物疫情报告等动物防疫工作，任务异常繁重。近几年，国内部分省市接连发生重大动物疫情，充分暴露出我国基层动物防疫队伍存在的问题，如官方兽医和动物疫病预防控制机构专业人才紧缺、村级防疫员队伍老化等，影响了疫情上报和防控措施落实。只有建立起与动物防疫工作相适应的基层动物防疫队伍，才能保证各项防疫工作落到实处，有效防止重大动物疫情的发生。基层动物防疫队伍建设需要得到编制、财政等有关部门的支持和保障，只有依法纳入政府职责，才能协调解决。各地应当依照法律法规和国家有关规定，结合本地实际，加强动物防疫队伍建设。

三是建立健全动物防疫体系。动物防疫体系是公共卫生体系的重要组成部分，是应对动物疫病的根本，关系到养殖业的健康发展。随着我国养殖业规模不断扩大，养殖密度和流通半径不断加大，境内外动物及其产品贸易活动日益频繁，某些重大动物疫病呈大范围流行态势。建立健全动物防疫体系，就是要建立健全动物防疫工作体系、支持保障体系和法律法规标准体系，加强基础设施建设，充实完善各级兽医工作机构的设备、条件，建设各类兽医实验室，提高诊断、检测能力和生物安全水平。

四是制定并组织实施动物疫病防治规划。动物疫病防治规划是指在动物疫病防治过程中，为达到一定的目标，在一段时期内对不同疫病分别采取相应措施进行预防、控制的长期计划。动物疫病防治规划是一种长期计划，需要对5—15年或更长时期内的动物疫病流行及风险分析状况、国家财政投入能力、兽医管理体制及队伍建设状况、科学技术发展水平和有效的防控措施以及食品安全和国际贸易要求等多种因素进行综合考虑，作出长期安排。按规划范围和任务的不同，可分为动物疫病防治总体规划和某种动物疫病的防治规划。前者反映了在一个时期国家总体（适当）的动物卫生保护水平；后者则是防治某种动物疫病具体的详细规划。各级人民政府要通过制定并组织实施动物疫病防治规划来确定和实现国家或地区适当的动物卫生保护。制定动物疫病防治规划的目的主要包括：

1. 提升动物疫病预防、控制的地位。把动物疫病预防、控制上升为政府行为，包括：由国家和各级政府制定和发布重大动物疫病应急预案，建立健全重大动物疫病应急机制；国家有关部门应根据国家动物疫病防治规划，将重大动物疫病的预防、控制纳入国民经济和社会发展计划；国家有关部门应根据国家动物疫病防治规划和应急处置的需求，保障动物疫病防控资金到位。

2. 明确政府部门的职责。制定国家动物疫病防治规划时，应进一步明确农业农村、卫生健康、海关、林业草原等有关部门和机构的职责，保障动物疫病预防、控制等各项工作的顺利进行。此外，军队动物卫生监督职能部门也要负责做好军队现役动物和饲养自用动物防疫工作，并依法配合驻地人民政府做好疫病防控工作。

（二）乡级人民政府、街道办事处的职责

预防和控制动物疫病，基层人民政府的组织协调工作至关重要。动物防疫法施行后，乡镇人民政府、街道办事处在组织协调动物疫病预防和控制方面做了大量卓有成效的工作，积累了丰富的实践经验。在今后相当长的一段时间内，仍然需要继续发挥乡镇人民政府、街道办事处的组织协调作用，故本条明确规定其应当组织群众做好本地区的动物疫病预防与控制工作的职责。

乡级人民政府、街道办事处主要承担以下职责：一是

组织本辖区内饲养动物的单位和个人做好强制免疫，协助县级以上地方人民政府农业农村主管部门做好监督检查工作。二是组织协调居民委员会、村民委员会做好本辖区内流浪犬、猫的控制和处置，防止疫病传播；结合本地实际，做好农村地区饲养犬只的防疫管理工作。三是发生三类动物疫病时，所在地县级、乡级人民政府应当按照国务院农业农村主管部门的规定组织防治。四是对在城市公共场所和乡村发现的死亡畜禽，负责组织收集、处理并溯源。五是本法和相关法律法规规定的其他职责。

（三）村民委员会、居民委员会的职责

村民委员会、居民委员会是重要的基层群众性自治组织，贴近养殖业从业者，对基层动物防疫工作开展情况较为熟悉，也便于协助开展相关工作。明确基层群众性自治组织在动物防疫工作的协助义务，有利于发扬民主精神，充分发挥各方力量共同做好动物防疫工作。

村民委员会、居民委员会要协助乡级人民政府、街道办事处组织群众做好本辖区内的动物疫病预防与控制工作。动物防疫法第十八条规定，村民委员会、居民委员会协助县级以上地方人民政府农业农村主管部门和乡级人民政府、街道办事处做好强制免疫相关工作。第三十条规定，居民委员会、村民委员会在街道办事处、乡级人民政府组织协调下，做好本辖区内流浪犬、猫的控制和处置，防止疫病传播。

十、相关部门的动物防疫职责

动物防疫法第九条规定："国务院农业农村主管部门主管全国的动物防疫工作。县级以上地方人民政府农业农村主管部门主管本行政区域的动物防疫工作。县级以上人民政府其他有关部门在各自职责范围内做好动物防疫工作。军队动物卫生监督职能部门负责军队现役动物和饲养自用动物的防疫工作。"明确各级农业农村部门、相关部门及军队有关部门的动物防疫管理职责。

（一）国务院农业农村主管部门主管全国动物防疫工作

本法规定由农业农村部主管全国的动物防疫工作，为建立统一、协调、高效的动物防疫工作管理体制提供了法律依据。根据本法规定，农业农村部在动物防疫工作方面的主要职责是主管全国动物防疫工作，具体职责在本法各章节条款中有具体规定。

（二）地方政府农业农村部门主管本辖区动物防疫工作

明确省、市、县三级地方人民政府农业农村部门在本行政区域动物防疫的管理和监管责任，主要包括：制定本行政区域的强制免疫计划，增加实施强制免疫的动物疫病病种和区域；组织实施动物疫病强制免疫计划，并进行监督检查；根据对动物疫病发生、流行趋势的预测，及时发出动物疫情预警；依法发放动物防疫条件合格证；对经营动物、动物产品的集贸市场进行监督检查；按照程序确认、任命官方兽医，对官方兽医进行培训和考核；颁发执业兽医资格证书；派人在所在地依法设立的现有检查站执行监督检查任务；本法和相关法律法规规定的其他职责。

（三）其他部门在各自的职责范围内做好动物防疫工作

动物防疫工作涉及政府多个部门，应建立“政府统一领导、部门分工负责”的工作机制。县级以上人民政府的卫生健康、林业草原等有关部门和海关应当在政府的统一领导下，依法履行各自职责。主要包括：科技、海关等部门按照规定做好动物疫病监测预警工作；野生动物保护主管部门按照职责分工对野生动物疫源疫病进行监测、预测、预报；海关应当及时处置发现的染疫或者疑似染疫的进出境动物和动物产品；野生动物保护主管部门应当及时处置发现的染疫或者疑似染疫的野生动物；发生人畜共患传染病疫情的，卫生健康主管部门应当对疫区易感染的人群进行监测，并采取相应的预防、控制措施；本法和相关法律法规规定的其他职责。

（四）军队负责现役动物及饲养自用动物的防疫管理

军队现役动物是指现役的直接用于军事训练和侦察作战任务的动物，包括军马、军犬、军鸽等。军队饲养自用动物指饲养的用于内部食用或使用的所有动物。军队养殖场一般处于军事管理区域内，少与外界流通，其动物防疫工作由军队自己负责，便于操作和管理，军队内部也已建立起成熟有效的动物防疫管理机制和工作体系。为此，本条规定，军队动物卫生监督职能部门根据本法和相关法律的规定，负责军队现役动物和饲养自用动物的防疫工作。

十一、动物疫病防控部门间协作机制

动物防疫法第十条规定："县级以上人民政府卫生健康主管部门和本级人民政府农业农村、野生动物保护等主管部门应当建立人畜共患传染病防治的协作机制。国务院农业农村主管部门和海关总署等部门应当建立防止境外动物疫病输入的协作机制。"建立农业农村、卫生健康、野生动物保护、海关等部门间动物防疫协作机制。

（一）人畜共患传染病防治协作机制

人畜共患传染病是人与动物间相互传播的疫病，如鼠疫、狂犬病、血吸虫病等，对人类与动物健康均构成威胁。由于人畜共患传染病的传染源、传播途径都比较复杂，必须对人和易感动物同时进行防控，才能有效预防和控制人畜共患传染病的发生、传播。人畜共患传染病防控工作涉及部门较多，工作面宽量大，需要各部门合作协同、联合防控。各级卫生健康部门与同级农业农村、林业草原等部门应当建立防治人畜共患传染病的合作协调机制，共同研究制定防控策略，共同采取防控措施，方能有效降低公共卫生安全风险。

除动物防疫法外，其他法律也对建立人畜共患传染病协作机制提出了要求。传染病防治法规定，县级以上人民政府农业、林业行政部门以及其他有关部门，依据各自的职责负责与人畜共患传染病有关的动物传染病的防治管理工作；动物防疫机构和疾病预防控制机构，应当及时互相通报动物间和人间发生的人畜共患传染病疫情以及相关信息。野生动物保护法规定，县级以上人民政府野生动物保护主管部门、兽医主管部门、卫生主管部门，应当按照职责分工负责与人畜共患传染病有关的动物传染病的防治管理工作。

为进一步巩固人畜共患传染病防治的机制和效果，本法立足于已有工作基础，专门就人畜共患传染病防治协作机制作出规定。县级以上人民政府卫生健康主管部门和农业农村、野生动物保护等主管部门，要进一步健全和完善人畜共患传染病防治的协作机制，提高防治的整体性和协同性。

（二）防止境外动物疫病输入协作机制

我国陆地边境线长、口岸通道多，随着我国对外开放的持续推进，动物及动物产品贸易持续增加，境外动物疫病传入风险不断加大。如 2013 年小反刍兽疫传入我国，2018 年非洲猪瘟传入我国，均给养殖业造成严重损失。防止境外动物疫病输入涉及农业农村主管部门和海关等多个部门，需要各部门之间密切配合，建立有效的协作机制。

近年来，农业农村部会同海关总署密切关注国际动物疫情，根据形势动态调整《进境动物检疫疫病名录》，2018 年以来已发布禁令 43 项，组织完成进口动物及产品风险评估 53 次，努力消除进口动物及其产品疫病传入风险；同时，不断加强与蒙古国、俄罗斯、老挝等周边国家合作交流，通过开展联合监测，探索建立跨境动物疫病区域化管理等新举措，有序推进境外动物疫病防控关口前移。但是，随着周边国家疫情形势趋紧，还需要进一步强化两部门在防范境外动物疫病传入方面的协调配合，积极组织各级海关、各级动物疫病预防控制机构、动物卫生监督机构密切配合，做好检疫、防疫和监督工作，在总结经验的基础上，形成常态化协调机制，共同做好境外动物疫病传入风险防范。为此，修订后的动物防疫法第十条第二款新增加了“国务院农业农村主管部门和海关总署等部门应当建立防止境外动物疫病输入的协作机制”的内容。

十二、动物、动物产品检疫及其责任主体

动物防疫法第十一条规定："县级以上地方人民政府的动物卫生监督机构依照本法规定，负责动物、动物产品的检疫工作。"明确动物卫生监督机构的设立和职责。

（一）动物、动物产品检疫的概念和作用

动物、动物产品检疫是指为了预防、控制动物疫病，由法定的机构和人员依照法定的检疫项目、标准和方法，对动物、动物产品进行检查、定性的行为，是行政许可。实施动物、动物产品检疫对动物防疫工作具有十分重要的作用：一是促进生产经营者依法经营。促使动物饲养者自觉开展预防接种、无害化处理等防疫工作，提高免疫率和无害化处理自觉性，达到以检促防的目的，促进动物及其产品经营者合法经营。二是防止染疫动物、动物产品进入流通环节。通过动物检疫，可以及时发现动物疫病以及其他妨害公共卫生的因素，及时采取措施，扑灭疫源，防止疫情传播蔓延，保护养殖业生产和消费者健康。三是促进动物疫病科学防控。通过对检疫所发现动物疫情的记录、整理、分析，及时、准确、全面地反映动物疫病的流行分布动态，可以为制定动物疫病防治规划和防疫计划提供可查的科学依据。

（二）动物、动物产品检疫的特点

检疫实施的特点包括：一是强制性。动物检疫以本法为法律依据，由动物卫生监督机构负责实施，由农业农村部门负责监管，任何不依法申报检疫、不按规定实施检疫的单位和个人都将受到责任追究和法律惩处。二是法定性。动物检疫的实施，有法定的机构、人员、检疫项目、对象和方法，以及法定的处理方式和证章标志，一般性动物疫病检测不能称之为检疫。三是即时性。检疫对防范染疫动物、动物产品进入流通环节具有重要作用，但是动物疫病的感染也可能发生在检疫后。因此，检疫结果只依据被检疫动物、动物产品即时的情况作出，在一定时限内有效，而不是在后续屠宰、加工、经营过程中一直有效。

（三）动物、动物产品检疫的责任主体

新修订的动物防疫法，删除了动物卫生监督机构“有关动物防疫的监督管理执法工作”的职能，调整至县级以上地方人民政府兽医主管部门职责中。同时，根据有关规范性文件关于“农业农村部门原内设机构及所属单位依法继续做好行政许可、行业管理、技术推广、例行监测、检验检测等工作”的要求，改革后的动物卫生监督机构应当继续履行好动物、动物产品检疫的工作职责。因此，动物防疫法第十一条规定：“县级以上地方人民政府的动物卫生监督机构依照本法规定，负责动物、动物产品的检疫

工作。”

动物卫生监督机构及其官方兽医要依法履行好法律赋予的相关职责和权利，依法依规做好动物、动物产品检疫工作，充分发挥检疫对防疫的保障和促进作用。

十三、动物疫病预防控制机构的设立和职责

动物防疫法第十二条规定：“县级以上人民政府按照国务院的规定，根据统筹规划、合理布局、综合设置的原则建立动物疫病预防控制机构。动物疫病预防控制机构承担动物疫病的监测、检测、诊断、流行病学调查、疫情报告以及其他预防、控制等技术工作；承担动物疫病净化、消灭的技术工作。”明确动物疫病预防控制机构的设立和职责。

动物疫病预防控制机构是兽医行政管理和监督执法的重要技术保障和依托，按照本法的规定，动物疫病预防控制机构的职责包括：（1）负责实施本法规定的动物疫病的监测、预警、预报、实验室诊断、流行病学调查、疫情报告工作。（2）承担动物产品安全相关技术检测工作。（3）承担其他预防、控制等技术工作，包括协助提出重大动物疫病防控技术文件，做好动物疫病预防的技术指导、技术培训、科普宣传工作等。（4）承担动物疫病净化、消灭的技术工作。最后一项是此次修订新增加的职责，动物疫病的净

化、消灭是此次修订的一个重要内容，将动物疫病的净化、消灭纳入动物防疫的范畴，将我国动物防疫工作的方针由“预防为主”改为“预防为主，预防与控制、净化、消灭相结合”。动物疫病预防控制机构应当顺应动物防疫工作的发展趋势，进一步加强动物疫病净化、消灭方面的技术研究，提升技术水平，做好相关的技术支撑工作。

十四、动物防疫科学技术发展和动物防疫宣传

动物防疫法第十三条规定：“国家鼓励和支持开展动物疫病的科学研究以及国际合作与交流，推广先进适用的科学研究成果，提高动物疫病防治的科学技术水平。各级人民政府和有关部门、新闻媒体，应当加强对动物防疫法律法规和动物防疫知识的宣传。”

（一）国家鼓励支持动物防疫科学研究和国际交流合作

动物防疫工作是项长期的、艰巨复杂的任务，动物疫病的预防、控制、净化和消灭，以及动物、动物产品的检疫，都需要有相应的科学知识，比如动物防疫涉及动物微生物、传染病、寄生虫以及法律法规和技术标准等有关多个学科的知识。我国历来重视动物防疫的科学研究，取得了大量的高水平科研成果，为控制消灭动物疫病、保障养殖业健康发展、保护人民群众健康安全发挥了重大作用。

尽管我国在动物疫病科学研究领域取得了长足进步，但对动物疫病的了解还远远不够，需要持之以恒发挥科技对动物防疫工作的支撑和保障作用。因此在法律中明确，国家鼓励、支持动物防疫科学研究，引导科研机构和社会力量进一步加强动物防疫基础性、前沿性的科学研究，力争取得一批标志性、引领性的重大科研成果，为实现养殖业和兽医工作现代化发展乃至整个农业农村现代化发展发挥重要作用。

开展动物疫病防控技术的国际合作与交流，是我国农业对外合作的重要组成部分，有利于促进我国动物疫病防控技术创新发展，也是统筹利用国际国内两个市场、两种资源、两类规则，持续提升我国养殖业国际竞争力的有力抓手。一方面，引进国外先进的科学研究成果和高端人才，能够与各国科研领域形成优势互补，推进动物防疫科研领域与国际接轨，取他国之长，补我国之短，提高时间和成本效益，尽快提升我国动物防疫科学研究的整体水平，实现高质量发展。另一方面，动物防疫事业不分国界，野生动物迁徙、国际动物贸易、边境互市等因素，都极易将国外动物疫病传入国内，给我国养殖业生产和人民群众的利益带来重大损失，我国动物疫病传出也会在国际上造成不良影响。加强动物防疫领域的国际合作交流，积极提出“中国智慧、中国方案”，推动各国共同提升动物疫病治理能力和治理水平，努力将外来动物疫病消灭在境外，有利于更好维护国家利益。

（二）国家鼓励、支持推广先进的科学研究成果

先进的科学研究成果，只有应用到动物防疫工作中去，才能发挥其应有的作用。因此，国家不但要鼓励、支持动物防疫的科学研究，还要鼓励和支持推广先进的科学研究成果，通过试验、示范、培训、指导以及咨询服务等方式，把动物防疫的科学研究成果运用到具体工作中去。国家鼓励、支持推广先进的科学研究成果，一方面通过政府及有关部门进行科学研究成果的推广，另一方面也要制定一些措施鼓励有关企业、事业单位转化应用。

经过多年的建设和发展，我国在依靠科技，提高防疫效果方面取得了很大的成绩，主要表现在以下几个方面：一是应用于动物防疫工作中的防治各种动物传染病的生物制剂的品种与数量不断增加。二是诊断疫病的新技术不断用于生产，如酶联免疫吸附技术、荧光偏振技术、基因芯片检测技术、实时聚合酶链式反应技术、基因测序技术等方法已在科研和生产中应用，提高了我国动物疫病诊断水平。三是推广应用新药械。我国的兽药厂可生产高效、低毒、广谱驱虫药、抗菌类药物、普通疾病医疗用药和主要医疗器械。四是科研与生产密切结合，各类兽医科研成果得到了较好的推广和应用，并根据生产和防疫的实际持续

优化和改进。五是动物卫生法律和兽医体制改革方面的研究成果，对我国动物防疫法的修订、配套法规的制定和兽医管理体制改革，以及动物卫生行政管理、监督执法和技术支持均起到了积极的推动作用。

（三）动物防疫法律、法规和动物防疫知识宣传

普及动物防疫的法律法规和知识，其目的是提高人们的动物防疫观念和法治意识，增强人们对动物防疫工作重要性的认识，积极开展动物防疫活动，履行自身承担的法律义务，从而提高动物疫病防治的水平和能力。新修订的动物防疫法，明确宣传的实施主体，对各级人民政府、部门和新闻媒体提出具体要求。通过各种方式广泛开展动物防疫科学和法律知识的宣传教育工作，使广大群众能够掌握更多动物防疫的科学和法律知识，提高对动物防疫工作重要性的认识。长期以来，各级农业农村部门编制大量普及动物防疫知识的宣传材料，举办培训班，进行广泛宣传，取得良好效果，将来还要积极与新闻媒体建立联系，采取新闻发布会、专题采访、专题培训、编制释义、发放普法和知识普及材料、举办知识竞赛、以案说法等多种方式加大宣传力度，以进一步强化广大干部群众的动物防疫观念和法治意识，增强其对动物防疫工作和公共卫生安全重要性的认识，引导和推动其主动履行自身承担的法律义务，积极参与动物防疫有关活动，形成政府部门主导、全

社会广泛参与的动物防疫工作新格局，切实发挥宣传对动物防疫工作的促进作用。

十五、对动物防疫单位、人员的表彰和保障

动物防疫法第十四条规定："对在动物防疫工作、相关科学研究、动物疫情扑灭中做出贡献的单位和个人，各级人民政府和有关部门按照国家有关规定给予表彰、奖励。有关单位应当依法为动物防疫人员缴纳工伤保险费。对因参与动物防疫工作致病、致残、死亡的人员，按照国家有关规定给予补助或者抚恤。"

（一）关于表彰、奖励制度

动物防疫是一项重要的基础工作，具有较强的公益属性，对维护养殖业生产安全、公共卫生安全具有重要作用。在法律中设立表彰、奖励制度，目的是鼓励参与动物防疫工作的单位和个人在动物防疫工作、动物防疫科学研究和疫情扑灭中作出更大贡献，引导社会各方面更加积极、主动地投入到动物防疫相关工作中。

根据本条第一款的规定，表彰、奖励的对象为在动物防疫相关工作中做出贡献的单位和个人，主要包括：一是直接从事动物防疫工作的单位和个人，比如各级人民政府农业农村主管部门及其工作人员，动物卫生监督机构、动物疫病预防控制机构等动物防疫相关机构及其工作人员，

以及各类生产经营主体。二是开展动物防疫科学研究和提供技术支撑的单位和个人，比如有关院校及其教师和学生、有关科研机构及其工作人员等。三是在动物疫情扑灭工作作出贡献的单位和个人，特别是平时不从事动物防疫工作，但积极主动参与疫情扑灭的单位和个人。

本条规定的表彰、奖励的情形是“作出贡献”，主要包括：一是积极同动物防疫相关的违法违规行为作斗争的；二是在动物防疫科学研究中在生物制剂、诊断疫病的新技术和新药械等方面有发明创造的；三是在推广动物防疫的科学研究成果方面作出突出成绩和贡献的；四是在动物防疫监督管理工作中作出突出成绩和贡献的；五是在动物卫生法律规范研究、宣传、教育、培训等方面作出突出成绩和贡献的。

本条规定的表彰、奖励主体，即实施给予奖励行为的主体，是县级以上人民政府或者有关部门，如农业农村、人力资源社会保障等部门以及工会组织等。主要方式有：通报表彰、奖励；颁发奖状、奖牌、奖杯或奖章等；颁发证书；给予荣誉称号；给予奖金或者实物奖励；给予优惠政策；国家规定的其他表彰、奖励等。

需要注意的是，表彰、奖励应当按照有关法律、法规、自治条例和单行条例、规章、规范性文件的要求进行，不得随意给予，以体现表彰、奖励的官方性、严肃性。除政府及其有关部门以外的其他单位和个人给予的奖励，不受本条规定条件的限制。目前，《国家科学技术奖励条例》《农业部表彰工作管理办法》《全国农业先进集体和先进个人评选表彰管理办法》等有关法规、规章对有关表彰、奖励的内容作出了规定，农业农村部已在此方面作出了积极探索，如农业农村部在其印发的《非洲猪瘟疫情应急实施方案》中明确提出，县级以上人民政府及其部门对参加疫情应急处置作出贡献的先进集体和个人，进行表彰和及时奖励。未来，还需要各级政府及其有关部门在更多的法规、规章、文件中针对动物防疫有关工作的表彰、奖励作出更加细致、明确的规定。

（二）依法缴纳工伤保险

工伤保险，是指劳动者在工作中或在规定的特殊情况下，遭受意外伤害或患职业病导致暂时或永久丧失劳动能力以及死亡时，劳动者或其遗属从国家和社会获得物质帮助的一种社会保险制度。

目前，我国已建立了较为完善的工伤保险制度，《工伤保险条例》第二条、第三十条规定：中华人民共和国境内的企业、事业单位、社会团体、民办非企业单位、基金会、律师事务所、会计师事务所等组织和有雇工的个体工商户（以下称用人单位）应当依照本条例规定参加工伤保险，为本单位全部职工或者雇工（以下称职工）缴纳工伤保险费；中华人民共和国境内的企业、事业单位、社会团体、民办非企业单位、基金会、律师事务所、会计师事务所等组织的职工和个体工商户的雇工，均有依照本条例的规定享受工伤保险待遇的权利；职工因工作遭受事故伤害或者患职业病进行治疗，享受工伤医疗待遇。

由于动物防疫工作过程中，防疫人员被人畜共患传染病病原感染的风险较大，且在开展动物疫病监测、检疫等工作中，可能受到动物攻击或发生其他意外造成伤病亡的情形，本着关心爱护动物防疫人员，增强对其保障力度，维护合法权益的目的，本法明确规定，要为动物防疫人员缴纳工伤保险费。在缴纳工伤保险费的义务主体方面，法律的表述为“有关单位”，其既包括动物卫生监督机构、动物疫病预防控制机构等政府设立的动物防疫机构，也包括动物诊疗机构、无害化处理场所等社会力量设立的从事动物防疫相关活动的机构。依据本条的规定，用人单位缴纳的应是全部的工伤保险费，动物防疫人员自己无须缴纳工伤保险费。动物防疫人员因工作原因受到事故伤害或者患职业病，且经工伤认定的，享受工伤保险待遇。其中，经劳动能力鉴定丧失劳动能力的，享受伤残待遇。此外，因工死亡的，其遗属可以按照国家规定从工伤保险基金中领取丧葬补助金、供养亲属抚恤金和因工死亡补助金。

（三）补助、抚恤制度

抚恤一般是指政府及其有关部门，或者其他有关单位对因公或者参与某种特定工作而伤残的人员或者牺牲人员的家属给予精神上的安慰和物质上的帮助。动物疫病发生后，可能危害养殖业生产安全、公共卫生安全，涉及社会各个方面。在预防和控制动物疫病的过程中，动物防疫人员不可避免要与畜禽、病原、有毒有害物质等接触，危险性较大，自身健康极有可能受到损害。参与动物防疫的人员，并不仅仅是动物卫生监督机构、动物疫病预防控制机构的工作人员，还有参与动物防疫的其他部门、机构的工作人员，以及执业兽医、乡村兽医等社会力量。鉴于动物防疫工作具有较强的公益性，对于因参与动物防疫而致病、致残或者死亡的人员，应当本着人道主义原则，在工伤保险中的有关抚恤金、补助金基础上，加大相应补助、抚恤。这种补助、抚恤既是对他们身体所受伤害的补偿，同时也是对他们工作的肯定。国务院相关部门应当按照本法要求，积极研究制定关于动物防疫相关人员补助、抚恤的政策，为动物防疫人员提供有力保障。地方各级人民政府要组织有关部门对因参与应急处置工作致病、致残、死亡的人员，按照有关规定给予相应的补助和抚恤。

第二章

动物疫病的预防

动物疫病一旦发生，轻则引起动物大量死亡，重则影响产业稳定发展、农民持续增收和经济平稳运行，甚至引发公共卫生事件。建立健全动物疫病预防制度体系，落实各项预防措施，对降低疫情发生风险，提升动物防疫工作整体水平意义重大。本次修改将一些行之有效的政策措施和成功经验上升为法律，将进一步健全动物疫病预防的法律制度体系，推动我国动物卫生保护水平再上新台阶。

本章对动物疫病风险评估、动物疫病强制免疫、动物疫病监测和疫情预警、无规定动物疫病区和生物安全隔离区建设、动物疫病净化、动物防疫条件审查和管理、病原微生物管理、禁止从事特定动物、动物产品生产经营以及犬只防疫管理等作出规定，构建起较为系统完善的动物疫病预防法律制度的“四梁八柱”。

一、动物疫病风险评估制度

动物疫病风险评估，是指在进行动物及动物产品生产和其他相关经营活动过程中，对动物或动物产品感染致病微生物及其扩散增加的可能性进行评价和估计。定期或不定期对动物疫病发生风险进行评估预测，根据评估结果及时调整动物疫病防控政策和措施，可以使决策更具有科学性、透明性和客观性，为动物防疫工作从应急管理向风险管理转变提供支撑。

动物防疫法第十五条规定，“国家建立动物疫病风险评估制度。国务院农业农村主管部门根据国内外动物疫情以及保护养殖业生产和人体健康的需要，及时会同国务院卫生健康等有关部门对动物疫病进行风险评估，并制定、公布动物疫病预防、控制、净化、消灭措施和技术规范。省、自治区、直辖市人民政府农业农村主管部门会同本级人民政府卫生健康等有关部门开展本行政区域的动物疫病风险评估，并落实动物疫病预防、控制、净化、消灭措施。”将动物疫病风险评估制度确立为国家动物防疫基本制度，明确动物疫病风险评估工作主要内容。

（一）动物疫病风险评估的时机

根据第十五条第二款规定，启动动物疫病风险评估，主要应考虑两方面因素：一是国内外动物疫情防控形势。比如，在非洲猪瘟疫情传入我国前，针对其呈现出的跨欧亚大陆传播且逐年向我国边境地区逼近的态势，农业农村部及时组织有关单位开展非洲猪瘟风险评估工作，对其在全球及周边国家的流行状况进行跟踪研究，分析该病毒的病原学特点和传播特性，结合我国防控能力等因素，评估其传入风险和可能路径。非洲猪瘟传入国内后，农业农村部根据生猪稳产保供需要、国内疫情发展趋势和防控工作实际，及时进行动物疫病风险评估，不断优化完善非洲猪瘟防控政策。二是保护养殖业生产和人体健康的需要。对于人畜共患传染病疫情，根据其对养殖业生产的潜在影响和人体健康的危害程度确定是否启动风险评估。需要指出的是，国家对动物疫病的风险评估是一个长期或为应对突发情况而不断进行的过程，相关预防和控制措施也应及时调整。

（二）动物疫病风险评估主体

根据第十五条第二款、第三款规定，动物疫病风险评估的主体为国务院农业农村主管部门和省、自治区、直辖市人民政府农业农村主管部门。本次修订新增授权国务院农业农村主管部门会同国务院卫生健康等有关部门对动物疫病进行风险评估的规定；同时新增授权省、自治区、直辖市人民政府农业农村主管部门会同本级人民政府卫生健康等有关部门开展本行政区域的动物疫病风险评估的规定。新增上述规定，是由于动物疫病的发生情况较为复杂，动物疫病风险评估通常涉及多个部门、多个领域，建立部门协作机制，有利于收集、整合各环节动物疫病风险信息，调动利用各方资源，提高动物疫病风险评估的科学性和可操作性。动物疫病风险评估涉及人畜共患传染病防控时，可会同卫生健康等部门；涉及野生动物疫病防控时，可会同林业草原等部门；涉及防止境外动物疫病传入时，可会同海关等部门。省级以下（不含省级）人民政府农业农村主管部门要配合国务院农业农村主管部门和省、自治区、直辖市人民政府农业农村主管部门做好动物疫病风险评估工作。

近年来，为切实做好动物疫病风险评估工作，农业农村部成立全国动物卫生风险评估专家委员会，为国家动物卫生风险管理提供决策咨询和技术支撑。按照评估、决策、执行“三位一体”的要求，在进行动物防疫管理决策前，通过实施风险评估，综合分析所有相关风险因素和可能的风险结果，及时调整有关政策措施，提高动物疫病防控工作的科学性。

（三）动物疫病风险评估结果运用

科学、权威的动物疫病风险评估结果，可广泛应用于动物卫生领域，为完善动物防疫制度顶层设计，制定有效防控措施，预防和减少动物疫情发生等提供有力的技术支撑。比如，风险评估结果可用于不同病种动物疫病防控措施的优化；特定病种的强制免疫、监测和疫情预警、无疫区和生物安全隔离区建设等多项防疫制度的制定和调整；

疫点、疫区、受威胁区的划定撤销和封锁解除等措施或技术规范的制定。同时，动物疫病风险评估也是我国科学制定进出境动物及动物产品检疫措施的重要依据。

二、动物疫病强制免疫制度

动物疫病强制免疫，是指国家对严重危害养殖业生产和人体健康的动物疫病，采取制定强制免疫计划，确定免疫病种、免疫要求、免疫动物种类与区域范围、免疫实施主体、组织分工、补助经费安排、免疫效果监测以及监督管理等一系列强制性措施，有计划分步骤地预防、控制、净化和消灭动物疫病。动物防疫法第十六条、第十七条和第十八条对如何实施动物疫病强制免疫作出详细规定。

（一）科学确定强制免疫的病种和区域

1. 关于强制免疫病种确定的原则和标准。动物防疫法第十六条第一款规定："国家对严重危害养殖业生产和人体健康的动物疫病实施强制免疫。"严重危害养殖业生产和人体健康的动物疫病，是指致病性强、死亡率高、传播速度快、传播范围广甚至跨区域跨国界传播的动物疫病。确认严重危害养殖业生产和人体健康的动物疫病病种，是实施强制免疫的关键。国务院农业农村主管部门应根据动物疫病对养殖业生产和人体健康的危害程度和疫苗研制水平，以及动物疫病风险评估结果，抓住重点，研究确定具体强制免疫病种和区域，这是国家实施动物疫病强制免疫的重要内容。从历史来看，我国实施强制免疫的动物疫病病种经历了一个动态变化和调整优化的过程。自 2001 年我国首先对口蹄疫实施强制免疫以来，到 2007 年，强制免疫病种随着动物疫病防控形势的不断变化，陆续增加到高致病性禽流感、口蹄疫、高致病性猪蓝耳病和猪瘟等四种重大动物疫病。2014 年小反刍兽疫开始在全国强制免疫。2017 年我国对强制免疫政策进行重大调整，猪瘟、高致病性猪蓝耳病由各地按照国家防治指导意见进行防控，在布鲁氏菌病一类地区实施布鲁氏菌病强制免疫，在包虫病流行区实施包虫病强制免疫。2018 年亚洲 I 型口蹄疫退出全国强制免疫。目前，国家层面实施强制免疫的动物疫病病种包括高致病性禽流感、口蹄疫、小反刍兽疫、布鲁氏菌病和包虫病。可以看出，国家实施强制免疫的动物疫病都是在特定时期或特定区域严重危害养殖业生产和人体健康的动物疫病。新纳入强制免疫的病种，大多是在发生全国性疫情或较大规模流行后确定的，退出全国强制免疫的病种也是在综合考量国内疫情形势较为缓解的基础上慎重作出的调整。

2. 关于强制免疫病种和区域的确定主体。动物防疫法第十六条第二款规定："国务院农业农村主管部门确定强制免疫的动物疫病病种和区域。"为做好强制免疫工作，国务院农业农村主管部门每年发布动物疫病强制免疫计划，确定强制免疫的动物疫病病种和区域。农业农村部《2021 年国家动物疫病强制免疫计划》明确高致病性禽流感、口蹄疫、小反刍兽疫、布鲁氏菌病和包虫病为本年度实施强制免疫的疫病病种，针对不同疫病确定了不同的免疫区域。对于高致病性禽流感、口蹄疫和小反刍兽疫，免疫区域为全国范围，但开展小反刍兽疫非免疫无疫区建设和已退出强制免疫的区域，经省级农业农村主管部门同意后可不实施免疫。对于布鲁氏菌病，一类、二类地区的免疫政策有所不同。在一类地区，种畜禁止免疫，对除种畜外的牛羊进行布鲁氏菌病免疫；各省根据评估情况确定非免疫净化区域，经省级农业农村主管部门同意后实施。在二类地区，原则上禁止对牛羊实施免疫；确需免疫的，养殖场户可逐级报省级农业农村主管部门同意后，以场群为单位进行免疫。包虫病强制免疫区域为包虫病流行区。此次修订在免疫计划制定方面作出调整，不再要求国家层面制定动物疫病强制免疫计划，由各省制定本行政区域的强制免疫计划，报本级人民政府批准后报农业农村部备案即可。

3. 授权省级主管部门增加强制免疫病种和区域。动物防疫法第十六条第三款规定：“省、自治区、直辖市人民政府农业农村主管部门制定本行政区域的强制免疫计划；

根据本行政区域动物疫病流行情况增加实施强制免疫的动物疫病病种和区域，报本级人民政府批准后执行，并报国务院农业农村主管部门备案。”这是关于授权地方具有确定强制免疫病种和区域自主权的规定。根据上述规定，需注意以下几点：一是只有省级人民政府农业农村主管部门才有权增加强制免疫病种和区域；二是只能根据本行政区域动物疫病流行情况增加实施强制免疫的动物疫病病种和区域，不能自行减少国家确定的强制免疫疫病病种，缩小免疫范围；三是必须履行法定程序，即首先应报省级人民政府批准，然后报国务院农业农村主管部门备案。实践中，针对狂犬病、布鲁氏菌病等人畜共患传染病防控形势，我国部分省市通过颁布法规或规章形式已将这些疫病纳入强制免疫范围。

（二）饲养者承担动物疫病强制免疫的主体责任

1. 关于强制免疫义务主体。动物防疫法第十七条第一款规定：“饲养动物的单位和个人应当履行动物疫病强制免疫义务，按照强制免疫计划和技术规范，对动物实施免疫接种，并按照国家有关规定建立免疫档案、加施畜禽标识，保证可追溯。”实施动物疫病强制免疫是养殖者应当履行的法定责任，具有强制性，如果养殖者不依法履行强制免疫义务就要承担相应的法律责任。新修订的动物防疫法明确由饲养动物的单位和个人按规定对动物实施免疫接种，压实了生产经营者主体责任。关于免疫工作的具体实施，饲养动物的单位和个人可以采取多种形式，既可以自行实施，也可以委托兽医社会化服务组织实施。

2. 关于如何做好强制免疫。根据第十七条第一款规定，责任主体开展强制免疫时，应遵守两项规定：一是饲养动物的单位和个人均应按照强制免疫计划和技术规范，对动物实施免疫接种。二是饲养动物的单位和个人应当按照《畜禽标识和养殖档案管理办法》等有关国家规定，建立免疫档案，详细记录畜禽存栏、出栏、免疫等情况，特别是疫苗种类、生产厂家、生产批号等信息。同时要按规定及时加施畜禽标识，确保免疫记录与畜禽标识相符，切实做到可追溯。

3. 关于免疫质量要求和处理。强制免疫质量的高低，直接影响免疫屏障是否有效建立，事关动物防疫工作成败。动物防疫法第十七条第二款规定："实施强制免疫接种的动物未达到免疫质量要求，实施补充免疫接种后仍不符合免疫质量要求的，有关单位和个人应当按照国家有关规定处理。"本款为本次修订新增内容，目的是督促有关单位和个人确保免疫质量。饲养动物的单位和个人，不仅要履行好强制免疫义务，还要确保群体免疫密度、免疫抗体合格率达到国家标准。《2021 年国家动物疫病强制免疫计划》要求，现行五种动物疫病强制免疫的质量要求是群体免疫密度应常年保持在90%以上，其中应免畜禽免疫密度应达到100%。高致病性禽流感、口蹄疫和小反刍兽疫免疫抗体合格率应常年保持在70%以上。免疫质量不符合要求的，要及时进行补免，补免后仍不符合质量要求的，有关单位和个人有义务对其进行处理。

4. 关于强制免疫用疫苗的质量要求。疫苗是强制免疫工作的重要物质保障，疫苗质量直接影响到强制免疫成功与否、效果好坏。动物防疫法第十七条第三款规定："用于预防接种的疫苗应当符合国家质量标准。"目前，国家强制免疫用生物制品名单由农业农村部确定并公告，在国家兽药基础数据库中可以及时查询到国家批准使用的有关疫苗。为确保强制免疫用疫苗的安全性和有效性，我国对强制免疫疫苗生产实施严格监管。我国已全面实施兽药二维码追溯管理制度，加强动物疫苗生产经营使用全程监管，严厉打击制售假劣疫苗行为。

（三）压实地方政府、主管部门和基层组织的相关责任

1. 关于强制免疫工作的组织实施。动物防疫法第十八条第一款、第二款规定："县级以上地方人民政府农业农村主管部门负责组织实施动物疫病强制免疫计划，并对饲养动物的单位和个人履行强制免疫义务的情况进行监督检查。乡级人民政府、街道办事处组织本辖区饲养动物的单

位和个人做好强制免疫，协助做好监督检查；村民委员会、居民委员会协助做好相关工作。”明确地方政府部门和基层组织在动物疫病强制免疫工作中的职责，构建上下贯通、共同参与、各负其责的动物疫病强制免疫工作机制和职责体系。一是县级以上地方人民政府农业农村主管部门负责组织实施动物疫病强制免疫计划，并对饲养动物的单位和个人履行强制免疫义务的情况进行监督检查；二是乡级人民政府、街道办事处组织本辖区饲养动物的单位和个人做好强制免疫，协助做好监督检查；三是村民委员会、居民委员会协助做好相关工作。压实村民委员会、居民委员会的相关责任。

2. 关于强制免疫评估和结果公布。动物防疫法第十八条第三款规定：“县级以上地方人民政府农业农村主管部门应当定期对本行政区域的强制免疫计划实施情况和效果进行评估，并向社会公布评估结果。”明确强制免疫评估的主体是县级以上地方人民政府农业农村主管部门；评估内容包括本行政区域的强制免疫计划实施情况和实施效果；评估工作应定期开展，评估结果应及时向社会公布。开展强制免疫评估，有利于及时了解掌握本行政区域强制免疫实施情况和抗体水平，对免疫副反应、抗体水平不达标、免疫失败等情况及时进行调查处理。公布强制免疫评估结果，既可以督促饲养动物的单位和个人及时采取必要的防疫措施，防范动物疫病发生，又有利于督促政府及有关部门优化本行政区域强制免疫工作，提高免疫效果。

三、动物疫病监测和疫情预警制度

动物疫病监测是动物疫病防治工作中的重要技术手段，是预防、控制、净化、消灭动物疫病的基础性工作。只有通过长期、连续、科学的监测，才能及时掌握动物疫病发生状况和流行趋势，准确把握疫情动态，及时消除隐患，为实现动物疫情预警、预报，制定完善防控政策和措施，有效控制、净化、消灭动物疫病提供科学依据。为此，动物防疫法第十九条第一款规定："国家实行动物疫病监测和疫情预警制度。"

（一）动物疫病监测网络

动物疫病监测网络是开展疫病监测工作的重要组织基础和技术保障，建立健全动物疫病监测网络是政府职责所在。动物防疫法第十九条第二款规定："县级以上人民政府建立健全动物疫病监测网络，加强动物疫病监测。"我国的动物疫病监测网络由中央、省、地（市）、县四级动物疫病预防控制机构为主组成。当前，在国家层面主要包括中国动物疫病预防控制中心、中国动物卫生与流行病学中心及其4个分中心，以及牛瘟、牛传染性胸膜肺炎、禽流感、口蹄疫、牛海绵状脑病、猪瘟、猪繁殖与呼吸综合征、新城疫、布鲁氏菌病、包虫病、狂犬病、血吸虫病、结核病、马鼻疽、马传染性贫血、非洲猪瘟等主要动物疫病国家参考实验室和部分疫病专业、区域实验室；地方层面包括省级、地（市）级和县级动物疫病预防控制机构。此外，要注重发挥动物诊疗机构、科研院所等单位的作用。

（二）动物疫病监测计划

1. 监测计划的制定。动物防疫法第十九条第三款规定："国务院农业农村主管部门会同国务院有关部门制定国家动物疫病监测计划。省、自治区、直辖市人民政府农业农村主管部门根据国家动物疫病监测计划，制定本行政区域的动物疫病监测计划。"据此，我国法定的动物疫病监测计划分为国家监测计划和省级监测计划。国家动物疫病监测计划由国务院农业农村主管部门牵头，国务院卫生健康、林业草原、海关等有关部门共同参与制定；省级监测计划必须以国家监测计划为依据。以农业农村部《2020年国家动物疫病监测与流行病学调查计划》为例，该计划规定了当年度我国动物疫病监测的总体要求、基本原则、任务分工、结果报送、保障措施等，并发布了19个针对特定病种的监测计划，为各地开展疫病监测工作提供依据。各省、自治区、直辖市人民政府农业农村主管部门按照国家动物疫病监测计划，结合本地区地理环境特征、动物养殖情况、流通模式、动物疫病流行特点等，科学布局、合理设置有代表性的固定监测点，制定并组织实施本行政区域动物疫病监测计划，对实施情况进行检查和考核。

2. 监测工作的实施。动物防疫法第十九条第四款规定："动物疫病预防控制机构按照国务院农业农村主管部门的规定和动物疫病监测计划，对动物疫病的发生、流行等情况进行监测；从事动物饲养、屠宰、经营、隔离、运输以及动物产品生产、经营、加工、贮藏、无害化处理等活动的单位和个人不得拒绝或者阻碍。"明确动物疫病监测的主体、依据和内容。动物疫病预防控制机构是动物疫病监测的主体，在开展疫病监测工作时，应根据国务院农业农村主管部门的规定和国家动物疫病监测计划要求，坚持"四个结合"：即主动监测与被动监测相结合，监测与流行病学调查相结合，病原监测与抗体监测相结合，疫病监测与净化评估相结合。本款还明确了接受疫病监测的主体及其配合义务，从事动物饲养、屠宰、经营、隔离、运输以及动物产品生产、经营、加工、贮藏、无害化处理等活动的单位和个人不得拒绝或者阻碍。同时，从监测范围来看，我国动物疫病监测涵盖动物防疫各个环节。

（三）动物疫情预警及应急响应

动物防疫法第十九条第五款规定："国务院农业农村主管部门和省、自治区、直辖市人民政府农业农村主管部门根据对动物疫病发生、流行趋势的预测，及时发出动物疫情预警。地方各级人民政府接到动物疫情预警后，应当及时采取预防、控制措施。”明确动物疫情预警的主体、依据和时限，以及地方政府的应急响应要求。据此规定，能够发出动物疫情预警的主体是国务院农业农村主管部门和省、自治区、直辖市人民政府农业农村主管部门，确保疫情预警准确性和严肃性。接到动物疫情预警信息后，地方各级人民政府应该按照本法规定和《重大动物疫情应急条例》《国家突发重大动物疫情应急预案》及不同动物疫病的专项应急预案等要求，针对不同预警级别，依法作出应急响应，及时采取预防控制措施，严防疫情发生蔓延。依据现行的《国家突发重大动物疫情应急预案》规定，根据突发重大动物疫情的性质、危害程度、涉及范围，将突发重大动物疫情划分为特别重大（Ⅰ级）、重大（Ⅱ级）、较大（Ⅲ级）和一般（Ⅳ）四级，并依次用红色、橙色、黄色和蓝色表示特别严重、严重、较重和一般四个预警级别。发生突发重大动物疫情时，事发地的县级、市（地）级、省级人民政府及其有关部门按照分级响应的原则作出应急响应。同时，要遵循疫情发生发展规律，结合实际工作的需要，及时调整预警和响应级别。要根据不同动物疫病的性质和特点，分析疫情发展趋势，对势态和影响不断扩大的疫情，应及时提升预警和响应级别；对范围局限、扩散风险小的疫情，应相应降低响应级别。突发重大动物疫情应急处理要采取边调查、边处置、边核实的方式，有效控制疫情发展。

（四）陆路边境地区动物疫病监测

我国陆路边境线长达 2.28 万千米，与多个国家接壤，外来动物疫病从陆路边境省份向内陆地区传播的风险很大。要强化国家边境动物防疫安全理念，压实陆路边境省、自治区人民政府在动物疫病监测方面的责任，密切跟踪境外动物疫情传入风险，严防境外疫情传入。动物防疫法第二十条第一款规定："陆路边境省、自治区人民政府根据动物疫病防控需要，合理设置动物疫病监测站点，健全监测工作机制，防范境外动物疫病传入。"边境地区动物疫病监测站点的设立必须在对外来动物疫病传入风险的科学评估基础上，根据动物疫病防控需要合理设置。

（五）相关部门的动物疫病监测职责

动物疫病监测对象涉及家畜家禽、实验动物、野生动物等，需要各相关主管部门共同参与和互通信息。动物防疫法第二十条第二款、第三款规定："科技、海关等部门按照本法和有关法律法规的规定做好动物疫病监测预警工作，并定期与农业农村主管部门互通情况，紧急情况及时通报。县级以上人民政府应当完善野生动物疫源疫病监测体系和工作机制，根据需要合理布局监测站点；野生动物保护、农业农村主管部门按照职责分工做好野生动物疫源疫病监测等工作，并定期互通情况，紧急情况及时通报。”这两款规定完善工作体系，明确职责分工，推动科技、海关、林草等相关部门，按照职责分工做好动物疫病监测预警工作，并及时与农业农村部门相互通报、加强合作。

1. 科技部门的监测职责。实验动物的疫病状况既决定着科学研究和实验活动的质量，也影响着实验人员的身体健康和公共卫生安全。动物防疫法第一百一十二条规定：“实验动物防疫有特殊要求的，按照实验动物管理的有关规定执行。”科技部门要按照本法和《实验动物管理条例》等要求，做好各种不同等级实验动物疫病的监测工作，定期与农业农村主管部门相互通报疫病监测结果，如监测到新的病原体或病原致病性发生变化、实验动物出现突然大量死亡或其他异常情况等，应视为紧急情况，及时向农业农村主管部门通报。

2. 海关部门的监测职责。加强进出境动物、动物产品检疫和疫病监测，是防范动物疫病跨境传播的关键举措。海关应严格依照进出境动植物检疫法等法律法规，加强进出境动物、动物产品检疫，同时对口岸动物疫病状况进行监测。要定期与农业农村主管部门相互通报疫病监测结果，便于农业农村部门及时采取预防和应对措施。如海关监测到新的病原体或病原致病性发生变化等情况，应视为紧急情况，要及时向农业农村主管部门通报。

3. 野生动物保护部门的监测职责。野生动物是许多致病微生物的携带者，也是一些动物疫病、人畜共患传染病扩散的传播者，加强野生动物疫病监测和预警预报，可有效降低家养动物感染疫病的几率。野生动物保护和农业农村主管部门按照职责分工对野生动物疫源疫病进行监测、预测和预报，并建立定期通报机制。如监测到新的病原体或病原致病性发生变化等情况，应视为紧急情况，部门之间应及时互相通报。

四、动物疫病区域化管理

动物疫病区域化管理，是指在针对某一特定区域，通过建立屏障体系（包括天然屏障、人工屏障或生物安全屏障等），采取包括监测、流行病学调查、检疫、动物及动物产品流通控制、生物安全防控等综合性措施，对一种或几种规定动物疫病进行持续控制、净化和消灭，不断减少区域内规定动物疫病的发生风险，直至达到并维持免疫无疫或非免疫无疫状态。实行动物疫病区域化管理是国际通行做法，是由世界动物卫生组织（OIE）倡导，被世界大多数国家所认可，并经实践证明行之有效的措施，对在一定区域内实现动物疫病控制和消灭，提升动物卫生水平，促进动物及动物产品贸易，保障畜牧业健康发展和公共卫生安全具有重要意义。

动物防疫法第二十一条规定："国家支持地方建立无规定动物疫病区，鼓励动物饲养场建设无规定动物疫病生物安全隔离区。对符合国务院农业农村主管部门规定标准的无规定动物疫病区和无规定动物疫病生物安全隔离区，国务院农业农村主管部门验收合格予以公布，并对其维持情况进行监督检查。省、自治区、直辖市人民政府制定并组织实施本行政区域的无规定动物疫病区建设方案。国务院农业农村主管部门指导跨省、自治区、直辖市无规定动物疫病区建设。国务院农业农村主管部门根据行政区划、养殖屠宰产业布局、风险评估情况等对动物疫病实施分区防控，可以采取禁止或者限制特定动物、动物产品跨区域调运等措施。"进一步丰富了动物疫病区域化管理内涵，修改了无规定动物疫病区（以下简称"无疫区"）建设相关规定，将无规定动物疫病生物安全隔离区（也称无规定动物疫病小区，以下简称"生物安全隔离区"）的探索实践上升到法律层面，将我国在非洲猪瘟疫情防控中推行分区防控的成功经验以法律形式固定下来。

（一）无疫区和生物安全隔离区的定义

本法附则部分，在原有"无规定动物疫病区"定义基础上，新增了"无规定动物疫病生物安全隔离区"这一法律术语。动物防疫法第一百一十条规定，无规定动物疫病区，是指具有天然屏障或者采取人工措施，在一定期限内没有发生规定的一种或者几种动物疫病，并经验收合格的区域。无规定动物疫病生物安全隔离区，是指处于同一生物安全管理体系下，在一定期限内没有发生规定的一种或者几种动物疫病的若干动物饲养场及其辅助生产场所构成的，并经验收合格的特定小型区域。本法引入世界动物卫生组织（OIE）《陆生动物卫生法典》中无规定动物疫病区和无规定动物疫病生物安全隔离区的概念，与国际接轨。

无疫区和生物安全隔离区有以下区别：一是基础条件不同。前者需要依靠天然屏障，在区域周围通常具备海洋、沙漠、河流、山脉等自然屏障基础，或者具有行政区划优势，便于沿区域边界设置动物防疫检查站、隔离或封锁设施等，或采取防止外来风险传入区域的流通监管等动物卫生措施。后者主要依靠养殖企业内部统一、规范的体系管理和严格的生物安全措施，对规定动物疫病实施控制、净化和消灭。二是区域范围不同。前者区域范围较大，可以是省（自治区、直辖市）的部分或全部区域，也可以是跨省的连片区域，后者则是由若干动物饲养场及其辅助生产场所构成的小型区域，其组成可包括种畜禽繁育场、商品畜禽养殖场、屠宰加工厂等生产单元，以及饲料厂、无害化处理场、洗消中心等辅助生产单元。

（二）无疫区和生物安全隔离区的建设管理

1. 建设主体。修订后的动物防疫法第二十一条第一款将原法中“国家建立无规定动物疫病区”修改为“国家支持地方建立无规定动物疫病区”。新增第二款规定，明确国务院农业农村主管部门指导跨省、自治区、直辖市农业农村主管部门在无疫区建设中的分工。据此，无疫区的建设主体是省、自治区、直辖市人民政府，由其负责制定无疫区建设方案，确定建设范围和建设病种，组织实施无疫区建设、管理和评估工作。无疫区建设是一项系统工程，除省级人民政府农业农村主管部门外，还涉及发改、财政、交通运输、林草等多个部门，需要政府统筹推进无疫区建设相关工作。跨省、自治区和直辖市建设无疫区，在国务院农业农村主管部门指导下进行。关于无疫区的建设区域，根据《无规定动物疫病区管理技术规范》的相关规定，由区域所在省份农业农村主管部门依据地理、法律或人工屏障划定区域范围和界限，并向社会公布。区域应当集中连片，具有一定规模和范围，可以是省、自治区、直辖市的部分或全部区域，也可以是毗邻省份的连片区域。

同时，鼓励动物饲养场建设无规定动物疫病生物安全隔离区，明确生物安全隔离区的建设主体为养殖企业。养殖企业按照《无规定动物疫病小区评估管理办法》《无规定动物疫病小区管理技术规范》等相关规定，开展生物安全隔离区建设，将动物饲养场所及相关辅助生产场所纳入统一的生物安全管理体系。

2. 验收和公布主体。无疫区和生物安全隔离区均由国务院农业农村主管部门验收和公布。其中，无疫区建设要符合《无规定动物疫病区评估管理办法》《无规定动物疫病区管理技术规范》，生物安全隔离区建设要符合《无规定动物疫病小区评估管理办法》《无规定动物疫病小区管理技术规范》。全国动物卫生风险评估专家委员会具体承担无疫区、生物安全隔离区验收中的技术工作。

3. 监督检查。无疫区和生物安全隔离区的动物卫生状况，可能随着动物疫情形势发展和防控措施的改变而发生变化，验收后仍需持续监督。因此，无疫区和生物安全隔离区经验收、公布后，国务院农业农村主管部门对其维持情况进行监督检查，发现问题的，应通知建设主体整改，问题严重的，应暂停或撤销资格。需要说明的是，按照动物防疫属地管理原则，县级以上地方人民政府农业农村主管部门负责本辖区内生物安全隔离区的日常监管。

此外，按照本法第一百一十一条规定，境外无规定动物疫病区和无规定动物疫病生物安全隔离区的无疫等效性评估，参照本法有关规定制定。

（三）动物疫病分区防控

1. 实施分区防控考虑的因素。根据本法第二十一条第三款规定，国家在采取动物疫病区域防控政策时，必须根据行政区划、养殖屠宰产业布局、风险评估等情况来确定。考虑行政区划因素，主要是便于临近省份政府和有关部门之间加强协调和统一行动；考虑养殖屠宰产业布局因素，主要是解决分区防控过程中的动物屠宰、产销平衡和市场供应问题；考虑风险评估因素，主要是有利于采取与动物卫生保护水平相适应的防控措施，防止动物疫病在不同级别风险的地区间传播，并根据风险评估结果适时调整动物卫生措施。目前，我国对非洲猪瘟等重大动物疫病实施分区防控，将全国划分为北部区、东部区、中南区、西南区、西北区等五个大区。

2. 分区防控可以采取的措施。根据本法第二十一条第三款规定，实施分区防控时，可以采取禁止或者限制特定动物、动物产品跨区域调运等措施。该规定可从以下几个方面理解：一是国务院农业农村主管部门可以采取限制特定动物、动物产品跨区域调运等措施；二是禁止或限制特定动物、动物产品跨区域调运等措施，要根据动物疫病防控的实际需要确定，并非实施分区防控就一定要采取；三是既可以采取限制调运措施，也可以采取禁止调运措施；四是可以采取禁止或限制特定动物、动物产品跨区域调运的措施，也可以根据重大动物疫情防控的实际需要，采取与之严厉程度相当的其他防控措施。

五、动物疫病净化、消灭

开展动物疫病净化、消灭是发达国家动物疫病防控策略的重要内容和关键措施。在我国动物疫病得到有效控制的大背景下，做好动物疫病净化、消灭工作是转变传统的动物疫病防控理念，实现养殖业高质量发展的必由之路。

动物防疫法第二十二条规定："国务院农业农村主管部门制定并组织实施动物疫病净化、消灭规划。县级以上地方人民政府根据动物疫病净化、消灭规划，制定并组织实施本行政区域的动物疫病净化、消灭计划。动物疫病预防控制机构按照动物疫病净化、消灭规划、计划，开展动物疫病净化技术指导、培训，对动物疫病净化效果进行监测、评估。国家推进动物疫病净化，鼓励和支持饲养动物的单位和个人开展动物疫病净化。饲养动物的单位和个人达到国务院农业农村主管部门规定的净化标准的，由省级以上人民政府农业农村主管部门予以公布。"将动物疫病净化、消灭上升为法律制度，明确国务院农业农村主管部门、县级以上地方人民政府、动物疫病预防控制机构在动物疫病净化、消灭中的职责，鼓励支持饲养动物的单位和个人开展动物疫病净化，为开展相关工作提供法治保障。

（一）国务院农业农村主管部门的职责

国务院农业农村主管部门负责全国动物疫病净化、消灭工作，制定国家动物疫病净化、消灭规划，明确净化的疫病病种，疫病净化的策略和方针、目标和任务、职责和分工、时间表和路线图、措施和保障。同时，在全国范围组织实施动物疫病净化、消灭规划，制定动物疫病净化评估标准、评估程序，组织开展动物疫病净化示范场、创建场评估，定期向社会公布动物疫病净化结果。

（二）县级以上地方人民政府的职责

县级以上地方人民政府负责本行政区域内的动物疫病净化、消灭工作，根据国家动物疫病净化、消灭规划，结合本地区地域特征、畜禽养殖及其管理水平、疫病发生和流行现状、畜禽流通管控措施和能力等情况，制定本行政区域内的动物疫病净化、消灭计划，确定净化的病种和范围，选择切实可行的疫病净化技术和管理措施，合理制定净化路线。同时，负责组织实施本行政区域境内的动物疫病净化、消灭计划，组织开展本地区种畜禽场和规模化养殖场动物疫病净化评估，及时对外公布评估结果，并做好后续动态监管。

（三）动物疫病预防控制机构的职责

动物疫病预防控制机构在动物疫病净化中承担两项职责：一是在开展动物疫病净化的过程中，为养殖场提供相关技术指导和培训；二是在动物疫病净化后，要对净化效果进行监测和评估。动物疫病预防控制机构必须根据国务院农业农村主管部门制定的动物疫病净化规划和省、自治区、直辖市人民政府农业农村主管部门制定的动物疫病净化计划开展上述工作。

（四）规划外的自愿净化

第一，国家鼓励和支持动物饲养者开展动物疫病净化。这是指自愿开展的净化，是规划外的自行净化。第二，饲养动物的单位和个人可以主动申请并接受动物疫病预防控制机构的净化效果监测和评估。第三，达到国务院农业农村主管部门规定的动物疫病净化标准的，由省级以上人民政府农业农村主管部门予以公布。

六、种用、乳用动物健康管理

种畜、种禽和乳用动物饲养用途特殊，存栏时间长，对养殖业生产和人体健康影响大。种用、乳用动物一旦染疫，可长期散播病原，不仅可以水平传播疫病，还能垂直传播疫病，严重影响动物生长和生产性能，也容易导致动物疫病进一步传播，或者人畜共患传染病病原由动物向人传播，具有较高的公共卫生安全风险。实践证明，加强对种用、乳用动物的健康管理，是从源头控制动物疫病的有力措施，是有效净化当地动物疫病的重要手段，做好这项工作可对整个动物防疫工作起到事半功倍的作用。有必要制定种用、乳用动物健康标准，包括未感染国家规定的动物疫病，以及按照免疫程序进行免疫接种且抗体水平符合规定等内容。

动物防疫法第二十三条规定：“种用、乳用动物应当符合国务院农业农村主管部门规定的健康标准。饲养种用、乳用动物的单位和个人，应当按照国务院农业农村主管部门的要求，定期开展动物疫病检测；检测不合格的，应当按照国家有关规定处理。”

（一）种用、乳用动物健康标准

一是必须符合健康标准的动物包括两类，种用动物和乳用动物。本次修订删除了宠物应当符合健康标准的要求，但在第三十条增加了关于犬只防疫管理的专门规定。二是种用、乳用动物的健康标准，有其特定含义和判定标准。这里的健康是指未感染国家规定的动物疫病和按照免疫程序进行了强制免疫且免疫抗体水平达到规定的标准。三是种用、乳用动物健康标准的制定主体是国务院农业农村主管部门，确保我国种用、乳用动物处于同一动物卫生保护水平。

（二）种用、乳用动物饲养者的责任

一是要求饲养种用、乳用动物的单位和个人，应当按照国务院农业农村主管部门的规定，定期开展动物疫病检测。将疫病检测的责任主体由动物疫病预防控制机构调整为饲养种用、乳用动物的单位和个人，进一步压实动物饲养者的主体责任。二是明确种用、乳用动物的疫病检测要求由国务院农业农村主管部门制定，饲养者在开展疫病检测时，应遵守国务院农业农村主管部门的规定。三是对检测不合格的动物，应按照本法和相关法规、规章的规定进行处理，不仅限于国务院农业农村主管部门的规定。

饲养种用、乳用动物的单位和个人应当按照国家有关规定开展动物疫病检测，对于经检测未达到健康标准的动物，应采取补充免疫、无害化处理等方式进行处理，符合规定的可改变饲养用途。这是确保种用、乳用动物符合国家健康标准的有效手段，也是饲养动物的单位和个人承担动物防疫主体责任的重要体现。县级以上地方人民政府农业农村主管部门要对检测和处理情况进行监督检查；要组织动物疫病预防控制机构对种用和乳用动物检测结果予以核查，发现未依法履行检测、处理义务的，及时予以纠正。

七、动物防疫条件审查制度

动物防疫条件直接关系动物疫情发生风险和动物疫病防控效果，动物防疫条件审查制度可以确保相关场所在投入使用时就符合国家动物防疫要求，最大程度防止疫情发生。为此，动物防疫法第二十四条、第二十五条规范了动物防疫条件审查制度。

动物防疫法第二十四条规定：“动物饲养场和隔离场

所、动物屠宰加工场所以及动物和动物产品无害化处理场所，应当符合下列动物防疫条件：（一）场所的位置与居民生活区、生活饮用水水源地、学校、医院等公共场所的距离符合国务院农业农村主管部门的规定；（二）生产经营区域封闭隔离，工程设计和有关流程符合动物防疫要求；（三）有与其规模相适应的污水、污物处理设施，病死动物、病害动物产品无害化处理设施设备或者冷藏冷冻设施设备，以及清洗消毒设施设备；（四）有与其规模相适应的执业兽医或者动物防疫技术人员；（五）有完善的隔离消毒、购销台账、日常巡查等动物防疫制度；（六）具备国务院农业农村主管部门规定的其他动物防疫条件。动物和动物产品无害化处理场所除应当符合前款规定的条件外，还应当具有病原检测设备、检测能力和符合动物防疫要求的专用运输车辆。”

动物防疫法第二十五条规定：“国家实行动物防疫条件审查制度。开办动物饲养场和隔离场所、动物屠宰加工场所以及动物和动物产品无害化处理场所，应当向县级以上地方人民政府农业农村主管部门提出申请，并附具相关材料。受理申请的农业农村主管部门应当依照本法和行政许可法的规定进行审查。经审查合格的，发给动物防疫条件合格证；不合格的，应当通知申请人并说明理由。动物防疫条件合格证应当载明申请人的名称（姓名）、场（厂）

址、动物（动物产品）种类等事项。”

（一）应当符合动物防疫条件的主体

根据第二十四条第一款规定，应当符合本条规定的动物防疫条件的四类主体包括动物饲养场、隔离场所、动物屠宰加工场所、动物和动物产品无害化处理场所。上述场所相关活动与动物防疫最为紧密，发生疫情的风险也最高，因此法律对其动物防疫条件有明确规定。需要注意的是，本条中的“动物饲养场”不等同于“动物养殖场所”，例如在居住场所饲养宠物或少量畜禽的，不属于本法所称的“动物饲养场”。

（二）动物防疫条件的内容

动物防疫条件的内容包括选址、工程设计和有关流程、设施设备、人员要求、防疫制度等方面。兴办上述四类场所时，选址距离应符合国务院农业农村主管部门的相关规定。第二十四条第一款第三项，明确要求污水、污物处理设施要与其规模相适应，优化了四类主体病死动物、病害动物产品无害化处理的条件要求，在自身不具备无害化处理设施设备的情况下，如果具备与其规模相适应的冷藏冷冻设施设备也是可以的。第一款第四项增加了“有与其规模相适应的执业兽医或者动物防疫技术人员”，国家鼓励上述场所优先配备执业兽医，或与其规模相适应的动物防疫技术人员，提高了上述场所专业技术人员的配备要求。第一款第五项明确规定隔离消毒、购销台账和日常巡查制度是上述场所必须建立的动物防疫制度。

（三）动物和动物产品无害化处理场所的附加条件

第二十四条第二款是关于动物和动物产品无害化处理场所附加条件的规定，为本次修订新增内容。动物和动物产品无害化处理场所是病死动物、病害动物产品的流向地。无害化处理场所及其产物可能存在疫病传播风险，在该场所开展动物疫病检测，有利于无害化处理场所了解掌握自身生产安全情况，也有利于农业农村主管部门了解掌握动物疫病流行状况，及时采取必要措施，消除隐患，因此需要加强其病原检测能力。同时，病死动物、病害动物产品具有较强的动物疫病传播能力，应当使用符合防疫要求的车辆运输，防范动物疫病扩散。

（四）动物防疫条件合格证的申办

动物防疫法第二十五条第二款规定动物防疫条件合格证的办理流程，明确规定谁申请，向谁申请，如何审查，如何发证。

1. 申请受理。动物防疫条件合格证的申请主体是动物饲养场和隔离场所、动物屠宰加工场所以及动物和动物产品无害化处理场所的开办者，可以是单位，也可以是个人；可以是经营性的，也可以是公益性的。申请主体应当向县级以上地方人民政府农业农村主管部门提出申请，并附具相关材料。材料齐备的，予以受理；材料不齐或不符合规定形式的，则应在五个工作日内一次告知申请人需补正的内容。

2. 审查发证。县级以上地方人民政府农业农村主管部门受理后，对申请材料进行书面审查，并进行现场核查。经审查合格的，行政机关作出准予行政许可的决定，自作出决定之日起十日内向申请人发放动物防疫条件合格证；经审查不合格的，应当通知申请人，并说明理由。

（五）动物防疫条件合格证内容

本次修订在动物防疫条件合格证载明的事项中增加“姓名”，表明申请人可以是自然人，也就是说动物防疫条件申请的主体可以是个人、个体工商户等法律属性为自然人的主体。另外，动物防疫条件合格证载明事项增加“动物（动物产品）种类”，便于农业农村主管部门对动物防疫条件合格证进行分类管理。

八、集贸市场和畜禽活体交易管理

动物防疫法第二十六条规定：“经营动物、动物产品的集贸市场应当具备国务院农业农村主管部门规定的动物防疫条件，并接受农业农村主管部门的监督检查。具体办法由国务院农业农村主管部门制定。县级以上地方人民政府应当根据本地情况，决定在城市特定区域禁止家畜家禽活体交易。”强化对集贸市场的防疫管理，明确畜禽活体交易的规定。

（一）集贸市场应符合国家动物防疫要求

经营动物、动物产品的集贸市场，由于经营主体集中，动物和动物产品来源复杂，人与活畜禽、动物产品近距离接触，极易造成人畜共患传染病的发生流行，必须加强防疫管理。根据第二十六条第一款规定，一是经营动物、动物产品的集贸市场需符合动物防疫条件，但无须申请取得动物防疫条件合格证。主要是考虑经营动物、动物产品的集贸市场种类繁多，部分场所经营动物、动物产品的总量不高，统一要求其办理动物防疫条件合格证会加重相对人的负担。二是增加“具体办法由国务院农业农村主管部门制定”的规定，授权国务院农业农村主管部门制定关于动物、动物产品集贸市场动物防疫要求的具体办法。三是经营动物、动物产品的集贸市场应当接受农业农村主管部门的监督检查，出现不符合动物防疫要求的情况要及时整改，否则承担相关法律责任。

（二）禁止在城市特定区域进行活畜禽交易

在城市进行活畜禽交易容易造成动物疫病或人畜共患病疫情的发生。人感染 H7N9 流感防控实践表明，在疫情期间或高发季节关闭交易市场、暂停活禽交易，对疫情防控发挥了积极作用。第二十六条第二款是关于禁止活畜禽交易的规定，有几个要点：一是授权县级以上地方人民政府决定是否禁止活畜禽交易，国家层面不作统一规定；二是禁止活畜禽交易应限于城市特定区域，农村地区不在本条规定范围内；三是确定在城市特定区域禁止活畜禽交易时，应综合考虑本地实际情况，比如城市规划管理、人口分布情况、居民消费习惯、动物疫病流行情况等因素，结合动物疫病风险评估结果，合理确定禁止区域，不得随意划定和扩大范围。

九、特定物品的防疫要求和处理

动物防疫法第二十七条规定："动物、动物产品的运载工具、垫料、包装物、容器等应当符合国务院农业农村主管部门规定的动物防疫要求。染疫动物及其排泄物、染疫动物产品，运载工具中的动物排泄物以及垫料、包装物、容器等被污染的物品，应当按照国家有关规定处理，不得随意处置。"

（一）动物、动物产品的运载工具、垫料、包装物、容器的动物防疫要求

动物、动物产品的运载工具、垫料、包装物、容器极易造成动物疫病交叉感染和病原在环境中扩散。根据本条第一款规定，国务院农业农村主管部门要制定动物、动物产品的运载工具、垫料、包装物、容器的防疫要求，落实

行政相对人的动物防疫责任。目前，国务院农业农村主管部门已对生猪运输车辆的动物防疫要求作出规定，将来可根据动物防疫需要逐步完善相关要求。

（二）染疫和被污染物品的处理要求

染疫动物、动物产品及有关物品是动物疫病传播的最直接、最重要的因素，必须严格按照国家有关规定进行无害化处理。本条第二款对于染疫动物及其排泄物、染疫动物产品、运载工具中的动物排泄物以及垫料、包装物、容器等被污染的物品，作了禁止性规定，即不得随意处置，必须按照国务院农业农村主管部门的有关规定处理。这是控制疫病传播的强制性措施，有关单位和个人必须遵照执行。对染疫动物及其产品的处理，要按照环境保护法、畜牧法、畜禽规模养殖污染防治条例、地方制定的动物防疫条例等法律法规，以及国务院农业农村主管部门关于病死动物及病害动物产品无害化处理的有关规定执行。

十、病原微生物实验活动管理

从事与病原微生物相关的研究、教学、检测和诊断等实验活动，有可能造成病原微生物的泄漏和传播，对实验人员健康和公共卫生安全带来较大风险，必须依法严格管理。动物防疫法第二十八条规定：“采集、保存、运输动物病料或者病原微生物以及从事病原微生物研究、教学、检测、诊断等活动，应当遵守国家有关病原微生物实验室管理的规定。”

本条所称的病料，是指采集病死动物体或是从病死动物体上采集的组织、器官等样本，用来进行疫病的诊断或研究等工作；病原微生物，是指能够使人或者动物致病的微生物；实验活动，是指实验室从事与病原微生物菌（毒）种、病料样本有关的研究、教学、检测、诊断等活动。

国外实验室发生病原微生物泄漏、扩散，导致动物疫病发生，甚至引发公共卫生事件的案例并不鲜见。从事病原微生物研究、教学、诊断等试验操作，以及病料、菌毒种运输等活动的生物安全控制已成为重要的动物疫病风险控制对象。动物源性病原微生物本身就是引起动物发生疫病的病原体，国务院农业农村主管部门应当对采集、运输、保存、使用动物源性病原微生物制定严格的管理规定和操作规程。为了防止采集、运输、保存、使用动物源性病原微生物引发动物疫病，按照本法规定，各有关单位必须严格遵守国家及国务院农业农村主管部门制定的条例规范、管理制度和操作规程等，依法规范采集、保存、使用、运输动物源性病原微生物。

为加强我国病原微生物实验室生物安全管理，保护工作人员和公众健康，国务院于 2004 年 11 月颁布了《病原微生物实验室生物安全管理条例》，明确了国家对病原微生物实行分类管理和对实验室实行分级管理的原则。2020年10月颁布的生物安全法也将“病原微生物实验室生物安全管理”纳入该法调整范围，规定：国家根据病原微生物的传染性、感染后对人和动物的个体或群体的危害程度，对病原微生物实行分类管理；国家根据病原微生物的生物安全防护水平，对病原微生物实验室实行分级管理。将病原微生物样本采集、保存、运输和实验室检测等活动的管理纳入更为全面、完善的法律制度框架。

十一、对动物、动物产品生产经营活动的禁止性规定

动物防疫法第二十九条规定：“禁止屠宰、经营、运输下列动物和生产、经营、加工、贮藏、运输下列动物产品：（一）封锁疫区内与所发生动物疫病有关的；（二）疫区内易感染的；（三）依法应当检疫而未经检疫或者检疫不合格的；（四）染疫或者疑似染疫的；（五）病死或者死因不明的；（六）其他不符合国务院农业农村主管部门有关动物防疫规定的。因实施集中无害化处理需要暂存、运输动物和动物产品并按照规定采取防疫措施的，不适用前款规定。”在动物、动物产品生产经营活动中，有些行为社会危害性较大，极易引起动物疫情的发生和传播，需要

法律明确予以禁止，旨在严格控制感染或可能感染动物疫病的动物及其产品的移动和加工、销售等行为，有效防止动物疫病传播扩散。

（一）禁止的对象

1. 封锁疫区内与所发生动物疫病有关的动物和动物产品，是指封锁疫区内患病动物的同群、同类动物，与患病动物能够发生相互感染的其他种类的动物，以及这些动物的产品等。上述动物及有关物品都可能是主要的病原携带者，因此，必须按照有关技术规范要求进行处理。

2. 疫区内易感染的动物和动物产品，是指能被疫区内所发生疫病的病原微生物感染的动物及其动物产品。由于动物疫病存在一定潜伏期，这类动物、动物产品携带或可能携带病原微生物，且受检验检测手段制约，无法全面排除其传播疫病风险，如果进入流通环节极易造成疫病流行，给养殖业生产及人体健康带来危害。这类动物、动物产品存在动物疫病的传播风险，同样具有危害性，也是疫源控制的主要对象。因此，本法规定禁止其经营。

3. 依法应当检疫而未检疫或者检疫不合格的动物、动物产品。未经检疫的动物健康状况不明，存在传播疫病的风险；未经检疫的头、蹄、毛、皮、肉、内脏、血液、脂等产品同样可能传播病原。如果这些动物和动物产品进入流通环节，可能造成疫病流行并危害人体健康。检疫不合格的动物、动物产品，存在较大危害，必须按照有关技术规范要求进行无害化处理，不得经营和加工利用。

4. 染疫的动物及其产品，是造成动物疫病传播的主要载体，须按照《病死及病害动物无害化处理技术规范》处理，严禁用于生产经营。该技术规范适用于国家规定的染疫动物及其产品、病死或者死因不明的动物尸体，屠宰前确认的病害动物、屠宰过程中经检疫或肉品品质检验确认为不可食用的动物产品，以及其他应当进行无害化处理的动物及动物产品。要严格执行病死及病害动物和相关动物产品无害化处理的技术工艺和操作注意事项，认真落实处理过程中病死及病害动物和相关动物产品的包装、暂存、转运、人员防护和记录等要求。本条所称疑似染疫的动物、动物产品，是指经检查初步怀疑其感染动物疫病尚未最终确认的，不能擅自移动和经营。需要注意的是，由于微生物广泛存在于动物体内，如大肠杆菌等在一般状况下属于动物肠道常在菌群，仅在特殊条件下导致动物发病，自然环境中不存在绝对不带有病原微生物的动物。故本条所称的“染疫”并不是指不得带有任何病原体，而是指感染一类、二类动物疫病病原体，以及三类动物疫病呈现临床症状的，尤其是纳入检疫对象的疫病病原体。

5. 病死或死因不明的动物，是指染疫死亡、因病死亡的动物，以及非正常屠宰死亡、难以确定其死亡原因的动物。此类动物须按照《病死及病害动物无害化处理技术规范》要求进行处理，严禁用于生产经营。

6. 其他不符合动物防疫规定的动物、动物产品均属禁止经营之列。这里的“动物防疫规定”是指与本法相配套的管理办法、检疫规程、技术标准等法规文件。

（二）集中实施无害化处理的动物、动物产品除外

因实施集中无害化处理需要暂存、运输的动物和动物产品，不适用第一款规定，将由相关部门专门作出规定。但是，在暂存、运输此类动物、动物产品的过程中，必须按照国家规定采取必要的防疫措施，防止动物疫病传播、扩散。

十二、犬只防疫管理

动物防疫法第三十条规定：“单位和个人饲养犬只，应当按照规定定期免疫接种狂犬病疫苗，凭动物诊疗机构出具的免疫证明向所在地养犬登记机关申请登记。携带犬只出户的，应当按照规定佩戴犬牌并采取系犬绳等措施，防止犬只伤人、疫病传播。街道办事处、乡级人民政府组织协调居民委员会、村民委员会，做好本辖区流浪犬、猫的控制和处置，防止疫病传播。县级人民政府和乡级人民政府、街道办事处应当结合本地实际，做好农村地区饲养犬只的防疫管理工作。饲养犬只防疫管理的具体办法，由省、自治区、直辖市制定。”

将犬只防疫管理纳入法律框架，是本法一大亮点。

（一）犬只免疫接种

犬只防疫管理中最重要的措施就是免疫接种，各地犬只管理立法中均对免疫接种作出明确规定。关于本法第三十条第一款规定，可从以下几个方面理解：一是对犬只进行狂犬病免疫是饲养者的法定责任，城市、农村地区饲养的犬只，都应按规定定期免疫接种狂犬病疫苗；二是动物诊疗机构作为动物防疫的专业机构，承担犬只狂犬病免疫工作，并对免疫犬只出具免疫证明；三是免疫证明是犬只登记的前提条件，饲养者应当凭免疫证明到所在地养犬登记机关登记。

（二）强化对犬只户外活动的管理

根据第三十条第二款规定，携带犬只出户的，应当按照规定佩戴犬牌并采取系犬绳等措施。遛狗不拴绳等不文明养犬行为多次引发社会热点事件，甚至给人民群众造成了人身财产损害。为了倡导文明养犬，本法规定携带犬只出户时，犬主应当为犬佩戴犬牌、系犬绳并牵领，确保在户外活动期间对犬只的有效控制，这样既可以避免与染疫犬、流浪犬以及携带狂犬病病毒的野生动物接触，防止犬只伤人，又可以帮助走失犬及时找到主人，减少流浪犬的产生。对于违反本款规定的情形，本法在罚则部分未设置相应法律责任，留给地方性法规规定。因未拴系犬绳造成犬只伤人的，犬只饲养者应按照民法典有关规定承担损害赔偿的民事责任。

（三）对流浪犬、猫实施必要的控制

根据第三十条第三款规定，街道办事处、乡级人民政府应组织协调居民委员会和村民委员会，做好本辖区流浪犬、猫的控制和处置，防止疫病传播。因此，流浪犬猫的控制和处置责任在基层。全世界90%以上的狂犬病疫情是由犬传播的，流浪犬是传播链中的重要一环。在城乡地区发现的流浪犬只均应及时予以收容。猫也是狂犬病易感动物。流浪猫在一些城乡地区广泛存在，由于其繁殖能力较强，数量不断增加，应予控制。本款从动物防疫角度出发，明确了流浪犬、猫控制的相关责任主体。在本法贯彻落实过程中，需要各地不断探索建立流浪犬、猫管控工作的新机制。

（四）对农村地区饲养犬只应加强防疫管理

根据第三十条第四款规定，农村地区饲养犬只的防疫管理职责在县、乡人民政府和街道办事处。农村地区养犬较为普遍，犬只自行出户活动频率高，流浪犬数量较多，是狂犬病多发区域，加强农村地区犬只防疫管理非常重要。我国地域广阔，不同地区间经济文化差异较大，农村、城郊地区犬只饲养情况和防疫情况各不相同。因此，

要求县级人民政府和乡级人民政府、街道办事处结合当地实际，研究制定科学可行的防疫政策和措施，依法加强农村地区饲养犬只的防疫管理工作。

（五）授权省、自治区、直辖市制定犬只防疫管理办法

第三十条第五款是关于授权省、自治区、直辖市制定犬只防疫管理办法的规定。一方面，犬只管理的职责在地方人民政府，由地方根据本地实际制定具体的管理办法和措施比较可行。目前全国已有 11 个省、自治区、直辖市和 105 个设区的市制定了养犬的地方性法规、政府规章。地方立法可以结合本地区社会生活和管理实践，对犬只防疫管理作出有针对性的规定。另一方面，授权立法也是对地方提出的立法要求，有利于地方加快立法进度。

第三章

动物疫情的报告、通报和公布

及时发现疫情，是有效处置动物疫情的前提和关键。目前我国处置动物疫情所遵循的“早、快、严、小”中的“早”，就是要尽早发现动物疫情。那么，谁能发现、谁来报告、向谁报告、何时报告、怎么报告、谁来公布动物疫情？如果不报告、不规范报告、不让他人报告该怎么办？疫情发生后是不是需要通知其他有关部门？如何做好疫情通报国际履约？发生人畜共患传染病后如何将信息及时准确通报给有关部门？这些问题直接或者间接影响着动物疫情的发现、认定和处置等工作，应当在法律中予以明确，使动物疫情报告、发布和通报有法可依。因此，本章对动物疫情报告、通报和公布等作出明确规定。

一、动物疫情报告

动物防疫法第三十一条规定：“从事动物疫病监测、检测、检验检疫、研究、诊疗以及动物饲养、屠宰、经营、隔离、运输等活动的单位和个人，发现动物染疫或者疑似染疫的，应当立即向所在地农业农村主管部门或者动物疫病预防控制机构报告，并迅速采取隔离等控制措施，防止动物疫情扩散。其他单位和个人发现动物染疫或者疑似染疫的，应当及时报告。接到动物疫情报告的单位，应当及时采取临时隔离控制等必要措施，防止延误防控时机，并及时按照国家规定的程序上报。”

（一）报告人

动物防疫法规定了责任报告人、其他报告人两类报告主体。

1. 责任报告人。也就是法律规定哪些人有责任在发现动物染疫或疑似染疫后报告，主要包括以下三大类：

第一类是政府部门从事动物防疫有关工作的单位和个人。一是从事动物疫病监测的单位和个人。主要包括从事动物疫病监测的各级动物疫病预防控制机构及其工作人员。二是从事检验检疫的单位和个人。主要包括动物卫生监督机构及其工作人员，口岸进出境动植物检疫机构及其工作人员，以及其他从事动物疫病检验检测的单位及其工作人员等。

第二类是从事动物疫病研究和诊疗的单位和个人。主要包括从事动物疫病研究的科研院所和大专院校及其工作人员等，动物医院、动物诊所和其他提供动物诊疗服务的机构及其执业兽医，以及从事动物诊疗活动的乡村兽医等人员。

第三类是与动物及动物产品有关的动物防疫行政相对人。一是从事动物饲养的单位和个人。主要包括饲养家畜家禽、实验动物、观赏动物、野生动物、水生动物、宠物等动物的单位和个人。二是从事动物屠宰的单位和个人。主要包括各种动物的屠宰厂（场）及其工作人员，以及在农村为农民自用动物提供屠宰服务的人员。三是从事动物经营的单位和个人。主要包括在集贸市场等场所从事动物经营的单位和个人及代理人。四是从事动物隔离的单位和个人。主要包括进出境动物隔离场，跨省、自治区、直辖市引进种用动物、乳用动物隔离场，输入无规定动物疫病区动物的隔离场，其他隔离场的开办者及其工作人员。五是从事动物运输的单位和个人。主要包括经道路、水路、铁路、航空承运动物的单位和个人。

从责任报告人的身份看，既包括从事动物饲养、屠宰、经营、隔离、运输、诊疗的市场从业主体，也包括从事动物疫病研究的科研院校，还包括从事动物疫病监测、检测、检疫的动物疫病预防控制机构、动物卫生监督机构、海关、野生动物保护管理机构。

2. 其他报告人。从动物疫情报告责任看，责任报告人以外的其他单位和个人，发现动物染疫或者疑似染疫的，按本法规定，也有报告动物疫情的义务，但他们与责任报告人在承担不报告动物疫情的法律责任方面是不同的。主要是考虑到责任报告人与其他单位和个人相比，具备更好地发现动物疫病的能力、条件和知识等，在疫情报告上应承担更多的法律责任。

（二）报告要求

本法规定的报告人发现动物染疫或者疑似染疫时，应及时按程序和要求报告。动物染疫是指动物患传染病；动物疑似染疫是指尚未确诊，但有症状或症候表明动物可能染疫。动物疫病通常具有传染性强，易感动物发病率高，死亡率高，生产性能受到严重影响，以及可能对公众身体健康与生命安全造成危害等特点。以法律形式确定动物疫情的报告时机十分必要，是疫情防控“早发现早报告”原则的重要体现。

发现动物染疫或者疑似染疫，是指动物疫情责任报告人发现动物出现法定报告疫病的典型临床症状或疑似临床症状；或者经实验室检测初步诊断为该动物疫病；或者具有动物疫病相关流行病学特点，存在发病急、连续发病、传播快、死亡率高或连续死亡、生产性能下降明显、常规治疗和防控措施无效等异常情况。

对于不同的报告主体，发现动物染疫或者疑似染疫时报告的时间要求也不同。责任报告人应当立即报告，就是要求在第一时间报告；其他报告人通常不具备兽医专业知识，发现动物染疫或者疑似染疫时应当及时报告，就是适时、抓紧时间报告。

本条规定，动物疫情责任报告人向所在地农业农村主管部门或者动物疫病预防控制机构报告，疫情报告接受主体明确为疫情报告人所在地的农业农村主管部门或者动物疫病预防控制机构。具体来说就是所在地农业农村主管部门及其派出机构（如区域畜牧兽医站、乡镇畜牧兽医站）或所在地动物疫病预防控制机构。为便于报告疫情，省、市、县三级农业农村主管部门和动物疫病预防控制机构应当向社会公布动物疫情报告电话和报告方式。

（三）报告方式和内容

无论是责任报告人还是其他报告人，均可以采取电话、网络、现场等多种方式报告。报告的内容，包括发病动物数量、时间、地点等基本情况。

（四）动物疫情上报的程序

动物疫情上报，有利于上级机关及时掌握疫情动态，从宏观层面决定一定区域一定时期应采取的紧急预防控制措施。涉及重大动物疫情、新发病以及外来病等，及时按规定上报更为重要。所以，各级农业农村主管部门、动物疫病预防控制机构以及各级人民政府，都必须严格执行疫情上报规定，不得贻误时机导致疫情扩散等不利后果。农业农村主管部门或动物疫病预防控制机构接到报告后，应当按照国家规定的内容和程序上报。此处“国家规定的程序”，目前是指国务院颁布的《重大动物疫情应急条例》和农业农村部2018 年发布的《关于做好动物疫情报告等有关工作的通知》（农医发〔2018〕22 号）中规定的程序。

（五）报告后应采取的措施

鉴于动物疫情具有易传播、易扩散的特点，必须按“早、快、严、小”要求迅速采取防控措施，按照本法规定，在疫情报告阶段有关人员根据职责分工应当采取下列控制措施：

一是责任报告人应当采取的措施。在报告的同时，应当采取将染疫、疑似染疫动物与其他动物隔离，对有关场所和设施设备消毒，不得出售、转移该场所动物等措施，防止动物疫情扩散。同时，应妥善保存病死动物，以便动物疫病预防控制机构进行检测诊断。

二是接受疫情报告的农业农村主管部门、动物疫病预防控制机构应当采取的措施。在接到动物疫情报告后，应当立即组织动物防疫技术人员赶赴现场，对疫情发生发展情况进行调查和评估，迅速按有关规定及时采取必要的行政和技术控制处理措施，监督指导相关从业者落实染疫和疑似染疫动物隔离、暂停动物及动物产品移动、做好场所环境消毒、对病死动物和垫料等进行无害化处理等应急控制措施，防止疫病进一步扩散；如果属于疑似重大动物疫情，为防止延误防控时机，应当立即报请县级以上人民政府迅速采取更加严格的应急处置措施，把疫情控制在最小范围内，尽可能降低疫情传播风险。

二、动物疫情的认定

动物防疫法第三十二条规定：“动物疫情由县级以上人民政府农业农村主管部门认定；其中重大动物疫情由省、自治区、直辖市人民政府农业农村主管部门认定，必要时报国务院农业农村主管部门认定。本法所称重大动物疫情，是指一、二、三类动物疫病突然发生，迅速传播，给养殖业生产安全造成严重威胁、危害，以及可能对公众身体健康与生命安全造成危害的情形。在重大动物疫情报告期间，必要时，所在地县级以上地方人民政府可以作出封锁决定并采取扑杀、销毁等措施。”明确重大动物疫情的定义及认定主体，授权县级以上地方人民政府在重大动物疫情报告期间，必要时可以作出应急处置措施。动物疫情由政府主管部门认定是国际通行做法。

（一）重大动物疫情的定义

在整合原法部分内容和《重大动物疫情应急条例》有关内容的基础上，从法律层面规范重大动物疫情的定义，凡是一、二、三类动物疫病突然发生，迅速传播，给养殖业生产安全造成严重威胁、危害，以及可能对公众身体健康与生命安全造成危害的情形，均纳入重大动物疫情范畴。

（二）动物疫情认定主体

根据本条规定，通常情况下，动物疫情由县级以上人民政府农业农村主管部门认定，重大动物疫情需要由省、自治区、直辖市人民政府农业农村主管部门认定，必要时报国务院农业农村主管部门认定。重大动物疫情认定的技术要求和行政确认程序相对复杂，从发现可疑疫情到最终确认重大动物疫情往往时间较长。目前，根据动物疫病的危害程度，参照国际惯例，高致病性禽流感以及新发病和外来病引发的重大动物疫情由农业农村部认定。

（三）重大动物疫情报告期间的处置措施

鉴于重大动物疫情传播性强、传播速度快、疫情蔓延扩散风险高、应急处置难度大，为避免延误时机，本法在疫情处置方面赋予地方政府更大的自主权，授权地方政府及时采取应急处置措施。在疫情报告期间，所在地县级以上地方人民政府根据动物疫情情况，经评估认为有必要果断处置的，就可以采取严格处置措施，迅速作出封锁决定，对染疫动物及同群动物进行扑杀和无害化处理，力争将损失降到最小。

三、动物疫情通报

动物防疫法第三十三条规定："国家实行动物疫情通报制度。国务院农业农村主管部门应当及时向国务院卫生健康等有关部门和军队有关部门以及省、自治区、直辖市人民政府农业农村主管部门通报重大动物疫情的发生和处置情况。海关发现进出境动物和动物产品染疫或者疑似染疫的，应当及时处置并向农业农村主管部门通报。县级以上地方人民政府野生动物保护主管部门发现野生动物染疫或者疑似染疫的，应当及时处置并向本级人民政府农业农村主管部门通报。国务院农业农村主管部门应当依照我国缔结或者参加的条约、协定，及时向有关国际组织或者贸易方通报重大动物疫情的发生和处置情况。"建立动物疫情通报制度，有利于相关部门和相关区域政府、部门在第一时间掌握疫情信息。

（一）重大动物疫情通报

农业农村部作为国家动物防疫工作的主管部门，应当及时向国务院有关部门、军队有关部门通报，做到信息通畅，便于各部门共同做好重大动物疫情应急处置工作。重大动物疫情应急处置是一项综合性工作，需要多部门密切配合，在政府统一领导下，力争最短时间内扑灭疫情。一是与相关部门有直接关系。例如卫生健康部门涉及防控人畜共患传染病，林业和草原部门负责陆生野生动物疫源疫病防控，各级海关负责进出境动物检疫，军队有军犬警犬等役用动物和饲养自用的畜禽等动物。二是需要多部门参与防控。例如发展改革部门应将动物疫病防控列入长期规划及年度计划，财政部门应及时拨付所需资金，交通运输部门应配合农业农村部门设立消毒检查站、对活畜禽调运进行监管，公安部门负责实施疫区封锁、监督检查运输车辆、维护疫点疫区秩序，市场监管部门负责集贸市场管理。因此，国家和县级以上地方人民政府都成立了由多个部门参加的重大动物疫情防控指挥部，统一组织协调重大动物疫情防控和应急处置工作。

发生重大动物疫情后，农业农村部及时向各省、自治区、直辖市农业农村主管部门通报情况，有利于统筹开展防控工作。一是疫情相关地区应配合做好疫情追踪溯源工作；二是各地可根据受威胁程度，确定是否需采取紧急免疫等预防措施；三是各地可及时确定本行政区域近期防控政策；四是根据国务院农业农村主管部门的规定，相关省份可以对高风险区动物及动物产品调运采取管控措施。

（二）进出境动物疫病处置和通报

海关发现进出境动物和动物产品有染疫或者疑似染疫的情况，应当及时按照规定处置，采取隔离、扑杀、无害化处理、消毒等措施，并及时向农业农村主管部门通报情况，便于农业农村主管部门及时掌握相关情况，采取有效措施，统筹做好国内动物疫病防控工作。

（三）野生动物疫病处置和通报

县级以上地方人民政府野生动物保护主管部门，发现野生动物染疫或者疑似染疫的，应当及时对死亡野生动物尸体进行无害化处理，对已染疫和疑似染疫的野生动物采取隔离或设置围栏等限制移动措施，对可能被污染场地、环境、水源等进行消毒，并及时向同级人民政府的农业农村主管部门通报相关情况，便于农业农村主管部门及时掌握相关情况，采取有效措施，做好动物疫病防控工作。

（四）动物疫情国际通报

动物疫病防控无国界。重大动物疫病传播快、危害大、影响面广，更需要各国通力合作、共同防控。各国动物疫情透明公开，既有利于分析动物疫病的全球流行规律，促进全球共同有效应对，也有利于有关国家及时采取禁止从相关国家进口动物及有关产品，加强入境检疫等防控措施，防止重大动物疫病跨境传播。

按照本法规定，农业农村部应当依照我国缔结的或者参加的条约、协定的要求，履行重大动物疫情通报义务，继续及时向世界动物卫生组织（OIE）等有关国际组织或者贸易方通报重大动物疫情的发生和处理情况。

四、人畜共患传染病疫情通报和公布

动物防疫法第三十四条规定："发生人畜共患传染病疫情时，县级以上人民政府农业农村主管部门与本级人民政府卫生健康、野生动物保护等主管部门应当及时相互通报。发生人畜共患传染病时，卫生健康主管部门应当对疫区易感染的人群进行监测，并应当依照《中华人民共和国传染病防治法》的规定及时公布疫情，采取相应的预防、控制措施。"增加野生动物保护主管部门作为疫情通报主体，卫生健康部门依照传染病防治法的规定公布疫情并采取相应措施等内容。

（一）农业农村、卫生健康、野生动物保护等部门相互通报

人畜共患传染病对人和动物均造成较大危害，农业农村、卫生健康、野生动物保护等主管部门分别承担着不同的工作职能。无论哪个部门发现人畜共患传染病，都应当及时向其他相关部门通报情况，目的是多部门共同行动，第一时间采取有效预防和控制措施，防止疫情扩散蔓延，把损失和危害降到最低程度，切实保障公共卫生安全。

（二）发生人畜共患传染病时需要采取的措施

第一，县级以上农业农村主管部门发现家畜家禽发生

人畜共患传染病时，应当将疫情情况及时通报卫生健康、野生动物保护主管部门。卫生健康主管部门应当对相关人群开展监测，依法采取相应的预防和控制措施；野生动物保护主管部门要对野生动物采取相应的预防和控制措施，共同预防人畜共患传染病。第二，卫生健康主管部门发现人畜共患传染病人际传染病例时，应当及时通报农业农村、野生动物保护主管部门。农业农村主管部门应当对与患者密切接触的动物进行监测排查，如果发现动物染疫或发生疫情时，及时按相关规定对发病畜禽（必要时对同群畜禽）采取扑杀、无害化处理等防控措施，做好消毒灭源。野生动物保护主管部门应当对野生动物疫源疫病开展监测。第三，野生动物保护主管部门发现野生动物发生人畜共患传染病时，应当及时通报农业农村、卫生健康主管部门。农业农村主管部门应当对野生动物活动区域周边饲养的易感动物进行监测排查，卫生健康主管部门对密切接触人群实施必要措施。总之，只有卫生健康、农业农村、野生动物保护等主管部门密切配合、联防联控，人的疫情与动物疫情同步防控，才能保证人和动物的健康安全，有效防控人畜共患传染病。

五、患有人畜共患传染病人员的从业限制

动物防疫法第三十五条规定：“患有人畜共患传染病

的人员不得直接从事动物疫病监测、检测、检验检疫、诊疗以及易感染动物的饲养、屠宰、经营、隔离、运输等活动。”新增对监测、检测、检验检疫禁止从业的规定。

患有人畜共患传染病的人员，包括生产经营者和国家工作人员，均不得直接从事动物疫病监测、检测、检验检疫工作，不得直接从事动物诊疗、易感染动物的饲养、屠宰、经营、隔离、运输等可能将疫病传染给动物或污染动物产品的工作，否则将对养殖业发展和公共卫生安全造成严重威胁和影响。本次修订新增了对动物疫病监测、检测、检验检疫的从业限制，主要针对的是动物疫病预防控制机构、动物卫生监督机构的工作人员，以及实验室、检测机构的工作人员，这些人员也是动物的密切接触者。从防范人畜共患传染病发生风险来看，这一补充是十分必要的。

六、动物疫情公布

动物防疫法第三十六条规定：“国务院农业农村主管部门向社会及时公布全国动物疫情，也可以根据需要授权省、自治区、直辖市人民政府农业农村主管部门公布本行政区域的动物疫情。其他单位和个人不得发布动物疫情。”

（一）及时公布动物疫情的重要性

动物疫情信息是重要的公共信息，事关养殖业健康发展和公共卫生安全，事关经济社会稳定和国际影响，必须由政府公布，这也是国际社会通行做法。公众享有对动物疫情的知情权，保障公民对动物疫情的知情权有利于全社会群防群控。

（二）公布动物疫情的主体

公布动物疫情的主体是国务院农业农村主管部门，同时国务院农业农村主管部门可以根据需要，视动物疫病的种类及其危害等情况，授权省、自治区、直辖市人民政府农业农村主管部门公布本行政区域的动物疫情。

未经上述主管部门公布，其他任何单位和个人都不得发布动物疫情信息。其他政府部门、新闻媒体、科研机构、大专院校等单位，获取有关动物疫情信息后，应当立即向当地农业农村主管部门或者动物疫病预防控制机构报告，不得擅自发布。擅自发布动物疫情将承担相应的法律责任。

（三）动物疫情公布的时效和范围

公布动物疫情时应做到及时全面，动物疫情认定后应通过一定形式向全社会公布疫情信息，使公众广泛知晓。

七、动物疫情报告中的禁止性行为

动物防疫法第三十七条规定：“任何单位和个人不得

瞒报、谎报、迟报、漏报动物疫情，不得授意他人瞒报、谎报、迟报动物疫情，不得阻碍他人报告动物疫情。”

（一）禁止性行为的适用主体

本法第三十一条已就责任报告人疫情报告义务作出规定，本条进一步规定相应的禁止性行为，主要适用于地方各级人民政府、农业农村主管部门和其他各有关部门，以及从事动物疫病监测、检测的动物疫病预防控制机构及其工作人员。

（二）瞒报、谎报、迟报、漏报的定义

瞒报，是指有疫情隐瞒不报告。发生动物疫情时，动物疫情责任报告人未报告，事后认定为动物疫情，则构成瞒报。

谎报，是指虽然按规定的时限和内容上报，但报告的内容不真实。例如将疫情发生范围缩小，少报或多报发病、死亡、扑杀数量等。责任报告人报告发生某种动物疫病，后经农业农村主管部门认定不是该疫病，不构成谎报，这是由于专业知识所限，饲养者等责任报告人可能没有准确报告发生何种动物疫病。动物疫情最终由县级以上人民政府农业农村主管部门认定。

迟报，是指虽然按规定要求上报，内容也真实，但未按规定时限上报，违反动物疫情早报告的基本原则。迟报会贻误防控时机，不利于及时采取紧急防控措施，造成疫

情扩散、损失增大、处理难度和费用增加等严重后果。所以，必须坚持在规定时限内报告动物疫情信息。

漏报，是指虽然按规定的时限和程序上报，但遗漏了有关项目和内容，导致动物疫情报告不准确、不全面，给动物疫情认定工作带来困难甚至误导。

授意他人瞒报、谎报、迟报，是指授意人出于某种目的，利用自身的权力、地位、影响，明示或暗示他人瞒报、谎报、迟报动物疫情信息。

阻碍他人报告，是指阻碍者利用某种手段故意阻止他人报告动物疫情信息。例如，上级政府、部门、机构拒不接受或扣压下级报告的动物疫情信息，以及单位负责人阻止具体工作人员报告动物疫情信息。

第四章

动物疫病的控制

参照国际惯例和做法，我国根据对养殖业生产和人体健康的危害程度，对动物疫病实行分类管理，目前划分为一、二、三类。发生一、二、三类动物疫病时，如何及时处置，确保疫病不扩散、不蔓延，将危害控制到最小，是动物疫病控制的关键所在。本章对动物疫病控制的具体措施进行规定，提出高风险区和低风险区流动管控措施，要求制定应急预案及单病种应急实施方案，确保应急处置工作科学、有序、高效开展。

一、发生一类动物疫病时的控制措施

动物防疫法第三十八条规定：“发生一类动物疫病时，应当采取下列控制措施：（一）所在地县级以上地方人民政府农业农村主管部门应当立即派人到现场，划定疫点、疫区、受威胁区，调查疫源，及时报请本级人民政府对疫区实行封锁。疫区范围涉及两个以上行政区域的，由有关

行政区域共同的上一级人民政府对疫区实行封锁，或者由各有关行政区域的上一级人民政府共同对疫区实行封锁。必要时，上级人民政府可以责成下级人民政府对疫区实行封锁；（二）县级以上地方人民政府应当立即组织有关部门和单位采取封锁、隔离、扑杀、销毁、消毒、无害化处理、紧急免疫接种等强制性措施；（三）在封锁期间，禁止染疫、疑似染疫和易感染的动物、动物产品流出疫区，禁止非疫区的易感染动物进入疫区，并根据需要对出入疫区的人员、运输工具及有关物品采取消毒和其他限制性措施。”

（一）划定疫点、疫区、受威胁区

划定疫点、疫区和受威胁区的范围，应当按照国务院及其农业农村主管部门印发的应急预案和实施方案，综合考虑不同动物疫病病种及其流行特点、危害程度等因素划定。

1. 疫点，指患病动物所在的地点。通常情况下，规模化养殖的，以病畜禽所在的养殖场为疫点；散养的，以病畜禽所在的相对独立的饲养场所或以自然村为疫点；放牧畜，以病畜所在的牧场及其活动场地为疫点；在运输过程中发生疫病的，以运载病畜禽的车、船、飞机等为疫点；在市场发生疫病的，以病畜禽所在市场为疫点；在屠宰加工过程中发生疫病的，以病畜禽所在的待宰场所为疫点。

2. 疫区，指由疫点边缘向外延伸一定范围的区域。疫区划分时，应注意考虑所在地的人工屏障、天然屏障、周边养殖情况等因素。以高致病性禽流感为例，目前以疫点边缘向外延伸 3 公里的区域划为疫区。

3. 受威胁区，指由疫区边缘向外延伸一定范围的区域，也就是需要建立紧急免疫带或免疫屏障以防止动物疫病传播的区域。目前，高致病性禽流感受威胁区为从疫区边缘向外延伸 5 公里的区域；非洲猪瘟受威胁区为从疫区边缘向外延伸 10 公里的区域，在有野猪活动的地区，非洲猪瘟受威胁区则为从疫区边缘向外延伸 50 公里的区域。

（二）封锁

发生疫情后，所在地县级以上地方人民政府农业农村主管部门应当立即派人到现场，划定疫点、疫区、受威胁区，调查疫源，及时报请本级人民政府对疫区实行封锁。疫区范围涉及两个以上行政区域的，由有关行政区域共同的上一级人民政府对疫区实行封锁，或者由各有关行政区域的上一级人民政府共同对疫区实行封锁。必要时，上级人民政府可以责成下级人民政府对疫区实行封锁。

由此可以看出，实施封锁的主体是人民政府，及时发布封锁令，并通过张贴、网络及媒体通报等形式让相关人员周知。疫区封锁令可以参照中国动物疫病预防控制中心制定发布的《非洲猪瘟疫情应急处置指南（试行)》中的模板。

疫区封锁令

××××人民政府

关于封锁非洲猪瘟疫区的命令

××××人民政府令〔20××〕第××号

20××年××月××日，经中国动物卫生与流行病学中心确诊，××××养殖（场）户发生非洲猪瘟疫情，为迅速扑灭疫情，阻止疫情蔓延，根据《中华人民共和国动物防疫法》第三十一条，国务院《重大动物疫情应急条例》第二十七条及农业部关于印发《非洲猪瘟疫情应急预案》的通知精神，特发布本封锁令：

一、立即启动《×××重大动物疫情应急预案》×级响应，××街道（乡、镇)、农业农村局、卫计局、公安局、交警大队、财政局、市场监管局、交通局、宣传部等相关部门要在重大动物疫情应急指挥部统一领导下按预案要求认真开展疫情扑灭和控制工作。

二、从即日起对疫区实行封锁，封锁范围是：以××××为疫点，由疫点边缘向外延伸3公里的区域，东至××××，西至××××，南至××××，北至××××。

三、疫区封锁期间，在疫区周边设置临时检查消毒站，对出入人员、运输工具及有关物品实施强制检查消毒。在封锁期间，禁止所有生猪出入封锁区，禁止生猪产品流出封锁区，违者按有关规定处罚。

四、对所有病死猪、被扑杀猪及其产品进行无害化处理。对排泄物、餐厨垃圾、可能被污染的饲料和垫料、污水等进行无害化处理。对被污染或可能被污染的物品、交通工具、用具、猪舍、场地进行严格彻底消毒。出入人员、车辆和相关设施要按规定进行消毒。

五、依法做好疫区现场隔离、封锁、控制的安全保卫和社会管理。依法做好交通疏通，严格查处利用疫情造谣惑众、扰乱社会和市场秩序的违法犯罪行为。

六、要做好群众思想工作，加强科普宣传，消除群众恐惧心理，维护社会和谐稳定。

七、对疫区外的生猪，要加强检疫和疫情排查，发现疫情及时上报。

八、各部门、相关乡镇（街道）接到命令后迅速组织各社区和人员落实封锁措施，严防疫情扩散。农业农村局、卫计局、公安局、交警大队、财政局、市场监管局、交通局、宣传部等有关部门要按照各自的职责，协助××××乡镇（街道），按“早、快、严、小”的原则，加强协调配合，迅速扑灭疫情，不得有误。

本命令从发布之日起执行。封锁令的解除，由×××
×政府另行下达。

×××人民政府

××××年××月××日

（三）隔离、扑杀、销毁、消毒、无害化处理及强制免疫

1. 组织实施主体。

地方人民政府承担动物防疫属地管理责任，是组织控制一类动物疫病的主体。疫情处置涉及部门多，必须依靠政府强大的组织动员能力，统一组织，统一行动。以非洲猪瘟防控指挥部为例，其联防联控成员单位多达20多个，由政府牵头是成熟有效的组织形式。

2. 部门职责。

对由一类动物疫病引发的疫情，必须采取严厉的控制措施，迅速扑灭疫情，防止疫情蔓延，这广泛涉及社会生产生活的各个方面，必须在政府组织领导下，充分发挥各职能部门的作用，形成工作合力。

2018年非洲猪瘟疫情初期，《国务院办公厅关于做好非洲猪瘟等动物疫病防控工作的通知》（国办发明电〔2018〕10号），对各相关部门在疫情防控中的职责提出明

确要求：农业农村部门牵头组织协调各相关部门，按照抓早抓小、从严控制、联防联控的原则，依法做好非洲猪瘟等动物疫情的预防、控制和扑灭工作。海关要严格禁止进口来自非洲猪瘟疫区的生猪及其产品，加强对国际运输工具、国际邮件、跨境电商产品、出入境旅客携带物的查验和检疫，加大打击走私力度，监督销毁非法入境的来自疫区的家猪、野猪及其产品。林业和草原部门要强化野外巡护，对野猪疑似病例要按规定采样送检。发展改革、财政部门要根据防控需求，做好疫情防控经费保障工作。市场监管部门要加强流通环节动物产品监管，严防病死动物及其产品流入市场、进入餐桌。公安部门要做好疫区安全保卫、社会治安管理和口岸监督检查工作，配合农业农村部门做好疫情处置，依法加强有关案件侦办，对恶意传播非洲猪瘟疫情的违法犯罪行为，一旦查实要依法严厉打击。宣传部门要密切关注与非洲猪瘟有关的舆情动态，科学引导舆论，防止恶意炒作。交通运输部门要加强对经铁路口岸和港口进口猪及其产品的入境运输工具的监管、检查和登记，强化信息交流互通。邮政部门要加强对邮件、快件的检查。卫生健康部门要加强人畜共患病知识宣传、解疑释惑和诊治，切实做好疫病防控工作。银保监部门要指导各保险公司更好发挥养殖业政策性保险的作用，引导金融企业加大对养殖场（户）的信贷支持力度。其他各有关部门都要切实负起责任，加强信息共享和措施联动，形成防控合力。

3. 应当采取的措施。

（1）隔离，指在疫区解除封锁前，禁止疫区内未被扑杀的易感染动物移动，不得与疫区外动物接触。隔离期间严禁无关人员、动物出入隔离场所，隔离场所的废弃物应当进行无害化处理，做好观察监测，加强保护措施。

（2）扑杀，指采取注射、窒息、电击等方法人为致死动物。扑杀范围依动物疫病种类的不同而异。通常情况下，对疫点内染疫动物、疑似染疫动物及易感染动物都要扑杀；对疫区内易感染动物根据风险评估和流行病学调查情况确定是否扑杀；受威胁区的易感染动物一般不扑杀，具备条件的应对所有易感染动物进行紧急免疫，建立完善的免疫档案，加强疫病监测和免疫效果监测。

（3）销毁，指对与染疫动物相关的排泄物、垫料、包装物、容器、污水等污染物品和饲料等投入品采取焚烧、深埋等措施，消灭或杀灭其中的病原体。销毁是消灭传染源、切断传播途径、防止动物疫病传播和蔓延的一项重要措施。销毁要严格按照技术操作规范进行，农业农村部门要加强对销毁实施过程的监督指导。

（4）消毒，指用物理、化学、生物的方法杀灭或消除染疫动物及环境中的病原体。消毒是使用最广泛、最简便、最经济的控制动物疫病传播、消灭动物疫病的方法。对疫点、疫区的消毒可分为封锁期间消毒和终末消毒。封锁期间消毒是指发生一类动物疫病后到解除封锁期间，为了及时杀灭由传染源排出的病原体而进行的反复多次的消毒。消毒对象是所有与染疫动物、易感染动物接触过的动物圈舍、饲喂用具、场地和物品以及动物的排泄物、分泌物、运输工具等。终末消毒是在疫区解除封锁前对消毒对象进行的一次全面彻底消毒。对受威胁区的消毒是预防性的，旨在杀灭可能存在的病原体。消毒中应做到消毒到位、不留死角、保证消毒次数；要注意选用有效的消毒药、适当的消毒药浓度，先后使用的消毒药不能拮抗、中和，生物学消毒还要注意密封等。

（5）无害化处理，指用物理、化学或生物学等方法处理带有或疑似带有病原体的动物尸体、动物产品或其他物品，达到消灭传染源，切断传播途径，阻止病原扩散的目的。目前，无害化处理主要使用深埋、焚烧、高温高压化制等方法。具体依据原农业部《关于印发〈病死及病害动物无害化处理技术规范〉的通知》（农医发〔2017〕25 号），对感染不同疫病的动物进行相应的无害化处理。

（6）紧急免疫接种，指发生动物疫病时进行的免疫接种，是相对常规免疫接种而言的。紧急免疫接种的对象是疫区内未被扑杀的易感动物和受威胁区内的易感动物。紧急免疫接种的目的在于提高易感动物的免疫力，建立免疫屏障，防止动物疫病的传播和蔓延。实践证明，紧急免疫接种是行之有效的动物疫病控制措施。

（四）移动控制

在疫情期间，对相关动物、动物产品、人员、运输工具及有关物品应该采取严格限制移动等措施。移动限制是双向的，进出都要采取管控措施。其目的是防止病原流出和易感动物进入疫区造成感染。其他措施还包括关闭畜禽交易市场等。上述措施应在封锁令中予以体现，以政府公告形式向社会公布，具有强制性。对违反移动控制规定的，可以实施处理处罚。

二、发生二类动物疫病时的控制措施

动物防疫法第三十九条规定：“发生二类动物疫病时，应当采取下列控制措施：（一）所在地县级以上地方人民政府农业农村主管部门应当划定疫点、疫区、受威胁区；（二）县级以上地方人民政府根据需要组织有关部门和单位采取隔离、扑杀、销毁、消毒、无害化处理、紧急免疫接种、限制易感染的动物和动物产品及有关物品出入等措施。”

一是划定疫点、疫区、受威胁区。在划定疫区时，应借鉴一类动物疫病处置要求，根据当地天然屏障（如河流、山脉等）、人工屏障（如道路、围栏等）、行政区划、易感动物存栏密度和饲养条件、野生易感动物分布等情况，综合评估后划定。

二是隔离、扑杀、销毁、消毒、无害化处理、紧急免疫接种、限制易感染的动物和动物产品及有关物品出入等。疫情发生地地方人民政府应当根据发病和死亡情况、流行趋势、危害程度等情况，组织农业农村、公安等有关单位和人员对疫点、疫区和受威胁区的染疫动物及同群动物、疑似染疫动物、易感染动物采取隔离、扑杀、销毁、无害化处理、紧急免疫接种、限制易感染动物及其动物产品及有关物品出入等控制措施。一般情况下，对同群动物不采取扑杀措施；按照农业农村部规定需要对患病动物进行扑杀的，当地县级以上地方人民政府必须进行扑杀。发生二类动物疫病时，一般不采取封锁疫区措施，但二类动物疫病呈爆发性流行时除外。

发生二类动物疫病时，由于不一定采取扑杀措施，所以，落实隔离措施十分重要。与发生一类动物疫病时的隔离不同，此处的隔离，是将未被扑杀的染疫动物、疑似染疫动物及其同群动物与其他动物间隔开，在相对独立的封闭场所进行饲养，并按照农业农村部发布的防治技术规范进行免疫接种和治疗，防止疫病扩散。

三、疫点、疫区、受威胁区的撤销和疫区封锁的解除

动物防疫法第四十条规定："疫点、疫区、受威胁区的撤销和疫区封锁的解除，按照国务院农业农村主管部门规定的标准和程序评估后，由原决定机关决定并宣布。"

疫点、疫区、受威胁区的划定和疫区的封锁，是控制动物疫情的关键措施，但对养殖业生产、所在地动物及动物产品流通贸易、经济社会稳定、人民生活等带来一定影响。因此，当封锁期结束或一个以上潜伏期结束，未再发现该动物疫病新病例时，划定疫点、疫区和受威胁区的农业农村主管部门应当按照农业农村部规定的标准和程序对疫情控制情况进行评估，评估后认为已达到规定的控制标准的，应宣布撤销疫点、疫区和受威胁区。如果疫区封锁的，应同时报请本级人民政府解除疫区封锁，由发布疫区封锁令的人民政府决定解除疫区封锁并向社会公布。

四、发生三类动物疫病时的控制措施

动物防疫法第四十一条规定："发生三类动物疫病时，所在地县级、乡级人民政府应当按照国务院农业农村主管部门的规定组织防治。"三类动物疫病多呈慢性发展过程，

通常仅在一定程度上造成经济损失和社会影响，县级、乡级人民政府应当按照农业农村部的规定，组织动物养殖者等人员进行防治。

发生三类动物疫病时的防控措施，首先是隔离，将患病动物与健康动物分隔开；其次是禁止患病动物及其产品出售；再次是采取消毒、药物治疗、免疫等措施。由于三类动物疫病常见多发，一般采取预防与治疗相结合的措施控制疫病，但对于不能治疗或治疗费用较高而失去经济价值的染疫动物及相关物品，可采取扑杀、销毁等措施。

五、二、三类动物疫病呈爆发性流行状态的控制措施

动物防疫法第四十二条规定："二、三类动物疫病呈爆发性流行时，按照一类动物疫病处理。"动物疫情的发生发展是动态的，具备不确定性。如果控制不及时或病原体发生变异，二、三类动物疫病可能呈爆发性流行，造成较大危害。因此，当二、三类动物疫病呈爆发性流行时，按照一类动物疫病处理，采取严格防控措施，对迅速控制疫情十分必要。

关于动物疫病呈爆发性流行，是指该动物疫病在较短时间内、在一定区域流行或者导致较多动物患病或死

亡，如不采取严厉措施加以控制，很可能迅速扩散蔓延，对养殖业生产和人体健康造成重大损失和危害。例如，按照2007年原农业部发布的《炭疽防治技术规范》，1个县10天内发现5头以上炭疽患病动物，就可以认定为爆发性流行。

六、疫区内有关单位和个人控制动物疫病的义务

动物防疫法第四十三条规定："疫区内有关单位和个人，应当遵守县级以上人民政府及其农业农村主管部门依法作出的有关控制动物疫病的规定。任何单位和个人不得藏匿、转移、盗掘已被依法隔离、封存、处理的动物和动物产品。"

动物疫病一旦发生，对养殖业发展和人体健康均会造成危害，并造成重大经济损失。为确保将动物疫病迅速控制在最小范围内，严防动物疫病传播扩散，县级以上人民政府农业农村主管部门必须实施严格的防控措施。对县级以上人民政府及其农业农村主管部门依法制定的隔离、消毒、销毁、强制免疫等疫病控制措施，疫区内有关单位和个人应当认真遵守。如作出扑杀病畜的决定，当事人不得拒绝，必须立即执行，否则将承担法律责任。

藏匿是指将有关动物、动物产品在原场所隐藏起来，

以逃避依法采取的处理措施；转移是指将有关动物、动物产品移至他处，以逃避依法采取的处理措施；盗掘是指将部分或全部已被扑杀、深埋的动物、动物产品挖掘盗走。在动物疫病控制过程中，一些单位和个人藏匿、转移已被依法隔离、封存的动物和动物产品，甚至盗掘已深埋的病死和扑杀的畜禽，严重影响动物疫病防控效果，甚至危害公共卫生安全，应受到法律严厉制裁。

七、发生动物疫情时运输环节的保障措施

动物防疫法第四十四条规定："发生动物疫情时，航空、铁路、道路、水路运输企业应当优先组织运送防疫人员和物资。"

动物疫情发生时，为使动物防疫人员和物资及时到达疫区，需要航空、铁路、道路、水路等运输企业的有力保障。疫情发生时，运输企业应优先安排、优先调度、优先运送动物防疫人员和物资；处理动物疫情的工作人员，凭所在地人民政府农业农村主管部门出具的处理动物疫情证明及工作证，优先在运输企业购票，运输企业应当保证售给最近一次前往目的地的车、船、机票；交付运输的防疫物资应有明显标志，运输企业应当保证用最快通往目的地的交通工具将物资运出；确保运输安全畅通，确保防疫人员和物资及时、安全送达。

八、重大动物疫情应急预案和实施方案的制定与调整

凡事预则立，不预则废。动物疫情的控制需要有应急预案的支撑，一旦发生动物疫情，可以按照应急预案有序开展处置工作。动物防疫法第四十五条规定："国务院农业农村主管部门根据动物疫病的性质、特点和可能造成的社会危害，制定国家重大动物疫情应急预案报国务院批准，并按照不同动物疫病病种、流行特点和危害程度，分别制定实施方案。县级以上地方人民政府根据上级重大动物疫情应急预案和本地区的实际情况，制定本行政区域的重大动物疫情应急预案，报上一级人民政府农业农村主管部门备案，并抄送上一级人民政府应急管理部门。县级以上地方人民政府农业农村主管部门按照不同动物疫病病种、流行特点和危害程度，分别制定实施方案。重大动物疫情应急预案和实施方案根据疫情状况及时调整。"明确重大动物疫情应急预案及实施方案的制定与调整，主要目的是在突发疫情应急状态下，科学、规范、快速地控制疫情，防止出现扩散蔓延。

（一）制定的主体和程序

1. 国家层面。国务院农业农村主管部门根据动物疫病的性质、特点和可能造成的社会危害，制定国家重大动物

疫情应急预案报国务院批准，并按照不同动物疫病病种、流行特点和危害程度，分别制定实施方案。目前制定的实施方案有《非洲猪瘟疫情应急实施方案》和《高致病性禽流感疫情应急实施方案》。

2. 地方层面。县级以上地方人民政府根据上级重大动物疫情应急预案和本地区实际，制定本行政区域的重大动物疫情应急预案，报上一级人民政府农业农村主管部门备案，并抄送上一级人民政府应急管理部门。县级以上地方人民政府农业农村主管部门按照不同动物疫病病种、流行特点和危害程度，分别制定实施方案。

（二）预案及实施方案的调整

重大动物疫情应急预案及实施方案不是一成不变的，应当根据疫情防控实际及时调整和优化。比如，为防范非洲猪瘟疫情，原农业部在 2017 年 9 月 20 日印发《非洲猪瘟疫情应急预案》；2018 年我国首次发现非洲猪瘟疫情后，农业农村部于 2019 年 1 月 24 日印发《非洲猪瘟疫情应急实施方案（2019 年版）》，对指导各地规范有效处置突发疫情发挥了重要作用；在总结防控实践经验的基础上，农业农村部于 2020 年 2 月 29 日印发《非洲猪瘟疫情应急实施方案（2020 年版）》；为做好疫情常态化防控和精准防控，促进疫情报告的主动性和积极性，增强应急实施方案的可操作性，农业农村部又于 2020 年 5 月 29 日印发《非洲猪瘟疫情应急实施方案（2020年第二版）》。经过多次调整，非洲猪瘟疫情应急实施方案更加科学合理，在指导疫情防控和恢复生猪生产方面发挥了重要作用。

为防范高致病性禽流感疫情，2004年国务院办公厅印发《全国高致病性禽流感应急预案》，指导各地科学开展禽流感防控工作。随着机构改革和各地防控能力的提升，疫情确诊等工作需要及时调整。因此，农业农村部在总结防控实践经验基础上，2020年出台《高致病性禽流感疫情应急实施方案（2020年版）》，指导各地更加科学规范地处置疫情。

九、动物疫病风险区的划分与管控

动物防疫法第四十六条规定："发生重大动物疫情时，国务院农业农村主管部门负责划定动物疫病风险区，禁止或者限制特定动物、动物产品由高风险区向低风险区调运。"

当某个区域发生重大动物疫情时，该区域有向外传播扩散病原的潜在风险，除迅速划定疫点、疫区和封锁区外，还应划定高风险区，并对易感动物和产品实施严格管控，防止病原扩散导致其他区域发生疫情。同时，禁止或限制易感动物由高风险区向低风险区调运，也是国际上疫情处置的通行做法。将划分风险区并采取相应限制调运措施这一动物防疫的基本原则做法上升为法律规定，为强化动物防疫工作力度和手段提供充分保障。

十、重大动物疫情应急处置依据

动物防疫法第四十七条规定：“发生重大动物疫情时，依照法律和国务院的规定以及应急预案采取应急处置措施。”

重大动物疫情的处置涉及多个环节，需要调动社会资源，一些措施具有强制性，必须有法可依。目前法律法规规定包括但不限于动物防疫法、突发事件应对法、《重大动物疫情应急条例》等，国务院规定及应急预案包括但不限于《国家突发重大动物疫情应急预案》《口蹄疫防控应急预案》《小反刍兽疫防控应急预案》《高致病性禽流感疫情应急实施方案》《非洲猪瘟疫情应急实施方案》《非洲猪瘟疫情应急处置指南》等。

第五章

动物和动物产品的检疫

动物和动物产品的检疫是动物疫病防控工作的重要内容，是防止动物疫病传播、扩散的重要措施。动物和动物产品的检疫涉及范围广、数量大、环节多，法律对检疫实施主体及其行为、检疫程序等作出了明确规定，一方面规范检疫实施主体行为，确保依法行政；另一方面明确行政相对人的主体责任，督促其自觉遵守动物和动物产品检疫规定。

一、动物检疫的主体和实施者

动物防疫法第四十八条规定："动物卫生监督机构依照本法和国务院农业农村主管部门的规定对动物、动物产品实施检疫。动物卫生监督机构的官方兽医具体实施动物、动物产品检疫。"

（一）动物、动物产品检疫的定义

检疫一词起源于14世纪的欧洲，最初是指为了防止人类疾病的流行与传播所采取的检查防范措施。当时在威尼斯，每当有外来船舶抵达口岸时，为了防止船上人员或装载物染上病原微生物，管理当局便将船员滞留船上，不许上岸。经过40天的观察和检查后，如没发现传染病，才允许船员离船登陆。当时这种措施对防止人类传染病的传播起到很大作用。这种起源于对人类疫病传播的防范手段，后来扩展到动物及其产品，就产生了动物检疫。

本法所称动物、动物产品检疫，是指动物卫生监督机构根据行政相对人的申请，依照本法和国务院农业农村主管部门的规定，对动物、动物产品的动物传染病状况进行确认，并根据确认结果作出行政许可决定的行为。动物卫生监督机构对动物、动物产品依法实施检疫，是代表国家的行政行为，有国家强制力为后盾，行政相对人未经检疫许可从事相关活动将承担相应的法律责任。

（二）动物、动物产品检疫的实施

动物、动物产品检疫是动物屠宰、经营、运输和动物产品生产、经营、加工、贮藏、运输前应当取得的一项行政许可事项，有较强的专业性和技术要求，且工作量大，需要专门机构、专业人员依法实施。动物卫生监督机构对动物和动物产品实施检疫，官方兽医具体实施检疫，具有排他性，其他任何公民、法人或者其他组织不得对动物和动物产品实施检疫出证。

二、动物检疫的程序

动物防疫法第四十九条规定："屠宰、出售或者运输动物以及出售或者运输动物产品前，货主应当按照国务院农业农村主管部门的规定向所在地动物卫生监督机构申报检疫。动物卫生监督机构接到检疫申报后，应当及时指派官方兽医对动物、动物产品实施检疫；检疫合格的，出具检疫证明、加施检疫标志。实施检疫的官方兽医应当在检疫证明、检疫标志上签字或者盖章，并对检疫结论负责。动物饲养场、屠宰企业的执业兽医或者动物防疫技术人员，应当协助官方兽医实施检疫。"

（一）货主按规定进行检疫申报

国家对检疫工作实行申报检疫制度。按照行政许可法规定，公民、法人或者其他组织从事特定活动，依法需要取得行政许可的，应当向行政机关提出申请。出具检疫证明属于行政许可行为，因此，货主在屠宰、出售或者运输动物，以及出售或者运输动物产品之前，应当按照国务院农业农村主管部门制定的《动物检疫管理办法》的规定向所在地动物卫生监督机构申报检疫。国务院农业农村主管部门应当对申报时间、申报方式和应当提交的资料等作出规定。2010 年原农业部发布的《动物检疫管理办法》，对动物产品、不同用途动物的检疫申报时限有不同规定，并对申报检疫应提交的资料和申报方式进行了具体规定。随着信息化的发展和电子出证的应用，申报检疫的方式可以通过申报点填报、传真、电话等传统方式申报，也可以通过网络申报。货主应该根据申报时间的要求，按照规定的方式、提供相应的资料，向所在地动物卫生监督机构申报检疫。

（二）动物卫生监督机构官方兽医实施检疫

动物卫生监督机构接到货主的检疫申报后，根据管辖范围、当地的疫情情况、提供资料情况等决定是否受理。决定受理的，要及时指派官方兽医实施检疫；不予受理的，应说明理由。官方兽医按照相应动物的检疫规程实施检疫，对符合检疫合格要求的动物、动物产品应当按规定出具动物检疫证明，加施检疫标志，且要在检疫证明、检疫标志上签字或者盖章，对检疫结论负责。需要注意的是，检疫结论是仅对法定检疫对象而言的，不能说明检疫对象以外其他动物疫病情况。此外，本次修订删除了官方兽医"实施现场检疫"中的"现场"，官方兽医可以根据实际情况更灵活有效地做好检疫工作。

如果受理检疫申报后出现没有及时指派官方兽医实施检疫、官方兽医没有实施检疫、对检疫不合格的动物或动物产品出具检疫证明、对检疫合格的动物或动物产品拒不出具检疫证明等情形，均属于违法行为，动物卫生监督机构或官方兽医要承担相应的法律责任。

（三）协助官方兽医实施检疫的规定

为进一步落实有关生产经营者在动物疫病防控工作中的主体责任，本条第三款明确动物饲养场、屠宰企业的执业兽医或者动物防疫技术人员有协助实施检疫的义务，可以充分发挥企业中兽医专业人员的作用，进一步落实有关生产经营者在动物疫病防控中的相关责任。

三、野生动物的检疫

动物防疫法第五十条规定："因科研、药用、展示等特殊情形需要非食用性利用的野生动物，应当按照国家有关规定报动物卫生监督机构检疫，检疫合格的，方可利用。人工捕获的野生动物，应当按照国家有关规定报捕获地动物卫生监督机构检疫，检疫合格的，方可饲养、经营和运输。国务院农业农村主管部门会同国务院野生动物保护主管部门制定野生动物检疫办法。"

（一）对野生动物检疫的必要性

动物疫病可以在野生动物和家畜家禽间相互传播。有的野生动物虽然不表现临床症状，但携带病原，可能成为动物疫病传播的自然疫源，一旦与家畜家禽接触，就可能引发动物疫病的感染和传播，甚至传染给人类。人类对野生动物携带的病原体、宿主、传播途径认识甚少，疫苗和有效药物研究开发滞后，病原体不断变异又增加了防控的不确定性和难度。2020 年新冠肺炎疫情爆发后，野生动物管理和检疫再次成为社会关注的焦点。进一步规范野生动物检疫，是健全野生动物管理制度、维护公共卫生安全的必然要求。

（二）非食用性利用野生动物检疫的必要性

2020 年 2 月 24 日，十三届全国人大常委会第十六次会议审议通过《关于全面禁止非法野生动物交易、革除滥食野生动物陋习、切实保障人民群众生命健康安全的决定》规定，全面禁止食用国家保护的“有重要生态、科学、社会价值的陆生野生动物”以及其他陆生野生动物，包括人工繁育、人工饲养的陆生野生动物；全面禁止以食用为目的猎捕、交易、运输在野外环境自然生长繁殖的陆生野生动物；因科研、药用、展示等特殊情况，需要对野生动物进行非食用性利用的，应当按照国家有关规定实行严格审批和检疫检验。本次修订本着人民至上的理念，明确非食用性利用野生动物的检疫要求，进一步加强野生动物疫源疫病防控，维护公共卫生安全。

（三）野生动物的检疫管理

本条第一款和第二款分别对因科研、药用、展示等特殊情形需要非食用性利用野生动物和人工捕获的野生动物的检疫进行了规定。实施检疫的过程中要与野生动物管理有关规定衔接，坚持以非食用性利用和人工捕获野生动物合法性审查为前提。

野生动物检疫应在明确检疫范围、对象基础上，基于疫源疫病监测数据、日常监管情况等实施。野生动物种类多，疫病情况复杂，与家畜家禽在生存环境、生存方式、动物防疫等方面差别较大。野生动物保护主管部门负责野生动物的保护管理工作，长期跟踪、掌握野生动物疫源疫病状况，具有丰富的专业知识和管理经验。因此，本着提高野生动物检疫工作科学性和可操作性的原则，本条第三款规定，国务院农业农村主管部门应会同国务院野生动物保护主管部门制定野生动物检疫的具体办法。

四、检疫证明、检疫标志的使用

动物防疫法第五十一条规定："屠宰、经营、运输的动物，以及用于科研、展示、演出和比赛等非食用性利用的动物，应当附有检疫证明；经营和运输的动物产品，应当附有检疫证明、检疫标志。"

（一）特定动物应当附有检疫证明

屠宰、经营、运输的动物，以及用于科研、展示、演出和比赛等非食用性利用的动物，应当附有检疫证明，检疫证明是动物经检疫合格的法律凭证，凡没有按规定附具检疫证明的动物，不得屠宰、经营、运输以及用于科研、展示、演出和比赛等非食用性利用，否则将承担相应的法律责任。

（二）特定动物产品应当附有检疫证明、检疫标志

经营和运输的动物产品，应当附有检疫证明、检疫标志，即检疫证明、检疫标志是经营和运输的动物产品经检疫合格的法律凭证，如果经营、运输的动物产品没有按照本法的要求附具检疫证明、检疫标志，均不得经营和运输。否则，将承担相应的法律责任。

五、动物、动物产品的运输监管

动物防疫法第五十二条规定："经航空、铁路、道路、水路运输动物和动物产品的，托运人托运时应当提供检疫证明；没有检疫证明的，承运人不得承运。进出口动物和动物产品，承运人凭进口报关单证或者海关签发的检疫单证运递。从事动物运输的单位、个人以及车辆，应当向所在地县级人民政府农业农村主管部门备案，妥善保存行程路线和托运人提供的动物名称、检疫证明编号、数量等信息。具体办法由国务院农业农村主管部门制定。运载工具在装载前和卸载后应当及时清洗、消毒。"

（一）运输监管的必要性

开展严格规范的动物、动物产品运输监管是降低动物

疫病传播风险的重要措施。非洲猪瘟防控期间，我国采取了指定通道运输、车辆备案、贩运人信息登记等一系列综合性措施，效果明显。

（二）托运人、承运人应凭检疫证明运输

检疫证明是动物、动物产品检疫合格的法律凭证。经航空、铁路、道路、水路运输动物和动物产品的，托运人必须提供检疫证明方可托运，托运人提供的检疫证明必须与运输的动物和动物产品相符，承运人必须查验托运人提供的检疫证明方可承运。托运人不能提供检疫证明，或者提供的检疫证明与运输的动物、动物产品不符的，承运人不得承运。承运人和托运人均有强制性的法定义务，违反相关规定将承担相应的法律责任。

（三）进出口动物和动物产品凭报关单证或者检疫单证运递

按照现行检疫管理制度，境内动物、动物产品检疫由动物卫生监督机构负责，进出境动物、动物产品检疫由海关负责。为了明确管理责任，避免重复检疫加重行政相对人负担，托运人在境内运输进出口的动物和动物产品，不需要向动物卫生监督机构申报检疫，凭进口报关单证或者海关签发的检疫单证即可运输。

（四）从事动物运输单位、个人及车辆的备案管理

1. 备案要求。为加强对动物运输者及运输车辆管理，

落实动物经营、运输各个环节的动物防疫主体责任，强化疫病追溯，本法对从事动物运输的单位和个人以及动物运输车辆都提出了备案要求。在实际工作中，对从事动物运输的单位和个人以及车辆实施备案，在非洲猪瘟疫情防控中发挥了重要作用。《国务院办公厅关于加强非洲猪瘟防控工作的意见》（国办发〔2019〕31 号）明确提出，要完善生猪运输车辆备案管理制度，鼓励使用专业化、标准化、集装化的运输工具运输生猪等活畜禽；《国务院办公厅关于促进畜牧业高质量发展的意见》（国办发〔2020〕31 号）提出，建立健全畜禽贩运和运输车辆监管制度，对运输车辆实施备案管理，落实清洗消毒措施；2018 年农业农村部公告第 79 号规定，生猪运输车辆应当在承运人所在地县级主管部门备案，并对车辆条件、提交资料等提出明确要求；《农业农村部办公厅关于强化生猪收购贩运管理的通知》（农办牧〔2020〕30 号）要求从事生猪收购贩运的单位和个人登记单位名称或个人姓名、营业执照或身份证、单位地址或家庭住址、联系方式等基础信息。下一步，农业农村部将依照本法规定制定动物运输管理办法，完善备案要求。

2. 动物防疫信息保存要求。为强化非洲猪瘟防控工作，2018 年农业农村部公告第 79 号要求，跨省、自治区、直辖市运输生猪的车辆，应当配备车辆定位跟踪系统，相关信息记录保存半年以上；承运人应当详细记录检疫证明号码、生猪数量、运载时间、启运地点、到达地点、运载路径、车辆清洗、消毒以及运输过程中染疫、病死、死因不明生猪处置等情况。本次修订将实践中的成熟做法上升为法律规范，在第五十二条第三款作出专门规定，并将运输生猪扩大为运输动物，有利于压实承运人动物防疫主体责任，也有利于动物防疫信息追溯工作有效开展。农业农村部将按照本款规定，制定关于备案和信息保存的具体办法。

（五）动物、动物产品运载工具应当及时清洗消毒

动物、动物产品的运载工具流动性大、接触面广，有可能携带一些对动物和人体有害的致病微生物或其他有毒有害物质，如果这些有害的致病微生物和有毒有害物质不及时清洗、消毒，有可能造成疫病的传播，危害动物和人体健康。本条第四款规定对运载工具在装载前和卸载后应当及时清洗、消毒。属于货主自行运输的，货主为清洗消毒的义务主体；托运的，承运人和托运人应就义务主体作出约定，未作约定的，承运人为义务主体。如果义务主体不履行上述义务，将要承担相应的法律责任。

六、道路运输动物指定通道制度

动物防疫法第五十三条规定：“省、自治区、直辖市人民政府确定并公布道路运输的动物进入本行政区域的指定通道，设置引导标志。跨省、自治区、直辖市通过道路运输动物的，应当经省、自治区、直辖市人民政府设立的指定通道入省境或者过省境。”将各地在实践中采取的指定通道管理措施上升为法律规定，进一步规范动物调运活动。省级人民政府确定并公布道路运输动物指定通道。

一是，建立指定通道制度。指定通道制度，是规范动物运输活动，强化动物运输监管的重要制度，也是强化事中事后监管的重要措施。国务院办公厅《关于加强非洲猪瘟防控工作的意见》（国办发〔2019〕31 号）明确提出，建立生猪指定通道运输制度，生猪调运必须经指定通道运输；国务院办公厅《关于促进畜牧业高质量发展的意见》（国办发〔2020〕31 号）提出，统一规划实施畜禽指定通道运输。目前，绝大多数省份已在地方管理实践中有效实行了这项制度。为了强化对跨省调运动物的监管，本次修订吸收借鉴文件规范和地方经验，建立指定通道制度。由省、自治区、直辖市人民政府确定并公布道路运输动物进入本行政区域的指定通道，这里的“指定通道”只在省际设立，只针对通过道路运输动物的情形。

二是，跨省通过道路运输动物经过指定通道是法定义务。跨省、自治区、直辖市通过道路运输动物的，应当经省、自治区、直辖市人民政府设立的指定通道入省境或者过省境，这是加强和规范动物检疫事中事后监管、强化动物运输管理的一项重要措施。这一规定衔接产地“出口关”和落地“监管关”，有利于落实运输主体责任，推动形成涉及养殖、运输、屠宰等环节全链条的监管模式。

七、输入到无规定动物疫病区动物、动物产品的检疫

动物防疫法第五十四条规定：“输入到无规定动物疫病区的动物、动物产品，货主应当按照国务院农业农村主管部门的规定向无规定动物疫病区所在地动物卫生监督机构申报检疫，经检疫合格的，方可进入。”

（一）动物疫病区域化管理和风险管理制度

2001 年 11 月我国开始在鲁、辽、川、渝、吉、琼六省市建设无规定动物疫病区示范区。后来，陆续建立了海南省免疫无口蹄疫区、山东省胶东半岛免疫无口蹄疫区和免疫无高致病性禽流感区、吉林省免疫无口蹄疫区等一批无疫区。无规定动物疫病区，世界动物卫生组织（OIE）《陆生动物卫生法典》将其表述为：在某一特定区域内，某种特定动物疫病达到了消灭标准。根据达到这种标准是否采用了免疫接种措施，可分为“非免疫无（规定动物）疫病区”和“免疫无（规定动物）疫病区”。我国的无规定动物疫病区，除没有特定的动物疫病发生外，还具有以

下特点：一是地区界线应由有效的天然屏障或法律边界清楚划定；二是区域内要具有完善的动物疫病控制体系、动物卫生监督体系、动物疫情监测报告体系、动物防疫屏障体系以及保证这些体系正常运转的制度、技术和资金支持；三是无疫病必须要有令人信服、严密有效的疫病监测证据支持，并通过国务院农业农村主管部门组织的评估，由国务院农业农村主管部门公布；四是除非实施严格的检疫，非无规定动物疫病区不得向无规定动物疫病区输入动物及其产品。

（二）输入到无规定动物疫病区的动物、动物产品的检疫措施

为有效防控动物疫病，一般限制易感动物和动物产品从疫病风险高的区域向疫病风险低的区域流动。动物和动物产品从风险高的区域向风险低的区域流动，应该实行更为严格的检疫措施。无规定动物疫病区的特定动物疫病风险较低，向其输入特定的动物及其产品，应当再次实施检疫，这符合国际惯例。因此，输入到无规定动物疫病区的动物、动物产品，货主除按规定向输出地动物卫生监督机构申报检疫并取得检疫证明外，在启运前还应当按照国务院农业农村主管部门的规定向输入地动物卫生监督机构申报检疫，经检疫合格的方可进入。这就为输入到无规定动物疫病区的动物、动物产品的货主设定了两次申报检疫的

义务，如果货主不按照国务院农业农村主管部门的规定申报检疫，或将未经输入地动物卫生监督机构检疫合格的动物和动物产品运入无规定动物疫病区，就属违法行为，要承担相应的法律责任。

八、跨省引进种用、乳用动物隔离观察制度

动物防疫法第五十五条规定：“跨省、自治区、直辖市引进的种用、乳用动物到达输入地后，货主应当按照国务院农业农村主管部门的规定对引进的种用、乳用动物进行隔离观察。”

（一）严格管理跨省引进种用、乳用动物

加强种用、乳用动物的管理是保护人体健康和动物疫病防治不可缺少的环节，这是由种用、乳用动物的特点决定的。一是这两类动物的饲养周期长；二是种用动物繁殖后代，在传播疫病特别是种源性疫病方面影响面很大；三是乳用动物产生的乳品将成为人的食品，乳用动物的健康状况直接影响乳品质量，影响人体健康。一旦种用动物患病或者保菌带毒，会成为长期的传染源，同时会通过精液、胚胎、种蛋垂直传播给后代，造成疫病扩大传播。加强对跨省、自治区、直辖市引进种用、乳用动物的管理，是控制动物疫病传播的重要措施。因此，本法规定，跨省、自治区、直辖市引进的种用、乳用动物到达输入地

后，货主要按照国务院农业农村主管部门的规定进行隔离观察，无异常的方可用于生产经营活动。

（二）跨省引进种用、乳用动物的隔离

根据防控动物疫病的需要，跨省引进的种用、乳用动物到达输入地后，应当按照国务院农业农村主管部门的规定进行隔离观察。由于动物疫病具有一定潜伏期，在潜伏期内不表现临床症状，因此跨省引进的种用、乳用动物到达输入地后，货主应当对引进的种用、乳用动物进行隔离观察，合格的方可用于生产经营活动。2010 年原农业部发布的《动物检疫管理办法》第二十条规定，跨省、自治区、直辖市引进的乳用、种用动物到达输入地后，在所在地动物卫生监督机构的监督下，应当在隔离场或饲养场（养殖小区）内的隔离舍进行隔离观察，大中型动物隔离期为 45 天，小型动物隔离期为 30 天。经隔离观察合格的方可混群饲养；不合格的，按照有关规定进行处理。对跨省引进的乳用、种用动物进行隔离观察，是具有强制性的法定义务，必须执行，否则要承担相应的法律责任。

九、检疫不合格动物、动物产品的处理

动物防疫法第五十六条规定："经检疫不合格的动物、动物产品，货主应当在农业农村主管部门的监督下按照国家有关规定处理，处理费用由货主承担。"检疫对象是动

物传染病，经检疫不合格的动物、动物产品携带病原微生物，如不进行严格、规范的处理，极易造成动物疫病传播流行。对检疫不合格的动物、动物产品进行处理，消灭病原微生物，消除其传播动物疫病的可能性，对促进养殖业发展、防控人畜共患传染病、保障公共卫生安全和人体健康有着重要意义。

由于经济利益的原因，货主往往不能自觉主动地对检疫不合格的动物、动物产品进行处理。因此，检疫不合格动物、动物产品的处理主体是货主，监督主体是农业农村主管部门。货主应当在农业农村主管部门监督下按照国家有关规定处理。

对经检疫不合格的动物、动物产品处理费用，不属于检疫相关费用，由检疫不合格的动物、动物产品的货主承担。

第六章

病死动物和病害动物产品的无害化处理

病死动物和病害动物产品的无害化处理工作是动物防疫的重要内容，是切断动物疫病传播的重要措施。本章明确相关生产经营者主体责任；明确县、乡两级政府组织协调对水域和公共场所无主死亡畜禽的收集、处理和溯源责任，以及野生动物保护主管部门对野外环境发现的死亡野生动物收集、处理职责；规范无害化处理设施的规划、建设及运营；建立无害化处理补助制度。

一、无害化处理的主体责任

动物防疫法第五十七条规定：“从事动物饲养、屠宰、经营、隔离以及动物产品生产、经营、加工、贮藏等活动的单位和个人，应当按照国家有关规定做好病死动物、病害动物产品的无害化处理，或者委托动物和动物产品无害化处理场所处理。从事动物、动物产品运输的单位和个人，应当配合做好病死动物和病害动物产品的无害化处理，不得在途中擅自弃置和处理有关动物和动物产品。任何单位和个人不得买卖、加工、随意弃置病死动物和病害动物产品。动物和动物产品无害化处理管理办法由国务院农业农村、野生动物保护主管部门按照职责制定。”

动物防疫法第一百一十条规定，病死动物，是指染疫死亡、因病死亡、死因不明或者经检验检疫可能危害人体或者动物健康的死亡动物；病害动物产品，是指来源于病死动物的产品，或者经检验检疫可能危害人体或者动物健康的动物产品。病死动物和病害动物产品无害化处理是指用物理、化学等方法处理病死动物尸体及病害动物产品，消灭其所携带的病原体，消除危害的过程。我国是一个畜牧业生产大国，病死动物和病害动物产品如果处理不当、随意丢弃，存在造成动物疫病、人畜共患病流行传播的风险，给养殖业生产安全、生态环境安全、公共卫生安全带来负面影响。从法律层面明确和压实病死动物和病害动物产品无害化处理的主体责任，对进一步加强源头管控具有重要意义。

（一）病死动物、病害动物产品无害化处理的主体责任

《国务院办公厅关于建立病死畜禽无害化处理机制的意见》（国办发〔2014〕47号）明确，从事畜禽饲养、屠宰、经营、运输的单位和个人是病死畜禽无害化处理的第

一责任人，负有对病死畜禽及时进行无害化处理并向当地畜牧兽医部门报告畜禽死亡及处理情况的责任。从事动物饲养、屠宰、经营、隔离以及动物产品生产、经营、加工、贮藏等活动的单位和个人应按照本法规定，承担病死动物、病害动物产品无害化处理主体责任，按照国家有关规定及时对病死动物、病害动物产品进行无害化处理，或者委托有资质的动物和动物产品集中无害化处理场所处理。

（二）动物和动物产品运输单位和个人配合做好无害化处理的责任

病死动物和病害动物产品携带病原微生物，运输过程中容易造成疫病扩散蔓延，如不及时进行无害化处理，存在较大的动物疫病传播隐患。考虑到从事动物、动物产品经营性运输的单位和个人，通常不是动物、动物产品的所有人，不具有处置相应动物、动物产品的权利，但是，在动物、动物产品的运输过程中，一旦发现病死动物或病害动物产品，需要对病死动物、病害动物产品及时依法处理，本条专门规范了从事动物、动物产品运输的单位和个人协助无害化处理的责任。承运动物、动物产品的单位和个人在发现病死动物、病害动物产品后，不得在途中擅自弃置和处理有关动物和动物产品，应当立即通知货主和农业农村部门，并按照农业农村部门规定，配合做好病死动物、病害动物产品的无害化处理。从事动物和动物产品经营性运输的单位和个人配合做好无害化处理产生的费用，应当由货主承担。

（三）禁止买卖、加工、随意弃置病死动物和病害动物产品

随意弃置病死动物和病害动物产品，会增加动物疫病流行传播的风险。《国务院办公厅关于促进生猪生产平稳健康持续发展防止市场供应和价格大幅度波动的通知》（国办发明电〔2011〕26号），要求对病死畜禽坚决做到不准宰杀、不准食用、不准出售、不准转运，必须进行无害化处理。《国务院办公厅关于建立病死畜禽无害化处理机制的意见》（国办发〔2014〕47号）明确，各地区、各有关部门要按照动物防疫法、食品安全法、《畜禽规模养殖污染防治条例》等法律法规，严肃查处随意抛弃病死动物和病害动物产品违法犯罪行为。这次修法再次明确任何单位和个人不得买卖、加工、随意弃置病死动物和病害动物产品，否则要承担相应的法律责任。

（四）无害化处理管理办法

按照我国动物防疫分工安排，农业农村主管部门主要负责畜禽、水生动物的防疫管理工作，陆生野生动物则由林业草原主管部门负责管理，考虑到家畜家禽和野生动物在死亡动物收集、处理方式等存在较大差异，法律授权国务院农业农村主管部门、野生动物保护主管部门按照职责

分工，制定本部门负责的动物和动物产品无害化处理管理办法。

二、公共场所的死亡畜禽和野外环境死亡野生动物的无害化处理

近年来，随着我国经济社会快速发展和人民生活水平日益提高，社会公众对生态环境等提出了更高的要求，在公共场所随意抛弃死亡动物的现象，受到普遍关注。有些地方公共场所出现死因不明的动物后，由于未能及时清理，污染水源、土壤、空气，甚至直接影响人民群众的正常生活。动物防疫法第五十八条规定："在江河、湖泊、水库等水域发现的死亡畜禽，由所在地县级人民政府组织收集、处理并溯源。在城市公共场所和乡村发现的死亡畜禽，由所在地街道办事处、乡级人民政府组织收集、处理并溯源。在野外环境发现的死亡野生动物，由所在地野生动物保护主管部门收集、处理。"明确政府承担公共场所死亡畜禽无害化处理主体责任，负责组织实施相关无害化处理和追溯工作，同时明确野外环境死亡野生动物的处理要求。

（一）公共区域死亡畜禽的无害化处理

在江河、湖泊、水库等水域发现的死亡畜禽以及城市公共场所和乡村发现的死亡畜禽，多由于畜禽标识缺失，

难以追溯查找、确认货主。同时，如果由单一部门组织死亡畜禽的收集、处理和追溯，既没有职能职责支撑，又缺乏有效手段，难以有效开展工作。《国务院办公厅关于建立病死畜禽无害化处理机制的意见》（国办发〔2014〕47号），明确在江河、湖泊、水库等水域发现的病死畜禽，由所在地县级政府组织收集处理；在城市公共场所以及乡村发现的病死畜禽，由所在地街道办事处或乡镇政府组织收集处理；在收集处理的同时，要及时组织力量调查死亡畜禽来源，并向上级政府报告。本法进一步将规范性文件上升为法律条款，予以法律保障。

（二）野外环境死亡野生动物的处理

一般而言，野生动物死亡属于正常的生态系统循环，部分野生动物以其他动物尸体作为食物来源，如不区分情况进行收集处理，可能影响到生态环境的正常循环。因此，需要从专业角度对死亡野生动物的情形作出具体判断，并以此为基础进行收集处理。明确在野外环境发现的死亡野生动物，由所在地野生动物保护主管部门收集、处理。

三、无害化处理场所建设规划的制定

动物防疫法第五十九条规定：“省、自治区、直辖市人民政府制定动物和动物产品集中无害化处理场所建设规划，建立政府主导、市场运作的无害化处理机制。”病死动物和病害动物产品无害化处理是公共服务的重要组成部分，是推动养殖业高质量发展和加强重大动物疫病防控的重要保障。法律明确由省、自治区、直辖市人民政府制定动物和动物产品集中无害化处理场所建设规划，建立政府主导、市场运作的无害化处理机制，更有利于推进无害化处理体系的转型升级。

（一）我国无害化处理体系建设情况

2014 年，《国务院办公厅关于建立病死畜禽无害化处理机制的意见》（国办发〔2014〕47 号）对建立病死畜禽无害化处理机制作出部署，要求坚持统筹规划与属地负责相结合、政府监管与市场运作相结合、财政补助与保险联动相结合、集中处理与自行处理相结合，构建病死畜禽无害化处理机制。但我国的无害化集中处理体系建设起步晚、起点低，与经济社会发展的新要求存在较大差距，主要表现为“三个不适应”：一是与畜牧业发展布局不适应。我国已建成病死畜禽专业无害化处理场 600 余家，主要分布在东部沿海和中部省份的平原地区，东西部省份之间存在明显区域发展不平衡问题。二是与保障生物安全的新要求不适应。畜牧业的生物安全是国家总体生物安全体系的重要组成部分，必须全方位谋划提升无害化处理体系。三是与国家生态环境保护的要求不适应。部分无害化处理企业已运行多年，设备陈旧、设施老化、工艺落后等问题日益突出，部分处理工艺不符合当前国家无害化处理技术规范的要求，也多次出现因环保不达标被责令停产整顿的被动局面，亟须改造升级。

（二）无害化处理的规划与机制

专业无害化处理场所的处理能力应当与区域内畜禽养殖量、养殖水平、品种结构相适应。区域内专业无害化处理场所过多，单场处理死亡畜禽数量少，不仅造成重复建设和资源浪费，也影响社会资本运行效率；区域内没有专业无害化处理场所或处理能力不足，则会造成死亡畜禽不能及时无害化处理，增加动物疫病流行传播风险。无害化处理具有较强的公益属性，但单纯依靠政府投入，难以实现资源有效配置。《国务院办公厅关于建立病死畜禽无害化处理机制的意见》（国办发〔2014〕47 号）要求地方各级人民政府建立“政府监管与市场运作”的无害化处理机制。实践证明，由省级统筹规划无害化处理场所的做法科学有效，本法在现有政策规定基础上，明确由省、自治区、直辖市人民政府制定动物和动物产品集中无害化处理场所建设规划，建立政府主导、市场运作的无害化处理机制。

四、无害化处理补助政策

对病死动物无害化处理实施补助是国家为确保养殖业

健康发展和畜产品市场供应安全而制定实施的一项重要强农惠农富农政策。动物防疫法第六十条规定："各级财政对病死动物无害化处理提供补助。具体补助标准和办法由县级以上人民政府财政部门会同本级人民政府农业农村、野生动物保护等有关部门制定。"明确各级财政对病死动物无害化处理提供补助，具体补助标准和补助办法由县级以上人民政府财政部门会同农业农村、野生动物保护等有关部门制定。

（一）国家无害化处理补助政策

2007 年，财政部《屠宰环节病害猪无害化处理财政补贴资金管理暂行办法》（财建〔2007〕608 号）明确对屠宰环节的生猪无害化处理实施补助，病害猪损失补贴 500 元/头，无害化处理费用补贴 80 元/头。2011 年，《国务院办公厅关于促进生猪生产平稳健康持续发展防止市场供应和价格大幅度波动的通知》（国办发明电〔2011〕26 号），明确对标准化规模养殖场（小区）养殖环节病死猪无害化处理费用给予每头 80 元的补助；2014 年，《国务院办公厅关于建立病死畜禽无害化处理机制的意见》（国办发〔2014〕47 号）要求，按照"谁处理、补给谁"的原则，建立与养殖量、无害化处理率相挂钩的财政补助机制，将病死猪无害化处理补助范围由规模养殖场（区）扩大到生猪散养户。

长期以来，国家层面制度仅明确对病死猪无害化处理费用予以补贴，对于其他种类的死亡畜禽没有明确相关政策。农业农村部、财政部《关于进一步加强病死畜禽无害化处理工作的通知》（农牧发〔2020〕6 号）也提出，有条件的地区应当加强地方财政支持，探索建立养殖场户委托处理病死畜禽付费机制，将牛羊禽等其他畜种纳入无害化处理补助覆盖范围。近年来，部分地区根据自身实际，探索开展对病死牛羊、家禽、毛皮动物的无害化处理补助工作，取得显著成效，为本条规定的实施奠定了实践基础。

（二）病死动物无害化处理补助标准和办法

我国幅员辽阔，畜禽养殖和野生动物的种类和数量不尽相同。为充分发挥病死动物无害化处理补助政策的作用，切实保障各地能够根据自身实际灵活制定病死动物无害化处理补助政策，本条将病死动物无害化处理补助标准和办法的制定明确授权给县级以上人民政府财政部门会同本级人民政府农业农村、野生动物保护等有关部门制定。

第七章

动物诊疗

动物诊疗是动物疫病防控的重要环节，养殖业健康发展和维持宠物健康均离不开动物诊疗服务。进一步加强动物诊疗机构管理，规范动物诊疗行为，对于有效防控重大动物疫病，保障养殖业生产安全，维护公共卫生安全意义重大。为适应养殖业高质量发展和全社会对动物诊疗服务的需求，确保兽医行业在良性轨道上健康有序发展，亟须将动物诊疗活动管理在法律层面进一步加以规范，本法进一步健全动物诊疗管理制度，为动物诊疗监管提供有力支撑。

一、从事动物诊疗活动应当具备的条件及分类

动物防疫法第六十一条规定：“从事动物诊疗活动的机构，应当具备下列条件：（一）有与动物诊疗活动相适应并符合动物防疫条件的场所；（二）有与动物诊疗活动

相适应的执业兽医；（三）有与动物诊疗活动相适应的兽医器械和设备；（四）有完善的管理制度。动物诊疗机构包括动物医院、动物诊所以及其他提供动物诊疗服务的机构。”

（一）对从事动物诊疗活动机构设立准入条件的必要性

近年来，我国动物诊疗行业进入快速发展阶段，强化对动物诊疗活动的监督管理，对促进动物诊疗行业健康发展具有重要意义。加强管理最有效的抓手就是制定科学、公平、公正的规则，对从事动物诊疗活动机构设立法定条件，使行业监管有法可依、有章可循，有利于规范动物诊疗市场秩序，依法淘汰不具备条件的动物诊疗机构。如果没有对动物诊疗机构条件的必要约束，动物诊疗场所就可能成为动物疫病传播甚至扩散蔓延的薄弱环节。因此，有必要明确动物诊疗机构设立的条件，严控准入门槛，为实施规范管理提供良好基础。

（二）严格规范动物诊疗机构条件

一是在场所方面。要求动物诊疗机构有与动物诊疗活动相适应的场所和设施设备，且场所要符合动物防疫条件要求，场所面积大小由省、自治区、直辖市人民政府相关部门进行规定；动物诊疗场所与学校、幼儿园等公共场所和动物养殖、屠宰、动物交易场所的距离符合规定标准，或与以上区域建立有效隔离屏障；对出入口和通道的要求是动物诊疗场所应当设有独立对外的出入口，出入口不得设在居民住宅楼内或院内，不得与同一建筑物的其他用户共用通道；动物诊疗场所的地面应当平整并适合清洗消毒。

二是执业人员方面。因动物诊疗对专业和技术要求高，只有具有一定专业技术能力和职业资格的技术人员才能胜任动物诊疗工作，因此对从事动物诊疗活动的人员实行执业资格和备案管理，未取得执业兽医证书并进行备案的人员不得从事动物诊疗活动。在乡村从事动物诊疗活动的乡村兽医依照本法第七十一条规定。从事动物诊疗活动的执业兽医等人员数量要与动物诊疗活动相适应。《动物诊疗机构管理办法》规定，动物诊疗机构应当具有 1 名以上执业兽医，从事动物颅腔、胸腔和腹腔手术的动物诊疗机构应当具有 3 名以上执业兽医。

三是在兽医器械和设备方面。从事普通动物疫病诊疗，应设有布局合理的诊断室、手术室、药房等，并配置相应的兽医器械和设备；从事较为复杂的动物疫病诊疗活动，在基础条件上还应设有病房、化验室、隔离室等，必要时还需要配置 X 光或 B 超室等；诊疗活动均需相应的设施设备，如诊断、冷藏、检测、消毒和医疗废弃物处置等设施设备；动物诊疗机构安装、使用具有放射性的诊疗设备的，应当依法经环境保护部门批准。

四是在管理制度建设方面。基于动物卫生安全考虑，动物诊疗机构应建立完善动物疫情报告、环境及器械卫生消毒、病例处方管理、生物制品使用管理、毒麻和精神药品使用管理、化验检验管理、资质和价格公示、无害化处理等制度。

（三）明确动物诊疗机构类别

动物诊疗机构过去在法律层面没有明确分类，泛指从事动物诊疗活动的机构。《动物诊疗机构管理办法》区别了动物医院和动物诊所，《动物诊疗机构管理办法》规定，“不具备从事动物颅腔、胸腔和腹腔手术能力的，不得使用‘动物医院’的名称”，因此，工作中以动物医院与动物诊所进行分类和管理。

本次修订首次在法律层面将动物诊疗机构分为动物医院、动物诊所和其他提供动物诊疗服务的机构三类，提出“其他提供动物诊疗服务的机构”。分类后，动物诊疗机构的层次清晰，特点明显，便于管理。不同类别动物诊疗机构应当具备的条件也不尽相同，未来可在《动物诊疗机构管理办法》修订时予以明确。此外，明确动物诊疗机构分类，也方便动物饲养者根据需要选择不同类型的动物诊疗机构。

对于动物医院，其定位是动物诊疗机构中经营规模较大、诊疗能力较高的一类市场主体。《动物诊疗机构管理办法》规定，动物医院除了需要具备动物诊疗机构的基本条件外，还需要具备从事动物颅腔、胸腔和腹腔手术能力，必须具有手术台、X光机或者B超等硬件设施设备，配备三名以上取得执业兽医师资格的人员，否则不得使用“动物医院”名称。当然，随着科技创新发展，动物诊疗行业的硬件设施科技含量更高，正逐步向着智能化方向发展，一些大型动物医院也自发地配备了如心电仪、CT仪、尿液分析仪、血糖仪、频谱仪、电刀等先进的诊断、检测和治疗设备。

对于动物诊所，其定位就是符合法定基本条件的动物诊疗机构，经营范围相对狭隘，软硬件配置水平相对较低，仪器设备配置也较为简单。

对于其他提供动物诊疗服务的机构。随着市场主导的经营性兽医服务行业的快速发展，特别是在较大的动物疫情发生后，根据疫病防控和恢复畜牧业生产发展等需要，出现了大量提供检测诊断等经营性诊疗服务的兽医实验室、检测机构。这类机构开展诊断、会诊等业务，在诊疗活动中发挥了重要作用，也促进了整个行业服务水平的提高。《农业农村部办公厅关于加快推进第三方兽医检测机构等社会力量参与生猪生产恢复发展和动物防疫工作的通知》（农办牧〔2020〕1号）提出，对符合条件的第三方兽医检测机构可纳入动物诊疗机构管理范畴。因此，动物防疫法基于行业发展实际，将这些机构纳入动物诊疗机构范畴，并进行规范。

二、动物诊疗许可

动物防疫法第六十二条规定："从事动物诊疗活动的机构，应当向县级以上地方人民政府农业农村主管部门申请动物诊疗许可证。受理申请的农业农村主管部门应当依照本法和《中华人民共和国行政许可法》的规定进行审查。经审查合格的，发给动物诊疗许可证；不合格的，应当通知申请人并说明理由。"从事动物诊疗活动的机构需要办理动物诊疗许可证，体现了加强动物诊疗活动管理和规范动物诊疗活动的重要性。

从事动物诊疗活动的机构，均应满足规定的动物诊疗条件并取得动物诊疗许可证，许可对象主要包括前文提及的三类机构。设立这三类机构，应当向县级以上地方人民政府农业农村主管部门申请办理动物诊疗许可证，并根据规定提交动物诊疗许可申请、营业执照、法定代表人（负责人）身份证、拟聘用执业兽医资格证明等相关材料。

受理申请的农业农村主管部门进行诊疗条件审查。依据行政许可法规定，受理申请的农业农村主管部门，应当在收到审核申请当日作出受理或不受理决定。申请材料不全或者不符合法定形式的，应当在五日内一次告知申请人需要补正的全部内容和材料。农业农村主管部门作出受理决定后，应当按规定对动物诊疗场所进行实地审核，并自受理之日起二十个工作日内作出同意或者不予批准的审核决定。自作出同意的审核决定起十日内，应当向申请人发放动物诊疗许可证。不合格的，应当通知申请人并说明理由。发证机关办理动物诊疗许可证，不得向申请人收取费用。

三、动物诊疗许可证

动物防疫法第六十三条规定：“动物诊疗许可证应当载明诊疗机构名称、诊疗活动范围、从业地点和法定代表人（负责人）等事项。动物诊疗许可证载明事项变更的，应当申请变更或者换发动物诊疗许可证。”

（一）实施动物诊疗许可的必要性

动物诊疗许可证是由当地县级以上地方农业农村主管部门经审查合格后，发放给动物诊疗机构准许其从事动物诊疗活动的重要凭证，是动物诊疗机构经营的资质证明。从事动物诊疗活动的机构取得动物诊疗许可证后，其诊疗活动得到法律许可并受到法律保护。动物诊疗机构取得动物诊疗许可证后，应当在诊疗场所的显著位置悬挂动物诊疗许可证，公示从业人员基本情况，动物饲养者可以以此分辨出诊疗场所是否具有动物诊疗资质。同时，也方便监管部门进行监督。

（二）动物诊疗许可证应当载明的事项

动物诊疗许可证应载明的事项主要有三项：一是动物诊疗机构的名称。动物医院命名应为“×××动物医院”，动物诊所命名为“×××动物诊所”。动物诊疗机构设立分支机构的，应当另行办理动物诊疗许可证。二是动物诊疗活动范围。是指开展诊疗的动物种类和诊疗项目。动物种类主要是指家畜、家禽、宠物、水生动物等；诊疗项目是根据动物诊疗机构不同类别和配备硬软件的不同而取得的，主要包括：动物疫病诊断、动物疫病治疗、动物疫病检测、动物免疫、动物健康检查等。三是从业地点和法定代表人（负责人）。动物诊疗机构的从业地点，即动物诊疗机构所在的地址，其应当与营业执照所载地址相一致。对于动物医院等有独立法人的动物诊疗机构，动物诊疗许可证应注明其法定代表人姓名；对于其他对外提供动物诊疗服务的机构，动物诊疗许可证应注明其负责人姓名。

（三）动物诊疗许可证的变更或换发

动物诊疗许可证载明事项有变化的，应根据事项具体变化情况变更或换发动物诊疗许可证。第一种情况是许可证的变更，适用于动物诊疗机构的名称、法定代表人（负责人）发生变化的，需要变更诊疗许可证，变更可以不用进行实地审核，许可证变更后仍保留原证的有效期。第二种情况是换发许可证，适用于动物诊疗单位的诊疗活动范围（包括执业项目和动物种类）、从业地点发生变化，需要换发诊疗许可证，即重新办理诊疗许可证，换发后证书有效期从换发之日起重新计算。因其场所、设备、人员等条件可能发生变化，换发许可证应当重新进行实地审核。

四、动物诊疗活动中卫生安全防护和防疫要求

从事动物诊疗活动的机构是患病动物较为集中的场所，从事动物诊疗活动的人员不可避免地近距离接触患病动物，如果动物诊疗机构的防疫水平、防疫措施、制度落实、兽药使用以及诊疗废弃物处置等方面存在问题，极易造成疫病传播。动物防疫法第六十四条规定："动物诊疗机构应当按照国务院农业农村主管部门的规定，做好诊疗活动中的卫生安全防护、消毒、隔离和诊疗废弃物处置等工作。"对动物诊疗活动中的卫生安全防护、消毒、隔离和诊疗废弃物处置等工作作出规定。

本条的责任主体和实施主体均为动物诊疗机构，对动物诊疗机构提出诊疗活动的防疫要求，规定动物诊疗机构要按农业农村部相关规定，做好诊疗活动中的卫生安全防护、消毒、隔离和诊疗废弃物处置等方面的工作。

一是卫生安全防护。防护范围主要包含两种对象，即

人员防护和动物防护。人员防护是指要做好卫生防护和人身安全防护。动物诊疗机构的工作人员和畜主必要时需要采取穿戴手套、口罩、防护服等防护措施，尽量减少与患病动物及分泌物、排泄物的直接接触，诊疗完成后对暴露或接触动物的部位进行全面清洗消毒。同时，要防止动物攻击咬伤，一旦受伤应及时清洗消毒，必要时进行免疫接种，消除感染风险。动物防护是指动物诊疗机构应当采取措施，减少就诊动物、住院动物、就诊动物和住院动物之间的直接或间接接触，必要时进行隔离，避免交叉感染。

二是消毒。消毒是杀灭病原微生物的有效手段，能消灭传染源切断传播途径，是疫病防控中简单易操作且效果切实的方法。动物诊疗机构应当建立完善的消毒制度，制定科学的消毒计划，采取定期定时或根据疫病防控需要，对诊疗场所、设施设备、器械及环境进行全面彻底消毒，有效切断疫病传播途径，确保畜主、就诊动物和动物诊疗机构工作人员健康安全。

三是隔离。这里的隔离主要指的是两方面的隔离。首先是区域空间之间的物理隔离，如：诊疗区、病房、手术区、化验区等不同功能区均应做到相对隔离，这样既可降低疫病横向传播风险，还能确保手术的安全和提高检验检测结果的准确性。其次是对染疫动物的隔离。动物诊疗单位应当具备隔离场所和设施，一旦发现染疫和疑似染疫动物，应当立即采取隔离措施迅速控制疫源，并按照法律法规的规定，及时向农业农村主管部门或动物疫病预防控制机构报告。

四是诊疗废弃物处置。动物诊疗机构在诊疗活动中会产生具有直接或者间接感染性、毒性以及其他危害性的废弃物，如动物尸体、动物组织及其分泌物、废水和废弃医疗器械物品等，这些诊疗废弃物如果处理不当极有可能成为新的传染源或污染源，导致人或动物被感染，或对环境造成污染。动物诊疗机构不得随意抛弃病死动物、动物病理组织和医疗废弃物，不得排放未经无害化处理或者处理不达标的诊疗废水。因此，动物诊疗机构应当按照《医疗废物管理条例》和《病死及病害动物无害化处理技术规范》（农医发〔2017〕25 号）要求处置诊疗废弃物。同时，建立诊疗废弃物管理制度并落实主体责任，及时收集本单位产生的诊疗废弃物，并按照类别分置于防渗漏、防锐器穿透的专用包装物或者密闭的容器内，送专门的诊疗废弃物处置单位统一进行处理。对于诊疗过程中产生的污水，也应作无害化处理，达标后再行排放。

五、动物诊疗活动的规范要求

动物防疫法第六十五条规定：“从事动物诊疗活动，应当遵守有关动物诊疗的操作技术规范，使用符合规定的兽药和兽医器械。兽药和兽医器械的管理办法由国务院规定。”规范从事动物诊疗活动的行为，授权国务院制定兽药和兽医器械的管理办法。

（一）动物诊疗的操作技术规范

动物诊疗的操作技术规范，主要是指检验检测、诊断、防治、消毒、手术、隔离、卫生安全防护、废弃物无害化处理和处方及病历使用保存等各个环节的操作规范，以及本法第七十条关于“执业兽医开具兽医处方应当亲自诊断”的规定。动物诊疗机构人员业务素质和职业操守参差不齐，容易出现不按动物诊疗技术操作规范操作等问题。《动物诊疗机构管理办法》对动物诊疗机构应遵守有关动物诊疗操作技术规范作出规定，要求动物诊疗机构应当使用规范的病历、处方笺，病历、处方笺应当印有动物诊疗机构名称，病历档案应当保存三年以上。2013 年原农业部发布的《兽用处方药和非处方药管理办法》规定兽医处方应当记载的事项。近年来，农业农村部陆续出台动物疫病防治相关的技术规范，如《狂犬病防治技术规范》《高致病性禽流感防治技术规范》《病死及病害动物无害化处理技术规范》《兽医处方格式及应用规范》《动物疫病实验室检验采样方法》等，动物诊疗活动也应当遵守这些技术操作指南和要求。

（二）从事动物诊疗活动应使用符合国家规定的兽药和兽医器械

使用符合国家规定的兽药和兽医器械，关系到动物诊疗效果和公共卫生安全。本法规定动物诊疗机构应当使用符合国家规定的兽药和兽医器械，不得使用假劣兽药、违禁兽药和假劣兽医器械等。近年来，兽药管理法规及相关制度日趋完善，2004 年国务院发布《兽药管理条例》，并经多次修订，对兽药使用的规定全面具体，为动物诊疗活动规范使用兽药提供了重要依据。2020 年修订发布的《中华人民共和国兽药典》充分借鉴国内外药品及兽药标准和检验的先进技术和经验，为兽药使用提供了具体的指南。《兽用处方药和非处方药管理办法》进一步规范了处方药和非处方药的使用，为促进兽医临床合理用药提供了依据。2019 年农业农村部公告第 174 号，鼓励有条件省份的动物诊疗机构参加兽药使用追溯试点，追溯体系建立健全后，动物诊疗机构兽药使用可实现信息化管理，有利于管控兽药风险，提高兽药使用安全水平。

（三）授权国务院制定兽药和兽医器械管理办法

授权国务院制定兽药和兽医器械的管理办法为此次修订的新增内容，特别是制定兽医器械的管理办法尤为迫切。相较兽药管理，目前我国关于兽医器械生产和使用的具体法规及技术规范还比较欠缺，使得兽医器械长期以来缺乏有效的管理措施和监管手段。兽医器械行业仍然存在生产规模较小、品种相对单一、高新技术含量不高等短板，还存在缺乏有效监管、产品质量亟待提升等问题。为进一步规范兽医器械行业，提升国内兽医器械国际竞争力并有效融入全球一体化格局，本条第二款明确将兽医器械管理纳入国家法律制度建设范畴。

第八章

兽医管理

兽医队伍是动物防疫工作的重要保障。官方兽医、执业兽医、乡村兽医是我国兽医队伍的主体，为有效防控动物疫病、保障公共卫生安全发挥了重要作用，有力保障了养殖业健康发展。原法对官方兽医、执业兽医和乡村兽医作出规定，但分散在“动物和动物产品的检疫”“监督管理”“动物诊疗”等章节中。本法将官方兽医、执业兽医和乡村兽医管理规定合并为“兽医管理”专章，强化兽医管理规范，体现国家对兽医人员管理的重视，有利于提高兽医人员的法律地位和社会地位，加强兽医队伍建设的法治化水平，创新完善兽医管理体制。

一、官方兽医任命制度

动物防疫法第六十六条第一款规定：“国家实行官方兽医任命制度。”在法律层面明确国家建立官方兽医任命制度，并对官方兽医的确认、任命工作进行了法律规定。

法律制度的保障，体现了国家对官方兽医队伍建设工作的高度重视。

（一）官方兽医资格条件

官方兽医制度是我国新型兽医制度的重要内容。2005年《国务院关于推进兽医管理体制改革的若干意见》（国发〔2005〕15号）提出要推行官方兽医制度。2007年修订的动物防疫法首次明确官方兽医的法律地位和职责。2011年，原农业部印发《关于做好动物卫生监督执法人员官方兽医资格确认工作的通知》，明确了官方兽医资格条件、确认程序等要求。近年来，官方兽医制度建设不断推进，官方兽医队伍不断壮大，人员管理日益规范。

动物防疫法第六十六条第二款规定："官方兽医应当具备国务院农业农村主管部门规定的条件，由省、自治区、直辖市人民政府农业农村主管部门按照程序确认，由所在地县级以上人民政府农业农村主管部门任命。具体办法由国务院农业农村主管部门制定。"

2015年修订的动物防疫法第四十一条规定，"官方兽医应当具备规定的资格条件，取得国务院兽医主管部门颁发的资格证书"。由于官方兽医与执业兽医采取资格考试评价的管理模式不同，且目前纳入《国家职业资格目录》的兽医资格仅包括执业兽医和乡村兽医，并不包括官方兽医，故本次修订删除了"资格条件""资格证书"等表述。

目前，我国官方兽医任职条件由《关于做好动物卫生监督执法人员官方兽医资格确认工作的通知》规定，主要包括两方面：一是属于编制内人员，二是在检疫和动物卫生监督执法岗位工作的人员。本次修订不再规定官方兽医必须是“国家兽医工作人员”，这就为以后相关制度改革留出了空间。

（二）官方兽医确认和任命程序

官方兽医由省、自治区、直辖市人民政府农业农村主管部门确认，是根据当前官方兽医确认的具体做法进行的修改。由所在地县级以上人民政府农业农村主管部门任命，主要是明确任命主体，本着“谁用人、谁任命”的原则，官方兽医在哪一级动物卫生监督机构工作，就由哪一级农业农村主管部门任命，这符合官方兽医使用和管理的实际，考虑到基层官方兽医人员变动频繁，这一规定也便于地方操作。由于本款规定的是原则性规定，官方兽医确认、任命、撤销等程序及日常管理等要求也将在相关配套规章或规范性文件中规定。

（三）海关官方兽医的任命

动物防疫法第六十六条第三款规定：“海关的官方兽医应当具备规定的条件，由海关总署任命。具体办法由海关总署会同国务院农业农村主管部门制定。”将海关承担进出境动物、动物产品检疫出证的人员纳入官方兽医管理，对动物卫生监督机构的官方兽医和海关的官方兽医在管理制度设计上实现了统一规范，这在我国内外检分离多年的现实条件下，具有十分重要的意义。

农业农村部和海关总署的三定方案均规定："农业农村部会同海关总署起草进出境动植物检疫法律法规草案。"进出境动物检疫人员管理是进出境动物检疫工作的重要基础和保障，应当以法律形式确认并实施。从维护国内养殖业生产安全、经济利益和公共卫生安全的实际需要来看，从事国内动物检疫和进出境动物检疫人员的资格规定应当统筹研究设定，并取得农业农村主管部门的认可，这既是世界动物卫生组织（OIE）陆生动物卫生法典的要求，也是国际上的普遍做法。

鉴于进出境动物检疫工作的实际状况，为提高工作便利性和效率，本法规定海关官方兽医的任命权限在海关总署，具体任命办法由海关总署会同农业农村部制定。

二、官方兽医依法履职保护

动物防疫法第六十七条规定："官方兽医依法履行动物、动物产品检疫职责，任何单位和个人不得拒绝或者阻碍。"强调官方兽医要依法履行职责，同时明确提出行政相对人有配合官方兽医依法履职的法定义务。

（一）官方兽医依法履职

依据本法第四十八的规定，官方兽医具体实施动物、动物产品检疫，这是官方兽医的法定职责。本条规定，官方兽医要依法履职，这里的“依法”是指要依照本法和进出境动植物检疫法等法律法规以及《动物检疫管理办法》、动物检疫规程等规范性文件的规定，按照法定程序、法定方法实施动物、动物产品检疫。

（二）官方兽医依法履职受法律保护

本条所称“单位和个人”，包括但不限于从事动物饲养、屠宰、经营、运输等活动的单位和个人；所称“拒绝或者阻碍”，包括拒绝或者阻碍官方兽医实施检疫、出具检疫证明、加施检疫标志等违法行为。实际工作中，官方兽医在实施检疫时，会出现行政相对人不配合工作或是以暴力、威胁等方法阻碍官方兽医依法履行职责的情形。本法中作出有针对性的禁止性规定，将上述行为明确界定为违法行为，可以有效遏制此类违法行为的发生，为官方兽医依法实施检疫提供法律保障，并规定相应的法律责任。本法第一百零八条对拒绝或者阻碍官方兽医依法履职的行为作出处罚规定。

三、官方兽医培训

动物防疫法第六十八条规定：“县级以上人民政府农

业农村主管部门制定官方兽医培训计划，提供培训条件，定期对官方兽医进行培训和考核。”官方兽医培训是全面提高官方兽医队伍工作能力的重要途径。本条是本次修订新增内容，主要目的是明确官方兽医培训主体、培训机制，强化对官方兽医培训工作的保障。

为有效提高官方兽医业务水平，各级农业农村主管部门高度重视官方兽医培训工作。目前，我国已基本建立国家、省、市、县分级负责、分类培训的官方兽医培训体系。对官方兽医培训作出专门规定，保障了官方兽医接受培训的权利，有利于持续提升官方兽医的工作能力和综合素质，促进依法规范行政，确保检疫工作质量。

（一）培训主体

官方兽医培训主体是县级以上人民政府农业农村主管部门，具体包括农业农村部和省、市、县三级农业农村主管部门。各级农业农村主管部门要充分认识官方兽医培训工作的重要性，加强组织领导，明确官方兽医培训职责，建立健全官方兽医培训网络，确保官方兽医培训工作顺利开展。

（二）培训机制

县级以上各级人民政府农业农村主管部门要加强官方兽医培训的组织领导，给予必要的培训保障，包括经费支持、师资培养、教材编制等。同时，要丰富培训形式，逐步建立官方兽医培训信息化管理制度，实现多方式融合，确保培训效果。建立健全官方兽医任职考核与激励机制，把参加培训情况纳入考核范围，提高官方兽医参与培训的自觉性、积极性。

四、执业兽医管理

执业兽医制度是我国推进新型兽医制度和现代化兽医人才队伍建设的重要内容，是促进兽医职业市场化、组织化、现代化发展的重大举措，可有效推动我国与国际兽医管理制度的接轨。动物防疫法第六十九条规定："国家实行执业兽医资格考试制度。具有兽医相关专业大学专科以上学历的人员或者符合条件的乡村兽医，通过执业兽医资格考试的，由省、自治区、直辖市人民政府农业农村主管部门颁发执业兽医资格证书；从事动物诊疗等经营活动的，还应当向所在地县级人民政府农业农村主管部门备案。执业兽医资格考试办法由国务院农业农村主管部门商国务院人力资源主管部门制定。"明确规定我国实行执业兽医资格考试制度和备案制度。

（一）执业兽医资格考试

1. 执业兽医资格考试。

根据《国家职业资格目录》规定，执业兽医资格是准入类职业资格，应当通过考试取得。实施执业兽医资格考试也是国际通行做法。世界动物卫生组织（OIE）《陆生动物卫生法典》提出，兽医要在兽医主管部门注册或取得该机构颁发的兽医职业证书。从各国的实际执行来看，美国、加拿大、日本等国家均普遍采取资格考试的方式授予执业兽医资格。因此，执业兽医资格考试也是推动我国兽医行业和从业人员更好获得国际认可，更好参与国际交流的客观需要。

执业兽医资格考试是深化兽医管理体制改革、推进新型兽医制度建设的重大举措。2005 年《国务院关于推进兽医管理体制改革的若干意见》（国发〔2005〕15 号），提出推行执业兽医制度建设，要求从事动物疫病诊断、治疗和动物保健等经营活动的兽医人员，必须经培训、考试，取得执业兽医资格。2007 年修订动物防疫法，将“执业兽医资格考试制度”以法律制度形式确定下来。

我国执业兽医资格考试始于 2009 年，各级农业农村部门在考试组织、制度建设等方面开展了大量工作。2009 年，原农业部在吉林、河南、广西、重庆、宁夏等五省（区、市）开展了执业兽医资格考试试点工作，随后在全国范围内全面展开。随着信息技术的快速发展，为更加全面地考察考生兽医专业知识水平特别是临床技能水平，2018 年，农业农村部启动执业兽医资格考试计算机考试试点工作，并于 2020 年在全国 31 个考区全面实行计算机考试。我国执业兽医资格考试制度建立以来，构建了严密的考试考务管理体系，先后制定出台《执业兽医管理办法》《执业兽医资格考试管理办法》《执业兽医资格考试保密管理规定》《港澳台居民参加全国执业兽医资格考试及执业管理规定》等一系列配套规章和规范性文件，规范和提升考试工作水平，取得显著成效。

2. 执业兽医资格考试报考条件。

我国执业兽医考试采用全国统一大纲、统一命题、统一考试的方式，考试报考条件、考试内容、证书发放等具体措施在《执业兽医管理办法》《执业兽医资格考试管理办法》中有详细规定，本法只作原则性规定。

原法对执业兽医资格考试报考条件的规定是“具有兽医相关专业大学专科以上学历的人员”，即兽医、畜牧兽医、中兽医（民族兽医）或者水产养殖专业大学专科以上的人员才可以报考执业兽医资格考试。修订后的动物防疫法，将报考条件适当放宽，增加“符合条件的乡村兽医”可以报考的规定，不再将取得兽医相关专业大学专科以上学历作为申请参加执业兽医资格考试的条件，允许兽医专业高校在校学生参加考试。由于我国兽医教育的历史原因，过去从事兽医职业的人员多是祖传或师承，学历普遍较低，不符合报考条件，但是有着多年的兽医临床工作经验，多数只能以乡村兽医身份在有限的区域内进行诊疗工作。通过调整报考条件，可以让更多临床经验丰富的乡村兽医有机会取得执业兽医资格，更好地为养殖业发展服务。乡村兽医参加执业兽医资格考试应当符合的条件由国务院农业农村主管部门规定。

3. 执业兽医资格证书颁发。

我国执业兽医资格考试由农业农村部组织。执业兽医资格证书颁发单位是“省、自治区、直辖市人民政府农业农村主管部门”。2013 年 6 月 29 日第十二届全国人大常委会第三次会议对动物防疫法第五十四条进行修正，将执业兽医资格证书改由省、自治区、直辖市人民政府兽医主管部门颁发。需要说明的是，兽医专业高校在校学生通过执业兽医资格考试的，须取得学历证书后，方可申领执业兽医资格证书。

（二）执业兽医备案

按照原法及其配套规章的规定，兽医人员通过考试取得执业兽医资格后，需要经过注册或备案后方可执业，即取得执业兽医师资格证书，从事动物诊疗活动的，应当向注册机关申请兽医执业注册；取得执业助理兽医师资格证书，从事动物诊疗辅助活动的，应当向注册机关备案。

根据党中央、国务院“放管服”改革要求和促进兽医专业高校毕业生就业工作部署，要求将执业兽医注册调整为备案管理。本次修订，在法律上完成了由“注册制”向

“备案制”的调整，取得执业兽医资格的人员从事动物诊疗等经营活动的，应当向所在地县级人民政府农业农村主管部门备案。

五、执业兽医从业规范、继续教育

动物防疫法第七十条规定：“执业兽医开具兽医处方应当亲自诊断，并对诊断结论负责。国家鼓励执业兽医接受继续教育。执业兽医所在机构应当支持执业兽医参加继续教育。”

（一）开具兽医处方应当亲自诊断

2013 年原农业部发布的《兽用处方药和非处方药管理办法》规定，兽医处方笺由依法注册的执业兽医按照其注册的执业范围开具；2016 年原农业部发布的《兽医处方格式及应用规范》对兽医处方的定义是，执业兽医师在动物诊疗活动中开具的，作为动物用药凭证的文书，兽医处方经执业兽医师签名或者盖章后有效。上述规定均依据原法作出，明确执业兽医开具兽医处方的排他性权利，即兽医处方只能由执业兽医师开具，其他人没有此权利。

在法律中规定执业兽医开具兽医处方必须亲自诊断，并对诊断结论负责，进一步规范执业兽医的执业活动。兽医处方是执业兽医师出具的具有法律效力的重要医疗文件。兽医处方不仅有治疗、指导作用，同时对诊疗活动管理和研究、教学、调解、处罚或赔偿等也具有重要作用。执业兽医要重视处方权，以亲自诊断为基础开具处方，并对其开具的兽医处方负责。执业兽医要本着实事求是和负责任态度，遵循兽医处方标准，认真诊断，科学判断，严谨开具兽医处方，完整填写兽医处方内容。

（二）继续教育

继续教育是提高执业兽医专业水平和职业道德水平，保证服务质量的重要途径。本法第七十条第二款以法律形式鼓励执业兽医接受继续教育。

国外一些国家的兽医继续教育通常是由兽医协会和兽医教育机构组织，要求兽医每年都必须参加一定时间的继续教育。如加拿大各省兽医协会都按照协会规章规定，每一位注册兽医每年都必须接受一定学时的继续教育，以保证兽医素质水平的稳定和提高；美国要求执业兽医每年修满 20 个以上的继续教育学分，为保证执业兽医能力和稳定行业发展起到了至关重要的作用。

目前，各级农业农村主管部门、行业协会和社会机构也在通过多种方式积极组织执业兽医继续教育。兽医继续教育培训机构主要有行业协会、兽医院校和社会化机构，多数培训是由高校、政府、协会、科研院所或企业合作开展，主要对诊疗技术、法律法规进行培训。本法正式实施后，各级农业农村主管部门、行业协会、用人单位应更进一步重视执业兽医继续教育工作，充分利用社会资源，探索构建组织多元化、形式多样化、内容个性化的继续教育培训机制，形成政府部门规划指导、培训机构广泛开办，社会力量积极参与、用人单位支持配合的执业兽医继续教育新局面。动物诊疗机构、动物饲养场、动物屠宰加工场所等用人单位应当支持本单位执业兽医参加继续教育，将执业兽医继续教育情况作为年度报告的一项内容。

六、乡村兽医管理

动物防疫法第七十一条规定："乡村兽医可以在乡村从事动物诊疗活动。具体管理办法由国务院农业农村主管部门制定。"明确乡村兽医从业的区域范围界定在"乡村"，不能在城区从业。

乡村兽医是我国特有的一支兽医队伍，在基层动物防疫工作中发挥着重要作用，是保障畜牧业健康发展的重要力量。按照目前我国的畜禽养殖模式，乡村兽医还将在很长一段时间内继续发挥重要作用。2008 年原农业部制定发布的《乡村兽医管理办法》作为配套规章，细化乡村兽医管理规定，规范了乡村兽医资格条件、登记管理和从业行为。2020 年 9 月，《国务院关于取消和下放一批行政许可事项的决定》（国发〔2020〕13 号）规定，"取消乡村兽医登记许可，改为备案"。这是贯彻落实党中央、国务院关于深化“放管服”改革的决策部署，可进一步释放兽医行业的活力和潜力。同时，也是更好满足现代养殖业建设和动物疫病防控工作对兽医人才的需要，便于更多具备兽医专业知识的人员投身养殖生产和疫病防控一线，为产业发展保驾护航，为乡村振兴提供人才保障。乡村兽医实施备案管理后，农业农村部印发《关于做好取消乡村兽医登记许可后续有关工作的通知》（农办牧〔2020〕46号），《乡村兽医管理办法》相应内容也将修订。

七、执业兽医、乡村兽医的动物防疫责任

动物防疫法第七十二条规定：“执业兽医、乡村兽医应当按照所在地人民政府和农业农村主管部门的要求，参加动物疫病预防、控制和动物疫情扑灭等活动。”明确执业兽医、乡村兽医应履行的动物防疫责任。

执业兽医、乡村兽医队伍是我国兽医社会化服务工作中的两支重要力量，具有较强的专业水平和综合能力，且数量也达到了一定规模，应充分发挥执业兽医、乡村兽医在动物疫病预防控制、疫情报告和应急处置等工作中的作用。在紧急开展动物疫病预防、控制工作，或发生重大动物疫情的情况下，当地农业农村主管部门有权调动辖区内的执业兽医、乡村兽医参与疫情防控工作，执业兽医、乡村兽医应积极配合，其所在机构不得阻碍，以确保更快、

更有效地防控动物疫病，这也是国际上对执业兽医的通行做法和要求。

八、兽医协会

动物防疫法第七十三条规定："兽医行业协会提供兽医信息、技术、培训等服务，维护成员合法权益，按照章程建立健全行业规范和奖惩机制，加强行业自律，推动行业诚信建设，宣传动物防疫和兽医知识。"明确兽医行业协会的法定职责。

兽医行业协会在兽医人员权益维护、行业自律、职业道德等方面具有重要作用。在国外，兽医协会是政府开展相关工作的重要助力。国外兽医协会主要职责包括：一是制定兽医职业道德和执业标准，规范兽医执业行为，实现行业自律；二是建立兽医维权机制和途径，设立专门兽医维权机构，维护兽医权益；三是对兽医院校、兽医专科组织及兽医专科医师进行认证，提供兽医教育和兽医继续教育服务。我国的会计师、律师、医师协会也均承担继续教育、组织考试、提供行业服务、仲裁纠纷等职责。

本法以法律形式明确了兽医行业协会的作用：一是提供兽医信息，即普及兽医知识、研究行业发展动态和趋势；二是提供兽医技术，即推广新技术、新成果，开展国内外兽医技术交流与合作，促进兽医科技进步；三是提供兽医培训，即组织开展执业兽医等兽医人员继续教育，提高兽医专业技术水平；四是维护成员合法权益，即维护兽医人员和执业机构在执业活动中的合法权益；五是建立健全行业规范，即通过制定行业行为规范、道德准则、服务标准等一系列行业规则，规范兽医从业行为，提高兽医服务质量；六是建立健全奖惩机制，即对工作中作出突出贡献的兽医以及优秀的协会工作人员给予表彰奖励，对违反职业道德违纪违规的行为，也应根据情节轻重程度等给予相应惩戒，从而激励兽医人员更好地依法依规从业，维护行业秩序；七是加强行业自律，即协会通过加强制度建设、改善治理结构、提升队伍能力等方式建立自律机制，形成整个行业自我管理、自我约束的良性发展状态；八是推动行业诚信建设，即通过建设兽医人员和执业机构诚信信息平台等方式，提高信息公开水平，接受社会监督，维护行业信誉；九是宣传动物防疫和兽医知识，即利用协会人才优势、平台优势在行业内、全社会宣传动物防疫知识和兽医知识。

第九章

监督管理

动物防疫涉及养殖业生产安全、公共卫生安全、人体健康安全、生态环境安全，包涵动物疫病的预防、控制、诊疗、净化、消灭和动物、动物产品的检疫，以及病死动物、病害动物产品的无害化处理等多个领域，涉及动物饲养、屠宰、经营、隔离、运输以及动物产品生产、经营、加工、贮藏、运输等多个环节，涉及面广，社会影响大。有效地监督管理是法律规定能够得到有效实施的保障，因此，需要建立完善的动物防疫监督管理体系，强化对行政相对人的监督管理，规范监督管理主体的监督管理行为。

一、动物防疫监督管理的主体和内容

动物防疫面对众多生产经营主体和千家万户，要做好监督管理工作，需要有完备的监督管理体系和监督管理队伍。动物防疫法第七十四条规定："县级以上地方人民政府农业农村主管部门依照本法规定，对动物饲养、屠宰、经营、隔离、运输以及动物产品生产、经营、加工、贮藏、运输等活动中的动物防疫实施监督管理。”明确动物防疫监督管理的主体和监督内容。

（一）动物防疫监督管理的主体

2018 年 2 月，党的十九届三中全会作出《中共中央关于深化党和国家机构改革的决定》，按照决定精神和农业农村部“三定”规定，农业农村部承担“监督管理兽医医政、兽药及兽医器械。组织实施国内动物防疫检疫”的职责。中共中央办公厅、国务院办公厅印发《关于深化农业综合行政执法改革的指导意见》（中办发〔2018〕61 号），要求“整合组建农业综合行政执法队伍，由其集中行使，以农业农村部门的名义统一执法”“分散在同级农业农村部门内设机构及所属单位的行政处罚及与行政处罚相关的行政检查、行政强制职能剥离”。

按照深化党和国家机构改革、农业综合执法改革精神，动物卫生监督机构原来承担动物防疫的行政处罚及与行政处罚相关的行政检查、行政强制职能，交由新成立的农业综合执法机构承担。为此，新修订的动物防疫法对动物防疫监督管理主体作出调整，由原来的动物卫生监督机构调整为地方人民政府农业农村主管部门，明确县级以上地方人民政府农业农村主管部门是动物防疫监督管理的主体，负责对动物饲养、屠宰、经营、隔离、运输以及动物产品生产、经营、加工、贮藏、运输等活动中的动物防疫实施监督管理。按照动物防疫法第九条第四款的规定，军队现役动物和饲养自用动物的防疫监督管理工作，由军队动物卫生监督职能部门负责。

长期以来，动物卫生监督机构在实际工作中承担了大量防疫巡查、举报受理、屠宰环节监督查验等动物防疫日常监督管理工作，为避免造成基层动物防疫监督管理工作的弱化和缺失，根据农业综合执法改革精神，涉及改革的机构在剥离行政执法职能后，可依法继续做好行业管理、技术推广、例行监测、检验、检测等工作，监测、检验、检测等，都是监督的有效方式。

（二）动物防疫监督管理主体要依法履责

本法是县级以上地方人民政府农业农村主管部门实施动物防疫监督管理的依据。法律规定的从事动物饲养、屠宰、经营、隔离、运输以及动物产品生产、经营、加工、贮藏、运输等活动的单位和个人应当承担的动物防疫相关责任，农业农村主管部门必须依照法律规定对其实施监督管理。法律还对农业农村主管部门的监督管理行为作出规范，主管部门在履行监督管理责任时，应该遵守相关规定。

（三）动物防疫监督管理的对象和内容

第一，实施监督管理的对象。新修订的动物防疫法立足于构建责任明确、各负其责、各尽其能的防疫责任体系，压实生产经营者的主体责任、行业部门的监管责任和地方政府的属地管理责任。其中的一项重要内容就是，明确动物、动物产品生产经营者的动物防疫责任，从事动物饲养、屠宰、经营、隔离、运输以及动物产品生产、经营、加工、贮藏、运输等活动的单位和个人依法承担动物防疫主体责任。动物防疫的责任主体就是从事动物饲养、屠宰、经营、隔离、运输以及动物产品生产、经营、加工、贮藏、运输等活动的单位和个人，也就是动物防疫监督管理的对象。

第二，实施监督管理的内容。动物防疫监督管理的内容是动物、动物产品的生产经营主体在生产经营各个环节的动物防疫工作，即履行动物防疫责任的情况。生产经营各个环节，包括动物饲养、屠宰、经营、隔离、运输等环节，动物产品生产、经营、加工、贮藏、运输等环节。动物防疫工作，包括针对上述各个环节，本法和国务院农业农村主管部门规定的免疫、消毒、检测、隔离、净化、消灭、无害化处理等。这些都属于动物防疫监督管理的内容。

第三，实施监督管理的场所。动物防疫监督管理，涉及内容广、环节多，在饲养环节，既包括家畜家禽等各种经济动物饲养，也包括人工饲养、捕获的其他动物，如观赏动物、宠物、实验动物、演艺动物等，涉及畜禽养殖场、动物园等；在屠宰环节，包括猪、牛、羊、禽等动物的屠宰，涉及动物屠宰加工场等；在经营环节，涉及经营动物、动物产品的集贸市场等；在动物和动物产品的运输环节，涉及汽车、火车、船舶、飞机等运输工具和道路、车站、港口、机场等场所；在隔离环节，涉及动物隔离场所；在动物诊疗环节，涉及宠物医院、动物诊所及其他提供动物诊疗服务的机构；在无害化处理环节，涉及无害化处理场等。

二、运输环节的动物防疫监督检查

动物防疫法第七十五条规定："为控制动物疫病，县级人民政府农业农村主管部门应当派人在所在地依法设立的现有检查站执行监督检查任务；必要时，经省、自治区、直辖市人民政府批准，可以设立临时性的动物防疫检查站，执行监督检查任务。"

（一）运输环节是预防、控制动物疫病传播的重点

动物疫病尤其是重大动物疫病发病急、传播迅速、危害严重、防治难度大，对养殖业生产和人体健康的危害程度大。随着现代经济的发展和运输条件更加便利，动物疫病的传播距离变得越来越远，范围越来越广，切断动物疫病的传播途径是预防、控制动物疫病发生的有效措施。运输环节是动物疫病传播的重要途径，如果措施不当、管理不严，可能会引起动物疫病长距离、跳跃式传播，造成动

物疫病蔓延。有条件地限制动物远距离调运，降低疫病传播风险，是国际社会防治动物疫病的通行做法和成功经验。加强流通运输环节的动物防疫监督管理，对于切断病原体的传播途径，防止动物疫病传播具有重要意义。除在疫区周围专门设立动物防疫检查站外，在道路、水路、航空、铁路等运输环节进行动物防疫监督检查也是必要的。在流通运输环节开展监督检查的，包括在道路、码头、机场、车站等设立的检查站和在车站、码头、机场等派驻的工作人员。

（二）依托依法设立的检查站进行监督检查

依据《国务院关于禁止在公路上乱设站卡乱罚款乱收费的通知》（国发〔1994〕41 号），公安部门可以在公路上设置检查站，交通部门可以在必要的公路路口、桥头、渡口、隧道口设置车辆通行费收费站或公路征费稽查站。为了控制动物疫病，同时为了减少重复建设以及防止在公路等环节乱设关卡，依照本法规定，当地已有依法设立的检查站的，农业农村主管部门应当派人在现有的检查站执行监督检查任务。有关检查站予以配合，协助农业农村主管部门拦截运输动物、动物产品的车辆等。

此外，近年来，有的地方在积极探索建设联合检查站。例如北京公路综合检查站，作为保证首都安全而设立的各专业联合执法重点工程，涉及治超、交管、治安、运政、路政、动检、林业、环保等8种检查功能，设置于北京市各主要公路出入口。

（三）设立临时性的检查站进行监督检查

如果当地没有依法设立的检查站，而设立动物防疫检查站又是控制动物疫病所必要的，经省、自治区、直辖市人民政府批准，可以设立临时性的动物防疫检查站，执行监督检查任务。本条所规定的“必要时”，是指根据控制疫病的需要，为了防止疫病传播，设立临时性的动物防疫检查站执行监督检查任务，防止动物疫病的传出、传入。例如，当发生重大动物疫情时，经省、自治区、直辖市人民政府批准，可以在公路上设立临时性的动物防疫检查站，执行监督检查任务。临时动物防疫检查站要尽可能结合现有的公路收费站或检查站点进行设置，疫情解除后，可视情况撤除或依照法定程序设立对应的检查站。

（四）派驻工作人员进行监督检查

动物防疫法第七十六条第二款规定：“县级以上地方人民政府农业农村主管部门根据动物疫病预防、控制需要，经所在地县级以上地方人民政府批准，可以在车站、港口、机场等相关场所派驻官方兽医或者工作人员。”

农业农村主管部门除了派人在所在地依法设立的现有检查站和设立临时性的动物防疫检查站执行监督检查任务之外，还可以根据动物疫病预防、控制需要，经所在地县级以上地方人民政府批准，在车站、港口、机场等相关场所派驻官方兽医或者工作人员。派驻的官方兽医实施检疫或补检，派驻的行政、执法人员执行监督检查任务。

车站、港口、机场等场所是动物和动物产品流通的重要节点，进行动物防疫监督检查非常必要，但是有些地方并不具备设立动物防疫检查站的要求。因此，在不具备设立动物防疫检查站的相关场所，可以采取派驻工作人员的方式。这里的车站包括火车站、长途汽车站、货物转运站等，港口包括海港、内水港，机场包括国内机场、国际机场。在车站、港口、机场等相关场所派驻工作人员，有严格的法定程序，必须经所在地县级以上地方人民政府批准，必须在法定的权限范围内实施监督检查，不能越权。车站、港口、机场等相关场所应当为经批准派驻的工作人员提供必要的条件。

三、动物防疫监督检查措施

动物防疫法第七十六条第一款规定："县级以上地方人民政府农业农村主管部门执行监督检查任务，可以采取下列措施，有关单位和个人不得拒绝或者阻碍：（一）对动物、动物产品按照规定采样、留验、抽检；（二）对染疫或者疑似染疫的动物、动物产品及相关物品进行隔离、查封、扣押和处理；（三）对依法应当检疫而未经检疫的动物和动物产品，具备补检条件的实施补检，不具备补检条件的予以收缴销毁；（四）查验检疫证明、检疫标志和畜禽标识；（五）进入有关场所调查取证，查阅、复制与动物防疫有关的资料。”

根据本法和有关法律规定，作为动物防疫监督管理主体的农业农村主管部门，在执行监督管理任务时，可以采取以下五项措施：

（一）对动物、动物产品按照规定采样、留验、抽检

这里所称“动物、动物产品”是指本法第三条第一款和第二款规定的动物与动物产品。采样是指农业农村主管部门依据规定的范围、条件、程序、数量、比例等对动物与动物产品采集样品。采集样品应注意：第一，本条所规定的采集样品不是必须采集，是否采集应当依据相关规定和执行监督检查任务的具体情况确定。第二，采集样品要遵守操作规范，必须依照规定的范围、条件、程序、数量、比例等进行采集。第三，采集样品的对象是本法所讲的动物和动物产品，不能对超出本法规定对象进行样品采集，如果超出本法所讲的范围，被采集的单位和个人可以拒绝。第四，采集样品是无偿采集。留验是指按照国务院农业农村主管部门的规定，在对动物和动物产品进行监督检查过程中，在尚未得出检疫检验结论之前，责令行政相对人不得移动被监督检查的动物、动物产品的情形。抽检是指农业农村主管部门根据需要按规定对动物和动物产品进行的抽样、检验。

（二）对染疫或者疑似染疫的动物、动物产品及相关物品进行隔离、查封、扣押和处理

农业农村主管部门在执行监督管理任务时，如果有证据证明动物、动物产品染疫或者疑似染疫，可以对动物和动物产品及相关物品依法采取隔离、查封、扣押和处理措施。隔离是指农业农村主管部门将染疫或者疑似染疫的动物与健康的动物物理隔离，使其不能相互接触，防止疫病扩散的一种强制性措施。隔离的对象主要是染疫或者疑似染疫的动物。查封是指农业农村主管部门以张贴封条或者其他必要措施，将相关物品现场封存的强制措施，未经查封部门许可，任何单位和个人不得启封、动用。查封的对象主要是染疫或者疑似染疫的动物产品及相关物品。扣押是指农业农村主管部门将染疫或者疑似染疫的动物、动物产品及其相关物品运到另外场所予以扣留的一种强制措施。赋予农业农村主管部门查封、扣押的权力，可以防止染疫或者疑似染疫的动物、动物产品外流造成传播疫病，或者被违法加工后危害食品安全，为进一步处理动物防疫违法违规行为保留证据。处理是指农业农村主管部门对染疫或者疑似染疫的动物、动物产品及其相关物品采取消毒、无害化处理或者予以销毁等的强制性措施。主要包括三种情况：一是对于已经染疫或者疑似染疫的动物进行隔离、扣押和处理；二是对于已经染疫或者疑似染疫的动物产品进行查封、扣押和处理；三是对相关物品进行查封、扣押和处理。采取上述强制性措施的前提条件，必须是在执行监督管理任务时并有充分的证据证明动物、动物产品已经染疫或者疑似染疫。另外，采取查封、扣押等强制性措施应当符合法定的程序和要求。

（三）对依法应当检疫而未经检疫的动物和动物产品，具备补检条件的实施补检，不具备补检条件的予以收缴销毁

检疫是动物防疫法规定的一项重要制度，是预防动物疫病传播的重要措施，本法第五章专门对动物和动物产品的检疫作了规范，明确申报检疫、实施检疫、检疫出证、检疫证明、检疫标志、野生动物检疫等内容，规定应当检疫而没有检疫的行为是违法的，对违法行为人应当予以行政处罚。在检疫制度实行初期，养殖水平普遍较低，为了避免资源浪费、帮助散养户等弱势群体挽回经济损失，法律允许对动物和具备补检条件的动物产品实施补检，这是为预防、控制动物疫病而采取的一种补救措施。

在修改动物防疫法过程中，有意见认为，经过多年发展，我国畜禽养殖水平已有较大提升，动物和动物产品检疫制度已经较为完备，补检已经成为检疫制度的一个漏洞，需要对补检制度调整完善。第一，部分生产经营主体因为有补检制度存在，可能抱有侥幸心理，主动申报检疫的自觉性被削弱，逃避在养殖环节应尽的动物防疫义务，很多违法调运行为因补检而重新获得合法性，这些动物、动物产品一旦进入流通领域，极易造成疫病扩散。第二，动物一旦离开产地，特别是在动物运输过程中，大部分情况下进行检疫的条件已经不复存在，补检只能降低检疫标准和要求，造成疫病传播的风险很大。第三，现行食品安全法第三十四条、第一百二十三条对流通领域发现的“未按规定进行检疫的肉类”设定了严厉的处罚措施，这些措施并不包括补检，实施补检与坚持法制的统一性和食品安全“四个最严”要求不一致。第四，国际上动物或动物产品检疫均在产地完成，途中不再检疫，也不具备检疫相关条件。

但是，在实践中依然存在应当检疫而未经检疫，但仍具备补检条件的情形，不能简单“一刀切”，一罚了之。为此，新修订的动物防疫法调整了动物补检的规定，将可以对依法应当检疫而未经检疫的动物实施补检，调整为对依法应当检疫而未经检疫的动物，具备补检条件的实施补检，不具备补检条件的予以收缴销毁。对于是否具备补检条件，农业农村主管部门在监督管理过程中，按照相关规定从严掌握。

依法应当检疫的动物，是指本法第四十九条规定的屠宰、出售或者运输的动物，本法第五十条规定的因科研、药用、展示等特殊情形需要非食用性利用的野生动物，人工捕获的野生动物，本法第五十四条规定的输入到无规定动物疫病区的动物。依法应当检疫的动物产品是指本法第四十九条规定出售或者运输的动物产品，本法第五十四条规定的输入到无规定动物疫病区的动物产品。未经检疫是指货主没有向动物和动物产品所在地、野生动物捕获地、无规定动物疫病区所在地动物卫生监督机构申报检疫，动物、动物产品没有经过动物卫生监督机构检疫，没有取得检疫证明；或者虽然取得检疫证明，但已经失去法律效力。

按照法律规定，动物卫生监督机构依照本法和国务院农业农村主管部门的规定对动物、动物产品实施检疫。对依法应当检疫而未经检疫的动物和动物产品进行补检，仍由动物卫生监督机构实施。

这里所称的具备补检条件是指与在产地的检疫出证条件相同或者符合农业农村主管部门规定的条件。补检的方式、方法、项目、内容、程序、标准也与动物和动物产品在产地的检疫方式、方法、项目、内容、程序、标准相同。经过补检合格的，出具检疫证明；经检疫不合格的，按本法第五十六条规定处理，处理费用由货主承担。动物卫生监督机构决定动物和动物产品是否具备补检条件，对不具备补检条件的动物和动物产品由县级以上地方人民政府农业农村主管部门收缴销毁。

（四）查验检疫证明、检疫标志和畜禽标识

检疫证明、检疫标志和畜禽标识是承载动物强制免疫、检疫、运输等信息的重要载体，是农业农村主管部门实施监督管理的重要依据，农业农村主管部门在监督管理过程中，有权对检疫证明、检疫标志和畜禽标识进行查验。

畜禽标识是指经农业农村部门批准使用的耳标、电子标签、脚环及其他承载畜禽信息的标识物。承载免疫信息的畜禽标识是动物检疫的必备要件，是对动物和动物产品进行监督管理的重要依据。《畜禽标识和养殖档案管理办法》规定，动物卫生监督机构实施产地检疫时，应当查验畜禽标识。没有加施畜禽标识的，不得出具检疫合格证明。国家对严重危害养殖业生产和人体健康的高致病性禽流感、口蹄疫、小反刍兽疫、布鲁氏菌病、包虫病等动物疫病实施强制免疫。依据本法第十七条规定，对动物实施免疫接种，并按照国家有关规定建立免疫档案、加施畜禽标识，保证可追溯。

检疫证明、检疫标志是动物卫生监督机构对经检疫合格的动物、动物产品出具的法律凭证。目前的检疫证明共有两类四种。其中，动物检疫合格证明（动物 A）和动物

检疫合格证明（产品 A）适用于跨省境出售或者运输动物及其动物产品。动物检疫合格证明（动物 B）和动物检疫合格证明（产品 B）适用省内出售或者运输动物及其动物产品。

动物防疫法规定，屠宰、经营、运输的动物，以及用于科研、展示、演出和比赛等非食用性利用的动物，应当附有检疫证明；经营和运输的动物产品，应当附有检疫证明、检疫标志。经航空、铁路、道路、水路运输动物和动物产品的，托运人托运时应当提供检疫证明。也就是说，屠宰、经营、运输的动物和经营、运输的动物产品，应当按照上述要求附有或者提供检疫证明、检疫标志，农业农村主管部门在执行动物防疫监督检查任务时，应当按照要求给予查验。

（五）进入有关场所调查取证，查阅、复制与动物防疫有关的资料

农业农村主管部门进行监督管理时，有权进入有关场所并调查取证，查阅、复制与动物防疫有关的资料。进入有关场所是指农业农村主管部门有权进入与执行监督管理任务有关联的场所进行现场检查、调查取证。现场调查取证是依法监管、依法处罚的基础，在现场调查取证过程中，农业农村主管部门有权向相关人员调查、了解涉及动物防疫的有关情况；有权收集与动物防疫相关的样品、文字档案、影像资料等证据；可以查阅、复制当事人有关的合同、票据、账簿、生产经营档案及其他与动物防疫有关的资料。农业农村主管部门的执法人员进入有关场所调查取证，应当依法向当事人出示执法证件、说明来意，履行相关手续，执法人员不得少于两人。阅读、复制相关资料，涉及国家秘密、商业秘密或个人隐私的，应当注意保密。

四、规范执法人员行为

动物防疫法第七十七条规定："执法人员执行动物防疫监督检查任务，应当出示行政执法证件，佩带统一标志。县级以上人民政府农业农村主管部门及其工作人员不得从事与动物防疫有关的经营性活动，进行监督检查不得收取任何费用。"

（一）执法人员应当出示行政执法证件，佩带统一标志

这是对执法人员的规范性要求。执法人员执行监督管理任务时必须出示行政执法证件。执法人员依法履行职责时，与行政相对人的关系，是监督者与被监督者之间的行政管理关系，不是平等的民事主体之间的关系。因此，执法人员在执行动物防疫监督检查任务时，应当出示行政执法证。出示证件后被监督检查的单位和个人应当支持、配

合。如果执法人员不出示行政执法证件，有关单位和人员可以拒绝。行政执法证作为执法人员履行执法工作的凭证，具有法律效力，不是任何人都可以持有使用的，只有依法经过考核，符合法定条件的人员才可以依法取得行政执法人员资格，授予行政执法证，持证上岗。据有关规定，行政执法证由国家有关部门组织统一制发。一方面，表明执法的合法性、权威性、严肃性；另一方面，也可防止他人假冒执法人员侵害被监督检查单位和个人的合法权益。

执法人员执行监督管理任务时必须佩带统一标志。执法人员代表国家和政府执行动物卫生监督管理任务，行使的是法律授予的职权，其佩带统一标志，用以区别于一般的行政人员和普通公民，具有一定的严肃性和威慑力，能够更好开展监督管理工作，也能够约束其依法履行监督管理职责，接受社会监督。

根据行政处罚法和农业农村部相关规定，执法人员在执行监督管理任务时还必须做到风纪严明，秉公执法，坚持以事实为根据，以法律为准绳；尊重当事人的合法权益，对索取的资料、查阅的资料要保守秘密；采样、处罚、没收须出具凭证，完善手续；不以权谋私、索要钱财、弄虚作假；不无故拖延或者拒绝办案；文明执法，礼貌待人，遵纪守法。

（二）农业农村主管部门及其工作人员的禁止性规定

一是不得从事与动物防疫有关的经营性活动。为了保证动物防疫监督管理的公正性，规范监督管理主体行为，防止主管部门和工作人员出现不作为、乱作为、获取不正当利益等行为，动物防疫法从法律层面提出要求。法律规定，农业农村主管部门及其工作人员不得从事与动物防疫有关的经营性活动，目的是为了确保动物防疫监督管理工作公平、公正、公开，维护良好的动物、动物产品生产经营秩序。农业农村主管部门是国家行政机关的组成部分，农业农村主管部门的工作人员是国家的公务员或者依照法律履行职责的人员。根据国家有关规定，行政机关和国家公职人员不得从事生产经营活动。政府机构及其工作人员参与相关经营性活动，不仅影响正常的监督管理工作，也会破坏正常的市场经营秩序。这里所不得从事的与动物防疫有关的经营性活动，是指依照本法第三条规定的动物防疫的内容，所有涉及动物疫病的预防、控制、诊疗、净化、消灭和动物、动物产品的检疫，以及病死动物、病害动物产品的无害化处理的经营性活动。

二是进行监督检查不得收取任何费用。农业农村主管部门及其工作人员执行监督检查任务，工作经费和所需相关费用由各级政府拨付，其经费保障按照本法第八十三条规定，由县级以上人民政府按照本级政府职责纳入本级预算。如果收取费用，则会增加被监督检查单位和个人的负担，甚至可能造成乱收费、乱执法的现象发生。为此，本法规定农业农村主管部门及其工作人员进行监督检查不得收取任何费用。如果农业农村主管部门及其工作人员不遵守这项禁止性规定而收取费用，有关单位和个人有权拒绝，并向同级人民政府或者纪检监察部门举报。

五、检疫证明、检疫标志和畜禽标识的规定

检疫证明、检疫标志和畜禽标识承载了动物强制免疫、检疫、运输等重要信息，是农业农村主管部门实施监督管理的重要凭证和监督检查的重要内容，动物防疫法专门对检疫证明、检疫标志和畜禽标识的真实性提出要求。动物防疫法第七十八条规定："禁止转让、伪造或者变造检疫证明、检疫标志或者畜禽标识。禁止持有、使用伪造或者变造的检疫证明、检疫标志或者畜禽标识。检疫证明、检疫标志的管理办法由国务院农业农村主管部门制定。"

（一）禁止转让、伪造或者变造检疫证明、检疫标志或者畜禽标识

检疫证明、检疫标志是动物卫生监督机构对经检疫合格的动物、动物产品出具的法律凭证。动物卫生监督机构的官方兽医依照动物检疫管理办法、相关检疫规程和工作规范对动物、动物产品实施检疫，出具的检疫证明、检疫

标志说明该批动物、动物产品的检疫结果是合格的。畜禽标识是国家对动物防疫实施免疫预防和可追溯管理的凭证之一。根据本法第十七条规定，饲养动物的单位和个人应当履行动物疫病强制免疫义务，按照强制免疫计划和技术规范，对动物实施免疫接种，并按照国家有关规定建立免疫档案、加施畜禽标识，保证可追溯。畜禽标识是指经农业农村主管部门批准使用的耳标、电子标签、脚环及其他承载畜禽信息的标识物，虽然不是免疫标识，但其承载了免疫信息，可以证明饲养动物的单位和个人对强制免疫的动物是否履行了强制免疫义务，以及实施强制免疫接种的动物是否达到免疫质量要求。

动物和动物产品卫生安全，事关群众的生命和健康，是社会各界关注的焦点，必须严格把好检疫关；动物疫情影响着养殖业和人体健康，防控重大动物疫情的一项重要措施是动物免疫，检疫和免疫是动物防疫监督管理的重要内容。动物、动物产品的生产经营主体依法取得相应凭证，是其依法履行免疫义务和检疫要求后合法经营的法定凭证，行政主体与行政相对人之间通过这些凭证，建立起正常的动物防疫管理工作秩序。因此，必须对检疫证明、检疫标志和畜禽标识实行严格管理，明令禁止转让、伪造或者变造行为。根据本法第一百零三条规定，转让、伪造或者变造检疫证明、检疫标志或者畜禽标识应当承担相应的法律责任。

需要说明的是，转让检疫证明、检疫标志或者畜禽标识是指依法取得检疫证明、检疫标志或者畜禽标识的单位和个人，将依法取得的检疫证明、检疫标志或者畜禽标识以有偿或者无偿的方式提供给没有检疫证明、检疫标志或者畜禽标识的单位或个人使用的行为。伪造检疫证明、检疫标志或者畜禽标识，是指仿照法定检疫证明、检疫标志或者畜禽标识的式样，擅自制作检疫证明、检疫标志或者畜禽标识的行为。变造检疫证明、检疫标志或者畜禽标识是指对检疫证明、检疫标志或者畜禽标识采用剪贴、挖补、涂改、拼接等方法加工处理，改变检疫证明、检疫标志或者畜禽标识的已有项目和内容的行为，如改变动物、动物产品的名称、数量、签发日期、签发人等内容。转让、伪造或者变造检疫证明、检疫标志或者畜禽标识都具有主观故意。

（二）禁止持有、使用伪造或者变造的检疫证明、检疫标志或者畜禽标识

按照规定，伪造或者变造检疫证明、检疫标志或者畜禽标识是违法行为，伪造或者变造的目的是为了持有和使用，当伪造、变造和持有、使用不是同一主体时，前款涵盖不了所有违法行为，为此，新修订的动物防疫法增加了禁止持有、使用伪造、变造检疫证明、检疫标志和畜禽标识的内容。

持有、使用伪造、变造的检疫证明、检疫标志和畜禽标识的行为。持有是指行为人随身携带伪造、变造的检疫证明、检疫标志和畜禽标识，包括通过他人传递、非法保存伪造、变造的检疫证明、检疫标志和畜禽标识等行为。使用是指行为人明知是伪造、变造的检疫证明、检疫标志和畜禽标识而使用的行为。持有、使用伪造、变造的检疫证明、检疫标志或者畜禽标识破坏了国家动物防疫工作管理秩序，为法律所禁止。根据本法第一百零三条规定，持有、使用伪造或者变造检疫证明、检疫标志或者畜禽标识的应当承担相应的法律责任。

（三）检疫证明、检疫标志的管理办法制定

加强动物检疫证章标志管理是规范动物检疫，确保畜产品质量安全的重要手段。本法授权由国务院农业农村主管部门制定检疫证明、检疫标志的管理办法，凡是印制、出具、使用本法规定的检疫证明、检疫标志的单位和个人，都必须遵守国务院农业农村主管部门制定的管理办法。

2010 年原农业部下发《关于印发动物检疫合格证明等样式及填写应用规范的通知》（农医发〔2010〕44 号），规范了动物检疫合格证明等动物卫生监督证章标志使用和管理，制定了动物检疫合格证明、检疫处理通知单、动物检疫申报书、动物检疫标志等样式以及动物卫生监督证章标志填写应用规范。

第十章

保障措施

畜牧业是农业的重要组成部分，在国民经济发展和人民群众生活中具有不可替代的重要作用。当前，我国正处于传统畜牧业向现代畜牧业转变的新阶段，推进畜牧业转型升级，必须把防疫体系建设摆在优先位置，加强能力建设，尽快补齐动物防疫机构体系、动物防疫人员队伍、动物防疫经费投入、动物防疫物资储备、动物防疫科技研发和动物防疫卫生防护措施等方面存在的短板，完善保障措施。

一、纳入国民经济和社会发展规划及年度计划

动物防疫法第七十九条规定："县级以上人民政府应当将动物防疫工作纳入本级国民经济和社会发展规划及年度计划。"国民经济和社会发展规划是全国或者某一地区经济、社会发展的总体纲要，是具有战略意义的指导性文

件。国民经济和社会发展规划统筹安排和指导全国或某一地区的经济、社会、文化建设等工作。党和政府一直把动物防疫工作作为农业农村工作的战略重点，各级政府对此承担着重要责任。动物防疫工作不仅关系到保障畜牧业发展，也关系到公共卫生安全和经济社会发展进步，将其纳入国民经济和社会发展规划及年度计划十分必要。

把动物防疫工作纳入国家和地方的国民经济和社会发展规划和年度计划，作为各级政府和全社会的共同目标，可以使动物防疫工作同步于经济社会发展，更好地推动经济社会健康发展。县级以上人民政府运用制定和实施国民经济和社会发展规划及年度计划的手段，确立动物防疫工作和长期战略目标、战略重点和战略途径，明确动物防疫工作的中期目标、政策和原则，确定动物防疫工作的年度任务、方针和有关措施。这样安排，既有长远打算，又有具体行动方案，避免大起大落，从而有利于动物防疫工作的稳步开展。

二、鼓励和支持动物防疫领域的科学技术研究开发

科学技术是第一生产力，创新是引领发展的第一动力。当前，全球新一轮科技革命孕育兴起，正在深刻影响世界发展格局，深刻改变人类生产生活方式。任何领域的

发展都离不开科学技术的进步，动物防疫领域也是如此。近年来，在一系列政策措施支持下，动物疫病防治工作基础不断强化，科技支撑能力不断加强，科技保障体系更加完善。疫苗兽药、关键养殖设施装备等核心技术和产品，是做好动物防疫工作的关键。动物防疫法第八十条规定："国家鼓励和支持动物防疫领域新技术、新设备、新产品等科学技术研究开发。"

当前，我国动物疫病病种多、病原复杂、流行范围广，防治形势严峻。疫苗接种、疫病监测、检验检疫、隔离、封锁、扑杀、消毒、无害化处理等各项动物防疫工作具有高度的科学性和专业性，特别是重大动物疫病和重点人畜共患病防治、外来动物疫病风险防范等方面和环节都需要科学选择技术路线，强化技术和物资的储备。动物防疫领域的技术、设备、产品的研究开发具有周期长、风险高等特点，有必要在税收政策、金融服务、财政资金安排等方面给予支持。

目前，动物防疫科技支撑能力不断加强，一批病原学和流行病学研究、新型疫苗和诊断试剂研制、综合防治技术集成示范等科研成果转化为实用技术和产品，动物疫病疫苗研究基本达到国际水平。但在诊断监测、标识追溯、无害化处理等应用方面还需要加强技术研究与推广应用，基层动物防疫工作条件差，不少偏远地区缺乏先进的技术设备和医疗仪器，所采用的设备器材也比较落后，这种现状明显难以满足需求。因此，需要大力支持开展动物疫病科学研究，推广先进实用的科学研究成果，提高动物疫病防治的科学化水平。支持新疫苗和兽医药品研发平台建设，推进诊断检测技术和试剂的标准化，鼓励发明创新和技术进步，引导和促进科技成果向现实生产力转化。

国家中长期动物疫病防治规划提出，国家支持开展动物疫病科学研究，推广先进实用的科学研究成果，提高动物疫病防治的科学化水平。一是加强兽医研究机构、高等院校和企业资源集成融合，充分利用全国动物防疫专家委员会、国家参考实验室、重点实验室、专业实验室、大专院校兽医实验室以及大中型企业实验室的科技资源。二是强化兽医基础性、前沿性、公益性技术研究平台建设，增强兽医科技原始创新、集成创新和引进消化吸收再创新能力。依托科技支撑计划、“863”计划、“973”计划等国家科技计划，攻克一批制约动物疫病防治的关键技术。三是在基础研究方面，完善动物疫病和人畜共患病研究平台，深入开展病原学、流行病学、生态学研究。在诊断技术研究方面，重点引导和支持科技创新，构建诊断试剂研发和推广应用平台，开发动物疫病快速诊断和高通量检测试剂。在兽用疫苗和兽医药品研究方面，坚持自主创新，鼓励发明创造，增强关键技术突破能力，支持新疫苗和兽医药品研发平台建设，鼓励细胞悬浮培养、分离纯化、免疫佐剂及保护剂等新技术研发。在综合技术示范推广方面，引导和促进科技成果向现实生产力转化，抓好技术集成示范工作。通过国家科技计划（专项）等对相关领域的研究进行支持。

三、强化基层兽医队伍和工作条件

我国目前的动物防疫体系和能力难以适应防疫要求，县乡基层存在的动物防疫体系不健全，动物防疫人员短缺，检验检测设备陈旧和不足等问题，亟须解决。动物防疫法第八十一条规定："县级人民政府应当为动物卫生监督机构配备与动物、动物产品检疫工作相适应的官方兽医，保障检疫工作条件。县级人民政府农业农村主管部门可以根据动物防疫工作需要，向乡、镇或者特定区域派驻兽医机构或者工作人员。"进一步强化县级人民政府对动物检疫工作的保障职责。

（一）强化官方兽医队伍建设

本法第十一条和第四十八条分别规定，县级以上地方人民政府的动物卫生监督机构依照本法规定，负责动物、动物产品的检疫工作。动物卫生监督机构的官方兽医具体实施动物、动物产品检疫。长期以来，我国县乡两级基层畜牧兽医队伍服务于生产一线，承担着重大动物疫病防控与应急处置、动物和动物产品检疫、动物防疫监督执法等重要职责，发挥着畜牧业生产安全保障压舱石的作用。但是随着形势的不断发展变化，动物检疫工作面临的挑战也愈发严峻，基层动物检疫机构面临着力量不足的严重问题。因此，迫切需要强化兽医队伍建设，打造一支强有力的基层畜牧兽医队伍，加快构建适应新时代新使命要求的畜牧兽医监管服务长效机制。

县级人民政府应当为动物卫生监督机构配备与动物、动物产品检疫工作相适应的官方兽医，是此次修订新增的规定，把加强基层官方兽医队伍建设的责任明确交给县级人民政府。县级人民政府应当根据县级行政区域内的畜禽养殖和屠宰加工规模，按照满足与其畜牧业发展相适应的动物、动物产品检疫工作的要求，统筹考虑非食用性利用及人工捕获的野生动物检疫等情况，合理确定从事检疫工作的官方兽医数量，配优配齐官方兽医。做好检疫工作，不但要有人员，还要有相应的检疫工作条件。县级人民政府还要根据实际情况，为动物卫生监督机构配备与动物、动物产品的检疫工作相适应的办公地点、工作车辆、设施设备等，保障检疫工作顺利开展。

（二）在乡、镇或特定区域派驻兽医机构或者工作人员

按照本法第九条规定，县级以上地方人民政府农业农村主管部门主管本行政区域的动物防疫工作。在各级人民政府的领导下，农业农村主管部门对动物防疫工作负有指导和监督职责。县级人民政府所属兽医机构，由农业农村主管部门、动物疫病预防控制机构和动物卫生监督机构、在乡镇或特定区域派驻的基层动物防疫机构组成。县级人民政府农业农村主管部门可以根据动物防疫工作需要，全面考虑当地各乡镇或者区域养殖量和屠宰量、动物防疫职能、管辖面积、区域特点以及未来防控形势需求等因素，合理设置派出机构，配备专业技术人员，定岗定编定人，确保机构规模、人员数量与工作任务相适应。在乡镇行政区域大、养殖规模大的地方，可以派驻乡镇兽医机构；在乡镇行政区域和养殖规模不足以派驻兽医机构的地方，可以派驻区域性兽医机构；在养殖规模小的地方，可以按照需求派驻兽医工作人员。落实动物防疫工作由县级以上人民政府所属的机构组织实施的要求，按照“三权归县、服务在乡”的管理体制，向乡、镇或者特定区域派驻兽医机构或者工作人员，派出机构或者工作人员的人、财、物统一归县级管理，直接对县级人民政府农业农村主管部门负责。在基层派驻的兽医机构和工作人员主要承担动物防疫、检疫和公益性技术推广服务等职能。

四、多主体参与基层动物防疫工作

动物防疫法第八十二条规定：“国家鼓励和支持执业

兽医、乡村兽医和动物诊疗机构开展动物防疫和疫病诊疗活动；鼓励养殖企业、兽药及饲料生产企业组建动物防疫服务团队，提供防疫服务。地方人民政府组织村级防疫员参加动物疫病防治工作的，应当保障村级防疫员合理劳务报酬。”本条为本次修订新增加条款，目的在于鼓励执业兽医、乡村兽医、动物诊疗机构、生产经营企业积极参与动物防疫工作，保障参与动物疫病防治工作的村级防疫员的劳务报酬。

近年来，随着规模化养殖比例提高和兽医服务需求质量、数量的提高，需要进一步完善服务供给方式，推动兽医社会化服务组织发展，推动兽医社会化服务组织在保障畜牧业生产和提升基层动物防疫效能方面发挥更为重要的作用。

一方面要继续严格落实动物防疫主体责任。依法督促落实畜禽养殖、运输、屠宰加工等各环节从业者动物防疫主体责任。引导养殖场（户）改善动物防疫条件，严格按规定做好强制免疫、清洗消毒、疫情报告等工作。建立健全畜禽贩运和运输车辆监管制度，对运输车辆实施备案管理，落实清洗消毒措施。督促指导规模养殖场（户）和屠宰厂（场）配备相应的畜牧兽医技术人员，依法落实疫病自检、报告等制度。加强动物疫病防控分类指导和技术培训，总结推广一批行之有效的防控模式。另一方面，要全面提高动物防疫服务能力。发挥各级兽医机构在动物防疫中的主导作用。加强动物防疫队伍建设，采取有效措施稳定基层机构队伍。依托现有机构编制资源，建立健全动物卫生监督机构和动物疫病预防控制机构，加强动物疫病防控实验室、边境监测站、省际公路检查站和区域洗消中心等建设。

目前，我国中小规模养殖场（户）在养殖主体总数中仍占较大比例。强制免疫、消毒、监测、疫情观察报告等日常防疫任务十分繁重，经常性、持续性的人工劳务投入巨大，增加了中小规模养殖场（户）的生产成本。要确保这些防控措施的落实，仅仅依靠各级兽医机构的动物防疫工作人员和官方兽医难以适应和满足实际工作需要，有必要推动多元化的动物防疫社会化服务发展，充分发挥兽医专业人员、养殖企业、兽药生产企业、村级动物防疫员等多种主体在动物防疫工作中的作用，把基层防疫工作做实做好。

一是充分发挥执业兽医、乡村兽医作用，支持其开展动物防疫和疫病诊疗活动。农业农村主管部门可以根据不同地区的具体防疫需求，组织执业兽医、乡村兽医和动物诊疗机构协助开展日常防疫工作和突发疫情应急处置。本法明确规定，执业兽医、乡村兽医应当按照所在地人民政府和农业农村主管部门的要求，参加动物疫病预防、控制和动物疫情扑灭等活动。同时，国家还鼓励和支持执业兽医、乡村兽医和动物诊疗机构依法依规开展疫病诊疗活动。

二是鼓励养殖企业、兽药及饲料生产企业组建动物防疫服务团队，提供防疫服务。我国畜牧业是在一家一户分散养殖基础上逐步发展壮大起来的，目前全国畜禽养殖规模化率达到64.5%，规模化养殖已经成为主体。但也要看到，我国相当部分畜禽规模养殖设施装备条件差，生产效率不高，小规模养殖、散户养殖依然存在。健全社会化服务体系，培育壮大畜牧科技服务企业，可以为中小养殖户提供良种繁育、饲料营养、疫病检测诊断治疗、机械化生产、产品储运、废弃物资源化利用等实用科技服务。鼓励大型养殖企业、兽药及饲料生产企业组建动物防疫服务团队，提供“一条龙”、“菜单式”防疫服务。有关企业可在其相关服务中适当延伸和拓展，支持防疫工作。鼓励引导养殖、兽药及饲料生产龙头企业“以大带小”，通过“公司+农户”、托管、入股加盟等多种形式，带动中小养殖场户提高饲养管理水平和生物安全防护水平。同时，还要督促指导规模养殖场（户）和屠宰厂（场）配备相应的畜牧兽医技术人员，依法落实疫病自检、报告等制度。

三是保障参加动物疫病防治工作村级防疫员的合理劳务报酬。长期以来，村级动物防疫员承担着乡村动物防疫的基础性工作，为保障养殖业生产安全和公共卫生安全发挥了重要作用。为贯彻落实动物防疫法和中央文件规定，中央和地方财政安排专门资金，用于发放承担免疫接种等动物防疫工作的村级防疫员的劳务补贴。近年来，随着经济社会发展特别是城镇化进程加快，农村劳动力结构发生巨大变化，村级防疫员队伍出现专业人员短缺、年龄结构老化等问题，与规模化养殖方式对兽医服务的需求已不相适应。一些地方积极探索兽医社会化服务发展路径，逐步成为基层兽医服务的重要力量，并以聘用方式吸纳村级防疫员参与其市场化的兽医服务工作。考虑到养殖生产方式变革将经历一个较长时期，村级防疫员仍在一定时期、一定区域发挥作用，因此，本次修订对组织村级防疫员参加动物疫病防治工作的地方人民政府提出明确要求，必须保障村级防疫员的合理劳务报酬，维护这一群体的合法权益。

五、动物防疫经费保障

动物防疫法第八十三条规定："县级以上人民政府按照本级政府职责，将动物疫病的监测、预防、控制、净化、消灭，动物、动物产品的检疫和病死动物的无害化处理，以及监督管理所需经费纳入本级预算。"增加将动物疫病的监测、净化、消灭和病死动物的无害化处理所需经费纳入财政预算的内容。

动物防疫工作事关人类健康安全和社会经济发展，是各级政府的一项长期性公共服务职能。近年来，国家相继出台一系列动物防疫支持政策，有效保障了重大动物疫病防控工作，以相对较低的经济成本取得了较好的防控成效。动物疫病的种类、来源、发生发展状况十分复杂，防疫工作任务艰巨。随着科学进步，对于大多数动物疫病的发生流行，我们已能够通过防控技术手段和行政措施予以预防和控制。这些技术性活动和社会管理活动，需要公共财政予以持续保障和支持，从而实现日常情况下和应急状态时防疫工作的正常进行。本法要求县级以上人民政府按照本级政府职责，将动物疫病监测、预防、控制、净化、消灭，动物、动物产品的检疫和病死动物的无害化处理，以及监督管理所需经费纳入本级预算，全力保障动物防疫工作各项措施及时到位，切实履行好法律赋予的职责。

兽医行政、执法和技术支持工作所需经费纳入各级财政预算，统一管理。对兽医行政执法机构实行全额预算管理，保证其人员经费和日常运转费用。动物疫病的监测、预防、控制、净化、消灭、扑灭经费以及动物、动物产品的检疫、有毒有害物质残留检测以及病死动物的无害化处理等经费，由各级财政纳入预算、及时拨付。本次修订新增了将动物疫病的监测、净化、消灭和病死动物的无害化处理所需经费纳入财政预算的内容。

关于动物疫病监测。动物疫病监测制度是动物防疫法律制度体系的重要内容，本法第十九条、第二十条专门作出规定，涉及县级以上人民政府建立健全动物疫病监测网络，陆路边境省、自治区人民政府合理设置边境动物疫病监测站点，海关、科技等部门依法做好动物疫病监测预警工作，县级以上人民政府完善野生动物疫源疫病监测体系等内容。这些工作的实现，需要在各级政府在经费上给予保障。

关于动物疫病净化、消灭。本法第五条将动物防疫工作方针调整完善为“预防与控制、净化、消灭相结合”，这是动物防疫法修改的重要内容。对净化、消灭重点动物疫病提供经费支持，为单位和个人净化重点动物疫病给予补助，是国外净化重点动物疫病的成功做法，是确保净化工作顺利推进的必要措施。

关于病死动物无害化处理。病死动物的无害化处理补贴政策是确保无害化处理体系有效运行的必要条件。2014年《国务院办公厅关于建立病死畜禽无害化处理机制的意见》（国办发〔2014〕47号）明确规定，各地区要综合考虑病死畜禽收集成本、设施建设成本和实际处理成本等因素，制定财政补助、收费等政策，确保无害化处理场所能够实现正常运营，明确将病死猪无害化处理补助范围由规模养殖场扩大到生猪散养户。

六、应急物资储备

疫苗、药品、设施设备和防护用品等是动物防疫和重大动物疫情应急处理不可缺少的必备物资，没有物资准备，就无法及时应对突发疫情。动物防疫法第八十四条规定："县级以上人民政府应当储备动物疫情应急处置所需的防疫物资。"

建立动物防疫的物资储备机制，目的是在突发疫情时，有能力进行应对和处置。近年来对动物疫情处置的实践表明，"早、快、严、小"的方针是将损失降到最小化的根本，而动物防疫物资的专项储备是实现这一根本的重要前提。应急储备物资的品种和数量由省、自治区、直辖市人民政府应急预案规定。物资储备包括以下几种：

药品、医疗器械储备。药品和医疗器械是防控动物疫病的重要手段。药品主要包括疫苗、检测试剂、消毒药品等。疫苗主要包括禽流感疫苗、猪蓝耳病疫苗、猪瘟疫苗、猪口蹄疫疫苗、牛羊口蹄疫疫苗、小反刍兽疫苗等。

其他物资储备。包括：防护服、口罩、护目镜、手套等隔离、卫生防护用品，消毒机等消毒设备，对讲机等通信设备。

动物防疫物资储备，要实行品种、总量平衡，动态管理。承担药品储备任务的单位，要按照科学、合理的储备周期，制定相应办法。储备的防疫物资应当定期检查，确保质量品种和数量，以保证在紧急需要时，调得出、供得上、质量好、品种全。例如，部分消毒药品具有腐蚀、氧化作用，所以消毒药要划分单独的空间存放，且要避光、通风良好。疫苗等生物制品的储存对环境条件要求极高，必须严格按照说明书上的存放条件，冷藏、冷冻分开，以确保生物制品的有效性。隔离及卫生防护用品、消毒设备、通信设备等动物防疫物资要分类存放，严禁接触酸、碱、油脂、氧化剂和有机溶剂等，注意防潮，确保不变质、不毁坏。

七、强制扑杀的动物、销毁的动物产品和相关物品补偿

动物防疫法第八十五条规定：“对在动物疫病预防、控制、净化、消灭过程中强制扑杀的动物、销毁的动物产品和相关物品，县级以上人民政府给予补偿。具体补偿标准和办法由国务院财政部门会同有关部门制定。”

扑杀染疫和疑似染疫动物及其同群动物，或在疫点、疫区内按照规定应扑杀的易感染动物，销毁染疫或污染的动物产品和相关物品，是政府采取的强制性应急处理措施。按照本法规定，发生一类动物疫病和二类动物疫病时，县级以上地方人民政府应当采取扑杀、销毁等强制性

措施。在重大动物疫情报告期间，必要时，县级以上地方人民政府可以采取扑杀、销毁等措施。按照重大动物疫情应急条例，县级以上地方人民政府可以扑杀并销毁疫点的染疫动物和易感染动物及其产品，对病死的动物、动物排泄物、被污染饲料、垫料、污水进行无害化处理；可以扑杀并销毁疫区的染疫和疑似染疫动物及其同群动物，销毁染疫或者疑似染疫的动物产品，对动物圈舍、动物排泄物、垫料、污水和其他可能受污染的物品、场地，进行消毒或者无害化处理。

因为扑杀和销毁等强制性措施，会对养殖者或经营者造成损失，给予当事人适当的经济补偿是一种必要的救济手段。这一政府行为有利于防控措施的顺利执行，有利于帮助当事人维持生活和恢复生产，从而在当事人的积极配合下迅速控制疫情。

农业农村部印发的《非洲猪瘟疫情应急实施方案》指出，任何单位和个人，一旦发现生猪、野猪异常死亡等情况，应立即向当地畜牧兽医主管部门、动物卫生监督机构或动物疫病预防控制机构报告。在生猪运输过程中发现的非洲猪瘟疫情，对没有合法或有效检疫证明等违法违规运输的，按照动物防疫法有关规定处理；对有合法检疫证明且在有效期之内的，疫情处置、扑杀补助费用分别由疫情发生地、输出地所在地方按规定承担。同时，对强制扑杀的生猪及人工饲养的野猪，符合补助规定的，按照有关规定给予补助，扑杀补助经费由中央财政和地方财政按比例承担。

将动物疫病净化、消灭纳入法律规范，是动物防疫法修改的重要内容。国务院农业农村主管部门制定并组织实施动物疫病净化、消灭规划，这是政府对动物疫病净化、消灭工作的统一安排，饲养动物的单位和个人应该按照规划的要求，做好相关工作。在开展净化、消灭过程中强制扑杀的动物，销毁的动物产品和相关物品，需要由政府对当事人给予一定的经济补偿，这也是确保净化工作顺利推进的必要措施。

八、卫生防护和医疗保健措施

动物防疫法第八十六条规定："对从事动物疫病预防、检疫、监督检查、现场处理疫情以及在工作中接触动物疫病病原体的人员，有关单位按照国家规定，采取有效的卫生防护、医疗保健措施，给予畜牧兽医医疗卫生津贴等相关待遇。"

（一）加强卫生防护和医疗保障措施的必要性

在动物防疫工作中，动物疫病预防、检疫、监督检查、现场处理疫情以及在工作中接触动物疫病病原体的人员，都属于高风险人群，如果卫生防护不到位，可能感染人畜共患传染病，影响人体健康，也可能携带病原体造成动物疫病扩散。上述人员的卫生防护措施不容忽视，应当按照国家有关规定采取有效的防护措施。

特别是基层的动物防疫人员，他们长期工作在畜牧业生产和动物疫病防控的最前线，与各种畜禽直接接触，承担着动物疫病免疫、抽血采样、疫病诊断、疫情处置、无害化处理和流行病学调查等工作，其职业风险更为突出。近年来，各类动物疫病频发，特别是人畜共患传染病的复杂化，基层动物防疫人员的职业安全问题日渐突出。由于卫生防护条件相对较差、防护意识淡薄、防护知识匮乏，基层动物防疫人员感染布鲁氏菌病、结核病等人畜共患传染病和人身意外伤害事件时有发生，给基层动物防疫人员身心健康造成极大伤害。

（二）强化卫生防护和医疗保健措施的人员范围

在日常动物防疫工作中，主要包括各级农业农村主管部门、动物卫生监督机构、动物疫病预防控制机构、农业综合执法机构等从事动物防疫监督管理、动物和动物产品检疫、实验室检验人员，以及基层兽医机构的工作人员和村级动物防疫员等。在疫情应急处理工作中，主要包括进入到疫点、疫区内进行采样、诊断、流行病学调查、扑杀动物、消毒、运输、销毁或掩埋病死动物尸体及其污染物等活动以及参与指挥和指导疫情扑灭工作的人员。

（三）卫生防护和医疗保障措施

穿戴防护用具。穿戴防护服等防护用具是实现物理隔离的有效方式。在进入染疫或者疑似染疫场所前，与染疫或者疑似染疫动物、动物粪便等污染物或者动物病原体接触前，相关人员必须按照要求穿戴防护服、口罩、手套、护目镜等防护用具。在工作中，不但应规范防护用具的穿戴，还应该在穿戴防护用具前对防护用具的气密性等进行检查，以此最大限度地保障防护效果。同时，也应做好防护器械以及工作人员自身的防疫消毒。

严格消毒。动物防疫人员在进行溯源和疫情监测等防疫工作过程中都有可能会接触到感染疫病的病死畜禽，进而接触到动物疫病的病原体，甚至很有可能会被病原感染、污染。因此，防疫人员在进行各项有可能接触到动物疫病病原的工作时应实行并加强防疫消毒工作，以此来保证对各种病原污染的防控效果。首先，要对自身所穿戴和使用的防护用具进行严格消毒；其次，各动物养殖场（户）应对养殖场、屠宰区等进行定期定时的消毒，确保动物防疫人员在进行防疫工作的过程中不被疫病病原所污染、感染。

有关单位在保障这些工作人员采取防护措施的同时，还应当采取必要的医疗保健措施，如加强培训、注射疫苗、定期体检、对所有暴露于感染或可能感染动物和场所的人员进行必要的医学观察等。

专业知识培训。提高职业风险防护意识是避免风险因素对自身造成损害的基础。应加强专业知识培训，使防疫人员熟悉常见动物疫病病原体、微生物传播、易感动物类型等防疫知识以及禽流感、结核病、布鲁氏菌病、口蹄疫等疾病的临床症状、防护手段、流性特点。与此同时，有关单位应对防疫人员开展职业安全教育工作，树立正确的防护理念，避免疫病感染、健康受损等职业风险的发生。熟练掌握各种防疫活动中需要或必须做到的个人防护措施；了解常见人畜共患病的种类和传播途径，增强防护知识，做好检查和预防。对于参加疫情现场应急处置的人员，应接受必要的卫生防护知识和操作培训，强化卫生安全意识，严格遵守有关技术规范和制度要求。

健康检查。为降低基层动物防疫人员职业风险发生概率，有关单位应重视防疫人员的健康检查。同时，针对动物防疫职业风险产生因素的复杂性、多元化特征，应制定完善的健康检查制度，定期对防疫人员身体健康进行检查。避免因部分病菌存在潜伏期，病情症状不明显，导致防疫人员难以及时察觉，错过最佳诊疗时机。

（四）给予畜牧兽医医疗卫生津贴等相关待遇

1997 年原人事部、财政部和原农业部联合印发通知，对畜牧兽医医疗卫生津贴进行调整，将津贴标准由原每人每月 12 至 15 元、9 至 11 元、4 至 8 元分别调整为每人每天3元、2.5元、2元；2015年12月，人力资源和社会保障部、财政部联合印发《关于调整农业有毒有害保健津贴和畜牧兽医医疗卫生津贴的通知》，大幅提高了津贴标准，新调整的三类津贴标准分别为每人每月450元、350元和260元，与1997年相比大约提高了4倍，强调临时人员享受津贴的权利，明确除了专职从事有毒、有害、有传染危险的畜牧兽医工作人员，临时参加上述工作的人员，根据实际接触情况，也能享受相应类别的津贴，并按实际接触天数折算发放。畜牧兽医医疗卫生津贴制度体现了国家对畜牧兽医单位从事有毒有害有传染危险工作人员的关心和重视，对于维护相关人员健康发挥了重要作用，这次修订将其纳入法律规范。同时，本法中使用了“等相关待遇”的表述，未来国家出台有关政策时，相关工作人员可依照本条之规定享受相关待遇。

第十一章

法律责任

设定法律责任的目的主要在于保障法律规定的权利、义务等得以生效和顺利实施，主要作用是惩罚、救济和预防，在相关的权利和义务受到阻碍或侵害时通过适当的惩罚和救济，使对侵害行为负有责任的人承担责任，消除侵害并减少未来发生的可能性。本章对违反本法的各种违法行为设定严格的法律责任，根据行政处罚法丰富处罚种类，加大处罚力度，提高了法律威慑力和震慑力。

一、地方各级人民政府及工作人员不履行动物防疫职责的法律责任

动物防疫法第八十七条规定：“地方各级人民政府及其工作人员未依照本法规定履行职责的，对直接负责的主管人员和其他直接责任人员依法给予处分。”

本条主要针对的是本法的以下规定：第一，县级以上地方人民政府对动物防疫工作领导不力、未采取有效措施

稳定基层机构队伍、动物防疫队伍建设薄弱、动物防疫体系不健全、未制定和组织实施动物疫病防治计划；乡级人民政府、街道办事处未组织群众做好本管辖区域内动物疫病预防与控制工作。此类违法行为主要针对的是本法第八条的规定。第二，地方各级人民政府未对动物防疫法律法规和动物防疫知识进行宣传，此类违法行为主要针对的是本法第十三条第二款的规定。第三，乡级人民政府未组织本管辖区域内饲养动物的单位和个人做好强制免疫，以及未协助做好监督检查，此类违法行为主要针对的是本法第十八条第二款的规定。第四，县级以上地方人民政府在动物疫病监测网络建设方面不力，此类违法行为主要针对的是本法第十九条第二款的规定。第五，地方各级人民政府接到动物疫情预警后，未及时采取预防、控制措施，此类违法行为主要针对的是本法第十九条第五款的规定。第六，陆路边境省、自治区人民政府在动物疫病防控工作中，未合理设置动物疫病监测站点，监测工作机制不健全，此类违法行为主要针对的是本法第二十条第一款的规定。第七，县级以上人民政府未建立完善的野生动物疫源疫病监测体系和工作机制，监测站点布局不合理，此类违法行为主要针对的是本法第二十条第三款的规定。第八，省、自治区、直辖市人民政府未按规定制定并组织实施本行政区域无规定动物疫病区建设方案，此类违法行为主要针对的是本法第二十一条第二款的规定。第九，国务院农业农村主管部门发布动物疫病净化、消灭规划后，县级以上地方人民政府未制定本行政区域动物疫病净化、消灭规划，或者未组织实施，此类违法行为主要针对的是本法第二十二条第二款的规定。第十，街道办事处、乡级人民政府未组织协调居民委员会、村民委员会做好本辖区内流浪犬、猫的控制和处置工作，此类违法行为主要针对的是本法第三十条第三款的规定。第十一，县级人民政府和乡级人民政府、街道办事处未做好农村地区饲养犬只的防疫管理工作，此类违法行为主要针对的是本法第三十条第四款的规定。第十二，发生一类动物疫病时，所在地县级以上地方人民政府未按规定采取动物疫病控制措施，此类违法行为主要针对的是本法第三十八条的规定。第十三，发生二类动物疫病时，所在地县级以上地方人民政府未按规定采取动物疫病控制措施，此类违法行为主要针对的是本法第三十九条的规定。第十四，发生三类动物疫病时，所在地县级、乡级人民政府未按照国务院农业农村主管部门的规定组织防治，此类违法行为主要针对的是本法第四十一条的规定。第十五，县级以上地方人民政府未制定本行政区域的重大动物疫情应急预案，此类违法行为主要针对的是本法第四十五条第二款的规定。第十六，在江河、湖泊、水库等水域发现的死亡畜禽，所在地县级人民政府未组织收集、处理并溯源；发现的死亡畜禽，所在地街道办事处、乡级人民政府未组织收集、处理；此类违法行为主要针对的是本法第五十八条的规定。第十七，县级以上人民政府未将动物防疫纳入本级国民经济和社会发展规划及年度计划，此类违法行为主要针对的是本法第七十九条的规定。第十八，县级人民政府未为动物卫生监督机构配备与动物、动物产品检疫工作相适应的官方兽医，未保障检疫工作条件，此类违法行为主要针对的是本法第八十一条第一款的规定。第十九，县级以上人民政府未按照本级政府职责，将动物疫病的监测、预防、控制、净化、消灭，动物、动物产品的检疫和病死动物的无害化处理，以及监督管理所需经费纳入本级财政预算，此类违法行为主要针对的是本法第八十三条的规定。第二十，县级以上人民政府未储备动物疫情应急处理工作所需的防疫物资，此类违法行为主要针对的是本法第八十四条的规定。第二十一，对在动物疫病预防、控制、净化、消灭过程中强制扑杀的动物、销毁的动物产品和相关物品，县级以上人民政府未给予补偿，此类违法行为主要针对的是本法第八十五条的规定。此外，还包括地方各级人民政府及其农业农村、卫生健康、林业草原、科技等有关部门和下属机构在依照本法开展动物疫病的监测、预防、控制、净化、消灭，动物、动物产品的检疫和病死动物的无害化处理，以及动物防疫宣传教育、表彰奖励、补助抚恤等有关动物防疫的各项工作时，未依法履行本法规定职责的行为。

地方各级人民政府及其工作人员有上述违法情形之一的，对直接负责的主管人员和其他直接责任人员依法给予处分。直接负责的主管人员是指具体分管动物防疫工作的单位领导人员，其他直接责任人员是指负责执行动物防疫相关工作的人员。处分种类包括警告、记过、记大过、降级、撤职、开除。公职人员政务处分法第三十九条规定，不履行或者不正确履行职责，玩忽职守，贻误工作造成不良后果或者影响的，予以警告、记过或者记大过；情节较重的，予以降级或者撤职；情节严重的，予以开除。实施处分的主体按照监察法、公职人员政务处分法、公务员法和《行政机关公务员处分条例》等法律法规规定的权限进行。

该条构成犯罪的情形可能有：滥用职权罪或者玩忽职守罪（刑法第三百九十七条、《最高人民法院、最高人民检察院关于办理渎职刑事案件适用法律若干问题的解释（一）》第一条）。

二、农业农村主管部门及其工作人员不依法履行动物防疫职责的法律责任

动物防疫法第八十八条规定：“县级以上人民政府农

业农村主管部门及其工作人员违反本法规定，有下列行为之一的，由本级人民政府责令改正，通报批评；对直接负责的主管人员和其他直接责任人员依法给予处分：（一）未及时采取预防、控制、扑灭等措施的；（二）对不符合条件的颁发动物防疫条件合格证、动物诊疗许可证，或者对符合条件的拒不颁发动物防疫条件合格证、动物诊疗许可证的；（三）从事与动物防疫有关的经营性活动，或者违法收取费用的；（四）其他未依照本法规定履行职责的行为。”

本条规定了农业农村主管部门及其工作人员未依法履行动物防疫职责的法律责任。

第一，未及时采取预防、控制、扑灭等措施的。此类违法行为主要针对的是本法第十八条第一款和第三款、第十九条第三款和第五款、第三十一条第二款、第三十八条第一项、第三十九条第一项、第四十五条第一款和第二款及第三款、第四十六条的规定。违法行为主要表现为：一是县级以上地方人民政府农业农村主管部门未组织实施动物疫病强制免疫计划，或者未对饲养动物的单位和个人履行强制免疫义务的情况进行监督检查的；二是县级以上地方人民政府农业农村主管部门未定期对本行政区域的强制免疫计划实施情况和效果进行评估，或者未向社会公布评估结果的；三是国务院农业农村主管部门未会同国务院有关部门制定国家动物疫病监测计划，以及省、自治区、直辖市人民政府农业农村主管部门未根据国家动物疫病监测计划，制定本行政区域的动物疫病监测计划的；四是国务院农业农村主管部门和省、自治区、直辖市人民政府农业农村主管部门未及时发出动物疫情预警的；五是接到动物疫情报告后未及时采取临时隔离控制等必要措施，或未及时按照国家规定的程序上报的；六是发生一类动物疫病时，所在地县级以上地方人民政府农业农村主管部门未立即派人到现场，划定疫点、疫区、受威胁区，未调查疫源，未及时报请本级人民政府对疫区实行封锁的；七是发生二类动物疫病时，所在地县级以上地方人民政府农业农村主管部门未划定疫点、疫区、受威胁区的；八是国务院农业农村主管部门未制定国家重大动物疫情应急预案，未按照不同动物疫病病种、流行特点和危害程度，分别制定实施方案的；九是县级以上地方人民政府农业农村主管部门未按照不同动物疫病病种、流行特点和危害程度，分别制定实施方案的；十是县级以上人民政府农业农村主管部门对重大动物疫情应急预案及实施方案未根据疫情状况及时进行调整的；十一是发生重大动物疫情时，国务院农业农村主管部门未划定动物疫病风险区，未禁止或者限制特定动物、动物产品由高风险区向低风险区调运的；十二是发生重大疫情时，未依照法律和国务院的规定以及应急预案采取应急处置措施的。

第二，对不符合条件的颁发动物防疫条件合格证、动物诊疗许可证，或者对符合条件的拒不颁发动物防疫条件合格证、动物诊疗许可证的。此类违法行为主要针对的是本法第二十四条、第二十五条、第六十一条和第六十二条的规定。颁发动物防疫条件合格证和动物诊疗许可证，属于行政许可行为，必须依法实施。本法第二十四条、第二十五条对动物防疫条件合格证的发放条件、发放对象和发放权限等作了明确规定；本法第六十一条、第六十二条对动物诊疗许可证的发放条件、发放对象、发放权限等作了明确规定。对不符合条件的颁发动物防疫条件合格证、动物诊疗许可证，以及对符合条件的拒不颁发动物防疫条件合格证、动物诊疗许可证，属于玩忽职守、滥用职权的行为，应当承担相应的法律责任。

第三，从事与动物防疫有关的经营性活动，或者违法收取费用的。本项是本次修订新增加的内容，明确农业农村主管部门及其工作人员从事与动物防疫有关的经营性活动，以及违法收取费用的法律责任。此类违法行为主要针对的是本法第七十七条第二款的规定。农业农村主管部门为本法规定的执法主体，其工作人员为行政执法人员，从事与动物防疫有关的经营性活动不仅影响工作质量和工作效率，而且容易使执法活动缺乏公正性，容易产生“权力寻租”等腐败现象。对监督检查的费用，本法第八十三条规定，县级以上人民政府将动物防疫监督管理所需经费纳入本级预算来解决。

第四，其他未依照本法规定履行职责的行为。此项为兜底性条款，是指除前述列举的违法行为之外的其他违法行为。

农业农村主管部门及其工作人员有上述违法情形之一的，由本级人民政府责令改正，通报批评。对直接负责的主管人员和其他直接责任人员依法给予处分。直接负责的主管人员是指具体分管动物防疫工作的单位领导人员，其他直接责任人员是指负责执行动物防疫相关工作的人员。

该条构成犯罪的情形可能有：滥用职权罪或者玩忽职守罪（刑法第三百九十七条、《最高人民法院、最高人民检察院关于办理渎职刑事案件适用法律若干问题的解释（一）》第一条）。

三、动物卫生监督机构及其工作人员不依法履行动物检疫职责的法律责任

动物防疫法第八十九条规定：“动物卫生监督机构及其工作人员违反本法规定，有下列行为之一的，由本级人民政府或者农业农村主管部门责令改正，通报批评；对直接负责的主管人员和其他直接责任人员依法给予处分：

（一）对未经检疫或者检疫不合格的动物、动物产品出具检疫证明、加施检疫标志，或者对检疫合格的动物、动物产品拒不出具检疫证明、加施检疫标志的；（二）对附有检疫证明、检疫标志的动物、动物产品重复检疫的；（三）从事与动物防疫有关的经营性活动，或者违法收取费用的；（四）其他未依照本法规定履行职责的行为。”

本条规定了动物卫生监督机构及其工作人员未依法履行动物检疫职责的法律责任。

第一，对未经检疫或者检疫不合格的动物、动物产品出具检疫证明、加施检疫标志，或者对检疫合格的动物、动物产品拒不出具检疫证明、加施检疫标志的。此类违法行为主要针对的是本法第四十九条、第五十条、第五十四条中有关申报检疫、出具检疫证明、加施检疫标志，非食用性利用的野生动物、人工捕获的野生动物和输入到无规定动物疫病区的动物、动物产品的申报检疫等规定。动物卫生监督机构接到申报后，应当及时指派官方兽医实施检疫，检疫合格的，出具检疫证明、加施检疫标志。实施检疫的官方兽医应当在检疫证明、检疫标志上签字或者盖章，并对检疫结论负责。对未经检疫或者检疫不合格的动物、动物产品出具检疫证明、加施检疫标志，属于渎职行为；对检疫合格的动物、动物产品拒不出具检疫证明、加施检疫标志的，属于失职行为。

第二，对附有检疫证明、检疫标志的动物、动物产品重复检疫的。检疫行为是行政许可行为，动物卫生监督机构及其工作人员实施行政许可必须依据法律、法规，并在法律、法规规定的范围内作出，否则可能会侵犯被许可人的合法权益。对附有检疫证明、检疫标志的动物、动物产品，农业农村主管部门可以按照本法第七十六条第一款第四项的规定实施监督检查，查验检疫证明、检疫标志，发现依法应当检疫而未检疫的动物、动物产品，具备补检条件的，由动物卫生监督机构实施补检。但动物卫生监督机构及其工作人员不得重复检疫，否则就侵犯了公民、法人或者其他组织的合法权益。无规定动物疫病区的动物卫生监督机构对输入到无规定动物疫病区的动物、动物产品，按本法第五十四条的规定实施检疫的，不适用本条。

第三，从事与动物防疫有关的经营性活动，或者违法收取费用的。动物卫生监督机构及其工作人员从事动物防疫有关的经营性活动不仅影响工作质量和工作效率，还容易产生“权力寻租”等腐败现象。所以，动物卫生监督机构及其工作人员不得从事与动物防疫有关的经营性活动。本法第八十三条规定，县级以上人民政府应当将动物、动物产品的检疫所需经费纳入本级预算，因此，动物卫生监督机构实施检疫，不得收取任何费用。

第四，其他未依照本法规定履行职责的行为。此项属于兜底性条款，是指除前述列举的违法行为之外的其他违法行为，如违反本法第四十九条第二款规定，动物卫生监督机构接到检疫申报后，未及时指派官方兽医对动物、动物产品实施检疫等。

动物卫生监督机构及其工作人员有上述违法情形之一的，由本级人民政府或者农业农村主管部门责令改正，通报批评。对直接负责的主管人员和其他直接责任人员依法给予处分。直接负责的主管人员是指具体分管动物检疫工作的单位领导人员，其他直接责任人员是指负责执行动物检疫相关工作的人员。

该条构成犯罪的情形可能有：滥用职权罪或者玩忽职守罪（刑法第三百九十七条、《最高人民法院、最高人民检察院关于办理渎职刑事案件适用法律若干问题的解释（一）》第一条）；动植物检疫徇私舞弊罪或者动植物检疫失职罪（刑法第四百一十三条、《最高人民检察院关于渎职侵权犯罪案件立案标准的规定》）。

四、动物疫病预防控制机构及其工作人员不依法履行动物防疫职责的法律责任

动物防疫法第九十条规定：“动物疫病预防控制机构及其工作人员违反本法规定，有下列行为之一的，由本级

人民政府或者农业农村主管部门责令改正，通报批评；对直接负责的主管人员和其他直接责任人员依法给予处分：（一）未履行动物疫病监测、检测、评估职责或者伪造监测、检测、评估结果的；（二）发生动物疫情时未及时进行诊断、调查的；（三）接到染疫或者疑似染疫报告后，未及时按照国家规定采取措施、上报的；（四）其他未依照本法规定履行职责的行为。”

本条规定了动物疫病预防控制机构及其工作人员未依法履行职责的法律责任。

第一，未履行动物疫病监测、检测、评估职责或者伪造监测、检测、评估结果的。与原法第七十一条第一项相比增加“未履行评估职责”、“伪造评估结果”。本法第十二条第二款规定：“动物疫病预防控制机构承担动物疫病的监测、检测、诊断、流行病学调查、疫情报告以及其他预防、控制等技术工作；承担动物疫病净化、消灭的技术工作。”第十九条第四款规定：“动物疫病预防控制机构按照国务院农业农村主管部门的规定和动物疫病监测计划，对动物疫病的发生、流行等情况进行监测；……”第二十二条第三款规定：“动物疫病预防控制机构按照动物疫病净化、消灭规划、计划，开展动物疫病净化技术指导、培训，对动物疫病净化效果进行监测、评估。”从上述规定可以看出，按照国务院农业农村主管部门的规定和动物疫病监测计划，对动物疫病的发生、流行等情况进行监测，并对动物疫病净化效果进行监测、评估，是动物疫病预防控制机构的重要的法定职责。未依法履行职责，是指没有按规定开展监测、检测、评估，或者虽然开展了，但监测、检测、评估的范围、数量或内容等不符合规定，这样会造成农业农村主管部门不能正确掌握当地的动物疫病的情况，是严重的违法失职行为。伪造监测、检测、评估结果的，是指未经监测、检测、评估，编造监测、检测、评估结果；或者虽经监测、检测、评估，但篡改监测、检测、评估结果。

第二，发生动物疫情时未及时进行诊断、调查的。本法第十二条第二款规定，动物疫病预防控制机构承担动物疫病的诊断和流行病学调查职责。发生动物疫情时，动物疫病预防控制机构应当接受农业农村主管部门的指派，及时进行动物疫病诊断，承担动物疫情调查任务，为动物疫情的防控工作提供首要的技术支持。发生动物疫情时未及时进行诊断、调查，就会贻误时机，影响动物疫情的控制和扑灭，致使疫情扩散或损失扩大。

第三，接到染疫或者疑似染疫报告后，未及时按照国家规定采取措施、上报的。本项为新增加内容。按照本法第三十一条规定，接受动物疫情报告，采取临时性控制措施，并按规定程序上报，是动物疫病预防控制机构的法定职责。动物疫病预防控制机构接到动物疫情报告后，应当立即派技术人员赶赴现场，并按有关规定采取临时隔离等必要的技术控制处理措施。严格执行动物疫情上报制度，便于农业农村主管部门能够及时地掌握动物疫情动态，采取扑灭措施。未及时按规定程序上报，是严重的违法失职行为，会贻误时机而造成动物疫情扩散、损失扩大、控制成本增大等不利后果。

第四，其他未依照本法规定履行职责的行为。此项属于兜底性条款，是指除前述列举的违法行为之外的其他违法行为，如违反本法第二十二条第三款规定，未按照动物疫病净化、消灭规划、计划，开展动物疫病净化技术指导、培训等工作。

动物疫病预防控制机构及其工作人员有上述违法情形之一的，由本级人民政府或者农业农村主管部门责令改正，通报批评。对直接负责的主管人员和其他直接责任人员依法给予处分。直接负责的主管人员是指具体分管动物疫病防控工作的单位领导人员，其他直接责任人员是指负责执行动物疫病防控工作的人员。

该条构成犯罪的情形可能有：滥用职权罪或者玩忽职守罪（刑法第三百九十七条、《最高人民法院、最高人民检察院关于办理渎职刑事案件适用法律若干问题的解释（一）》第一条）。

五、地方政府、有关部门及其工作人员未依法履行动物疫情报告义务的法律责任

动物防疫法第九十一条规定："地方各级人民政府、有关部门及其工作人员瞒报、谎报、迟报、漏报或者授意他人瞒报、谎报、迟报动物疫情，或者阻碍他人报告动物疫情的，由上级人民政府或者有关部门责令改正，通报批评；对直接负责的主管人员和其他直接责任人员依法给予处分。"

本条规定了地方政府、有关部门及其工作人员未依法履行动物疫情报告义务的法律责任。主要针对本法第三十七条的规定，即任何单位和个人不得瞒报、谎报、迟报、漏报动物疫情，不得授意他人瞒报、谎报、迟报动物疫情，不得阻碍他人报告动物疫情。地方各级人民政府、有关部门及其工作人员违反上述规定的，将被依法追究责任。地方各级人民政府是指省级、设区的市级、县级和乡镇人民政府；各有关部门是指地方各级人民政府、农业农村主管部门、动物卫生监督机构和动物疫病预防控制机构，以及海关、科技、林业草原、卫生健康等部门和机构。直接负责的主管人员是指地方各级人民政府、各有关部门具体分管动物疫情报告的负责人，其他直接责任人员是指负责动物疫情报告的具体执行人员。

发现负有疫情报告义务的有关地方人民政府或者有关部门及其工作人员存在瞒报、谎报、迟报、漏报，或者授意他人瞒报、谎报、迟报动物疫情，或者阻碍他人报告动物疫情等违法情形之一的，由上级人民政府或者有关部门以行政命令的方式责令其改正并通报批评，违法的有关地方人民政府、有关部门及其工作人员在接到责令改正的命令后，必须立即改正其违法行为。对直接负责的主管人员和其他直接责任人员，还应根据其违法行为的性质、情节轻重、危害大小以及本人对违法行为的认识态度依法给予警告、记过、记大过、降级、撤职或者开除的处分。对直接负责的主管人员和其他直接责任人员实施处分的责任追究主体，按照监察法、公职人员政务处分法、公务员法和《行政机关公务员处分条例》等规定的权限进行。

六、不正确履行强制免疫，种用、乳用动物检测，犬只免疫接种，运载工具清洗消毒等义务的法律责任

动物防疫法第九十二条规定：“违反本法规定，有下列行为之一的，由县级以上地方人民政府农业农村主管部门责令限期改正，可以处一千元以下罚款；逾期不改正的，处一千元以上五千元以下罚款，由县级以上地方人民政府农业农村主管部门委托动物诊疗机构、无害化处理场

所等代为处理，所需费用由违法行为人承担：（一）对饲养的动物未按照动物疫病强制免疫计划或者免疫技术规范实施免疫接种的；（二）对饲养的种用、乳用动物未按照国务院农业农村主管部门的要求定期开展疫病检测，或者经检测不合格而未按照规定处理的；（三）对饲养的犬只未按照规定定期进行狂犬病免疫接种的；（四）动物、动物产品的运载工具在装载前和卸载后未按照规定及时清洗、消毒的。”

第一，对饲养的动物未按照动物疫病强制免疫计划或者免疫技术规范实施免疫接种的。该项主要针对的是本法第十七条第一款，“饲养动物的单位和个人应当履行动物疫病强制免疫义务，按照强制免疫计划和技术规范，对动物实施免疫接种，……”。据此，对饲养的动物不按照动物疫病强制免疫计划或者免疫技术规范实施免疫接种的违法行为具体表现为：一是不按照动物疫病强制免疫计划实施免疫接种；二是不按照免疫技术规范实施免疫接种。

第二，对饲养的种用、乳用动物未按照国务院农业农村主管部门的要求定期开展疫病检测，或者经检测不合格而未按照规定处理的。该项主要针对的是本法第二十三条第二款，“饲养种用、乳用动物的单位和个人，应当按照国务院农业农村主管部门的要求，定期开展动物疫病检测；检测不合格的，应当按照国家有关规定处理”。据此，对饲养的种用、乳用动物未按照国务院农业农村主管部门的要求定期开展疫病检测，或者经检测不合格而未按照规定处理的违法行为具体表现为：一是种用动物未按照要求定期开展疫病检测；二是乳用动物未按照要求定期开展疫病检测；三是种用动物经检测不合格而未按照规定处理；四是乳用动物经检测不合格而未按照规定处理。未按照规定处理，包括未处理，或者虽然处理但不符合规定。

第三，对饲养的犬只未按照规定定期进行狂犬病免疫接种的。该项主要针对的是本法第三十条第一款，“单位和个人饲养犬只，应当按照规定定期免疫接种狂犬病疫苗，……”。据此，对饲养的犬只未按照规定定期进行狂犬病免疫接种的违法行为具体表现为：一是对饲养的犬只未按照规定进行狂犬病免疫接种；二是对饲养的犬只未按照规定定期进行狂犬病免疫接种。

第四，动物、动物产品的运载工具在装载前和卸载后未按照规定及时清洗、消毒的。该项主要针对的是本法第五十二条第四款：“运载工具在装载前和卸载后应当及时清洗、消毒。”据此，动物、动物产品的运载工具在装载前和卸载后没有按规定及时清洗、消毒的违法行为具体表现为：一是动物的运载工具在装载前没有按规定及时清洗；二是动物的运载工具在装载前没有按规定及时消毒；三是动物的运载工具在卸载后没有按规定及时清洗；四是动物的运载工具在卸载后没有按规定及时消毒；五是动物产品的运载工具在装载前没有按规定及时清洗；六是动物产品的运载工具在装载前没有按规定及时消毒；七是动物产品的运载工具在卸载后没有按规定及时清洗；八是动物产品的运载工具在卸载后没有按规定及时消毒。

违法行为人有上述违法行为之一的，由县级以上地方人民政府农业农村主管部门依法作出以下处理：

一是责令限期改正，可以处一千元以下罚款。在实施行政处罚的同时，处罚实施机关责令当事人改正或者限期改正违法行为，是行政处罚法和本法的明确要求，目的是不仅要依法处罚违法行为人，还要纠正违法行为人的违法行为，维护正常的社会、经济秩序。需要说明的是，本条规定的责令限期改正属于行政命令，不是对违法行为人的行政处罚，是纠正违法行为，要求违法行为人在接到限期改正的命令后，应当按照国家有关规定在规定的限期内进行免疫接种、检测、采取处理、清洗、消毒等措施。在要求违法行为人限期改正其违法行为的同时，还可以对违法行为人给予一千元以下罚款，如果违法行为人改正及时，没有造成危害后果的，也可以不予罚款。是否对违法行为人处以一千元以下罚款以及处以多少罚款，是本法赋予农业农村主管部门的自由裁量权，农业农村主管部门根据违法行为的情节来决定是否处罚及罚款数额。违法行为情节是指违法行为发生的时间、地点、内容等。

二是逾期不改正的，处一千元以上五千元以下罚款。当事人实施了本条规定的违法行为之一的，在农业农村主管部门责令其限期改正后，违法行为人逾期仍不改正的，应当给予其一千元以上五千元以下的罚款。在适用一千元以上五千元以下罚款时，首先，适用该罚款前提是违法行为人逾期履行农业农村主管部门责令限期改正的命令；其次，责令限期改正的行政命令应采用书面形式，即出具《责令改正通知书》，以证明行政相对人具有逾期不改正的加重处罚情节。

三是代为处理。违法行为人逾期不改正的，由农业农村主管部门委托动物诊疗机构、无害化处理场所等代为处理，所需费用由违法行为人承担。“代为处理”属于行政强制法中规定的“代履行”的行政强制执行方式。在法律上属于行政强制，即代为处理的事项往往影响公共利益、公共安全，因而法律上要求该义务必须履行，并且可以通过代履行这种方式使该义务得以履行。就本条来讲，使这些义务得到履行的行政强制，比实施罚款的行政处罚更重要。本条规定，“代为处理”并不是要求农业农村主管部门的执法人员亲自去实施，而是委托动物诊疗机构、无害化处理场所等社会组织实施。对逾期不改正本条第一项、第二项中“对饲养的种用、乳用动物未按照国务院农业农村主管部门的要求定期开展疫病检测”以及第三项规定的行为的，委托动物诊疗机构代为处理；对逾期不改正本条第二项中“对饲养的种用、乳用动物经检测不合格而未按照规定处理”的行为的，委托无害化处理场所代为处理；对逾期不改正本条第四项规定的行为的，委托符合条件的洗消机构代为处理。需要说明的是，农业农村主管部门委托动物诊疗机构、无害化处理场所等社会组织实施代履行的内容是当事人应当履行的义务，而非行政强制执行权的委托。根据行政强制法和本法的规定，实施“代为处理”应当同时具备以下两个条件：一是当事人逾期不改正本条所列的行为；二是经催告后仍不改正的，且能够代为履行的。按照行政强制法，实施“代为处理”要遵守下列规定：

（1）事前催告。实施“代为处理”前必须进行催告，催告时间是在代为处理三日前，催告当事人履行，当事人履行的，停止代为处理。催告应当以书面的形式作出，如《代履行催告书》。

（2）作出代为处理决定书并送达当事人。实施“代为处理”前必须作出书面的决定书，作出书面的代为处理决定书（如《代履行决定书》）是农业农村主管部门的法定义务，有利于规范代履行行为，使得代履行有凭有据。代为处理决定书应当载明当事人的姓名或者名称、地址，代为处理的理由和依据、方式和时间、标的、处理所需费用以及代履行人（如动物诊疗机构）。

（3）明确所需处理费用。代履行本身不具有惩罚性，所以代为处理的费用按照成本合理确定，由违法行为人承担。对强制免疫而言，是指当地动物诊疗机构提供该批动物（或者犬只）强制免疫服务的疫苗费和劳务费；对检测不合格的种用和乳用动物拒不按规定处理的，是指无害化处理所需费用，包括人工费、材料、运输、销毁、化制等费用；对运载工具拒不按规定清洗消毒的，是指当地提供该运载工具清洗消毒的服务费，包括劳务费和材料费等。

（4）派员到场监督。代为处理时，作出决定的农业农村主管部门应当派员到场监督。监督内容为：代履行人是否按照合同代为履行义务，在代为履行义务过程中有无违法行为。代为处理完毕后，农业农村主管部门到场监督的工作人员、代履行人和当事人或者见证人应当在执行文书上签名或者盖章，以确认代为处理的结果。

七、未按照规定建立免疫档案和加施畜禽标识的法律责任

动物防疫法第九十三条规定："违反本法规定，对经强制免疫的动物未按照规定建立免疫档案，或者未按照规定加施畜禽标识的，依照《中华人民共和国畜牧法》的有

关规定处罚。”

本条规定了未按照规定建立免疫档案和加施畜禽标识的法律责任。主要针对的是本法第十七条第一款：“饲养动物的单位和个人应当履行动物疫病强制免疫义务，按照强制免疫计划和技术规范，对动物实施免疫接种，并按照国家有关规定建立免疫档案、加施畜禽标识，保证可追溯。”畜牧法第四十一条规定“畜禽养殖场应当建立养殖档案”，免疫情况是养殖档案的内容之一；本法规定的畜禽标识和畜牧法规定的畜禽标识是同一个标识，且畜牧法已规定了相应的法律责任，为了保证法律的协调性，对经强制免疫的动物未按照规定建立免疫档案，或者未按照规定加施畜禽标识的，依照畜牧法的有关规定处罚。

畜牧法第六十六条规定：“违反本法第四十一条规定，畜禽养殖场未建立养殖档案的，或者未按照规定保存养殖档案的，由县级以上人民政府畜牧兽医行政主管部门责令限期改正，可以处一万元以下罚款。”第六十八条第一款规定：“违反本法有关规定，销售的种畜禽未附具种畜禽合格证明、检疫合格证明、家畜系谱的，销售、收购国务院畜牧兽医行政主管部门规定应当加施标识而没有标识的畜禽的，或者重复使用畜禽标识的，由县级以上地方人民政府畜牧兽医行政主管部门或者工商行政管理部门责令改正，可以处二千元以下罚款。”因此，农业农村主管部门发现违法行为人对经强制免疫的动物未按照规定建立免疫档案的依照畜牧法第六十六条的规定实施处罚；发现违法行为人未按照规定加施畜禽标识的，依照畜牧法第六十八条的规定实施处罚。

八、动物、动物产品的运载工具、垫料、包装物、容器等不符合防疫要求的法律责任

动物防疫法第九十四条规定："违反本法规定，动物、动物产品的运载工具、垫料、包装物、容器等不符合国务院农业农村主管部门规定的动物防疫要求的，由县级以上地方人民政府农业农村主管部门责令改正，可以处五千元以下罚款；情节严重的，处五千元以上五万元以下罚款。"

本条规定了动物、动物产品的运载工具、垫料、包装物、容器等不符合防疫要求的法律责任，强化对动物、动物产品的运载工具、垫料、包装物、容器等的防疫要求。

本条主要针对的是本法第二十七条第一款："动物、动物产品的运载工具、垫料、包装物、容器等应当符合国务院农业农村主管部门规定的动物防疫要求。"据此，动物、动物产品的运载工具、垫料、包装物、容器等不符合国务院农业农村主管部门规定的动物防疫要求的违法行为具体表现为：一是运载工具不符合动物防疫要求；二是垫料不符合动物防疫要求；三是包装物不符合动物防疫要

求；四是容器不符合动物防疫要求。

对本条规定的违法行为，由县级以上地方人民政府农业农村主管部门依法作出以下处理：一是责令改正。县级以上地方人民政府农业农村主管部门发现有关当事人的动物、动物产品的运载工具、垫料、包装物、容器等没有达到国务院农业农村主管部门规定的动物防疫条件的，应当以行政命令的方式，责令其改正，违法行为人在接到责令改正的行政命令后，应当及时按照国务院农业农村主管部门的规定，对运载工具、垫料、包装物、容器等进行消毒等处理，使其达到动物防疫要求。二是罚款。县级以上地方人民政府农业农村主管部门责令违法行为人改正的同时，对一般违法行为，可以决定是否对违法行为人处五千元以下的罚款，但并不是必须罚款，对此法律赋予农业农村主管部门自由裁量权，农业农村主管部门根据违法行为的情节来决定是否处罚。违法行为情节是指违法行为发生的时间、地点、内容等。对情形严重的违法行为，必须在五千元以上五万元以下的幅度内给予罚款。“情形严重”是指造成的后果比较严重，例如动物、动物产品的运载工具、垫料、包装物、容器等不符合规定的动物防疫要求，引起一类动物疫病传播、引起重大动物疫情等情形；或者造成周边或较大范围的动物疫病流行、传播；或多次发生同种违法行为等。

九、违法处理染疫动物、动物产品及其污染的有关物品的法律责任

动物防疫法第九十五条规定："违反本法规定，对染疫动物及其排泄物、染疫动物产品或者被染疫动物、动物产品污染的运载工具、垫料、包装物、容器等未按照规定处置的，由县级以上地方人民政府农业农村主管部门责令限期处理；逾期不处理的，由县级以上地方人民政府农业农村主管部门委托有关单位代为处理，所需费用由违法行为人承担，处五千元以上五万元以下罚款。造成环境污染或者生态破坏的，依照环境保护有关法律法规进行处罚。"

本条主要针对的是违反本法第二十七条第二款规定，未按照国家有关规定处置下列物品之一的：一是染疫动物及其排泄物，包括经检疫不合格的动物；二是染疫动物产品，包括经检疫不合格的动物产品；三是被染疫动物、动物产品污染的运载工具；四是被染疫动物、动物产品污染的垫料；五是被染疫动物、动物产品污染的垫料包装物；六是被染疫动物、动物产品污染的容器等。这些物品，有的要直接销毁、有的要扑杀后销毁，有的需要进行消毒处理等，行为人应当按照国家有关规定处置，不得丢弃或者不严格按照国家有关规定处置等。

本条适用的几种情形包括：一是在饲养环节畜主发现

动物染疫，而未按照规定处置染疫动物及其排泄物，以及被染疫动物污染的垫料（如猪舍中的垫料）、容器（如盛装染疫蛋鸡的鸡蛋、染疫动物精液或者胚胎的容器）的；二是在屠宰环节生猪定点屠宰厂（场）发现动物、动物产品染疫，而不按规定处置染疫动物及其排泄物、染疫动物产品，以及被染疫动物、动物产品污染的运载工具、垫料、包装物、容器等物品的；三是运输工具的所有者或者持有者未按照国家有关规定处置染疫动物的排泄物，或者被染疫动物、动物产品污染的运输工具、垫料、包装物、容器等污染物的。

对本条规定的违法行为，由县级以上地方人民政府农业农村主管部门依法作出以下处理：

第一，责令限期处理。县级以上地方人民政府农业农村主管部门在执行监督检查时，如发现违法行为人有本条规定的违法行为时，应当以行政命令的方式要求违法行为人在规定的时限内按照规定自行处理，消除染疫动物、动物产品及其污染物传播动物疫病和污染环境的风险。

第二，代为处理。违法行为人逾期不处理的，由农业农村主管部门委托无害化处理场所等代为处理，所需费用由违法行为人承担。

第三，罚款。在适用罚款时，罚款的前提是违法行为人拒绝履行农业农村主管部门责令限期处理的要求，即

“逾期不处理”，则应当“处五千元以上五万元以下罚款”。如果违法行为人按照规定履行了农业农村主管部门责令限期处理的要求，则不应再实施罚款处罚。

第四，其他责任。本条第二款对因未按规定处理染疫动物、动物产品及其污染的有关物品，造成环境污染或者生态破坏的处罚，作了衔接性规定。如环境保护法第四十九条规定，从事畜禽养殖和屠宰的单位和个人应当采取措施，对畜禽粪便、尸体和污水等废弃物进行科学处置，防止污染环境；固体废物污染环境防治法第一百零七条规定，从事畜禽规模养殖未及时收集、贮存、利用或者处置养殖过程中产生的畜禽粪污等固体废物的，由生态环境主管部门责令改正，可以处十万元以下的罚款；情节严重的，报经有批准权的人民政府批准，责令停业或者关闭。

第五，适用本条需要注意的事项。一是违法行为人对染疫的动物、动物产品不仅未按照规定处置，而将染疫动物屠宰、经营、运输，将染疫动物产品生产、经营、加工、贮藏、运输的，适用本法第九十七条处罚，不适用本条处罚；二是本条所称的对染疫动物、动物产品未按照规定处置，包括对经检疫不合格的动物、动物产品未按照国家有关规定处理的情形；三是种用、乳用动物经检测不合格而未按照规定处理的，适用本法第九十二条处罚，不适用本条处罚；四是在疫情处理期间，县级以上人民政府及其农业农村主管部门已经依法作出有关控制、扑灭动物疫病规定，而违法行为人拒不按规定处置有关动物、动物产品的，适用本法第一百零四条处罚，不适用本条处罚。

十、患有人畜共患传染病的人员违法从事相关活动的法律责任

动物防疫法第九十六条规定："违反本法规定，患有人畜共患传染病的人员，直接从事动物疫病监测、检测、检验检疫，动物诊疗以及易感染动物的饲养、屠宰、经营、隔离、运输等活动的，由县级以上地方人民政府农业农村或者野生动物保护主管部门责令改正；拒不改正的，处一千元以上一万元以下罚款；情节严重的，处一万元以上五万元以下罚款。"

本条规定了患有人畜共患传染病的人员直接从事动物疫病的监测、检测、检验检疫，动物诊疗以及易感染动物的饲养、屠宰、经营、隔离、运输等活动的法律责任。

本条主要针对的是违反本法第三十五条的规定："患有人畜共患传染病的人员不得直接从事动物疫病监测、检测、检验检疫、诊疗以及易感染动物的饲养、屠宰、经营、隔离、运输等活动。"据此，患有人畜共患传染病的人员违反本法的情况主要包括：一是从事动物疫病的监测、检测、检验检疫；二是从事动物诊疗活动；三是从事

易感染动物饲养；四是从事易感染动物屠宰；五是从事易感染动物经营；六是从事易感染动物隔离；七是从事易感染动物运输。

需要说明的是：本条所称的“从事动物疫病监测、检测、检验检疫的人员”，是指接受动物疫病预防控制机构、动物卫生监督机构、野生动物保护主管部门的委托，或者具体承担动物疫病监测、检测、检验检疫的人员，不包括动物疫病预防控制机构、动物卫生监督机构、野生动物保护主管部门的工作人员。动物疫病预防控制机构或动物卫生监督机构工作人员有违反本法行为的，分别按照本法第八十九条和第九十条的规定，给予相应的处分。

对本条规定的违法行为，由县级以上地方人民政府农业农村和野生动物保护主管部门依照各自的职责，分别行使本条规定的行政处罚权。一是患有人畜共患传染病的人员，直接从事家畜家禽、各种实验动物、特种经济动物、观赏动物、演艺动物、宠物等动物疫病监测、检测、检验检疫，动物诊疗以及易感染动物的饲养、屠宰、经营、隔离、运输等活动的违法行为，由农业农村主管部门在本法规定的范围内行使本条规定的行政处罚权；二是患有人畜共患传染病的人员，直接从事野生动物疫病监测、检测、检验，动物诊疗以及易感染野生动物的饲养、隔离、运输等活动的违法行为，由野生动物保护主管部门在野生动物保护领域内行使本条规定的行政处罚权。

第一，责令改正。县级以上地方人民政府农业农村主管部门或者野生动物保护主管部门发现患有人畜共患传染病的人员直接从事上述相关活动的，应当按照职责分工以行政命令的方式责令其改正，有关人员在接到责令改正的命令后，必须立即改正其违法行为，具体表现为，患病期间不得再继续直接从事相关活动，并采取适当的措施消除从事相关活动产生的影响。

第二，罚款。在适用罚款处罚时，其前提是违法行为人拒绝履行农业农村主管部门或者野生动物保护主管部门作出的责令改正的命令，如果违法行为人履行了农业农村主管部门或者野生动物保护主管部门责令改正的命令，改正了违法行为，则不能实施罚款。对拒不改正本条规定的违法行为，处一千元以上一万元以下罚款；情节严重的，处一万元以上五万元以下罚款。情节严重是指造成的后果比较严重，例如造成动物疫情等严重后果的。

十一、屠宰、经营、运输动物或者生产、加工、贮藏、运输动物产品违反相关禁止性规定的法律责任

动物防疫法第九十七条规定：“违反本法第二十九条规定，屠宰、经营、运输动物或者生产、经营、加工、贮

藏、运输动物产品的，由县级以上地方人民政府农业农村主管部门责令改正、采取补救措施，没收违法所得、动物和动物产品，并处同类检疫合格动物、动物产品货值金额十五倍以上三十倍以下罚款；同类检疫合格动物、动物产品货值金额不足一万元的，并处五万元以上十五万元以下罚款；其中依法应当检疫而未检疫的，依照本法第一百条的规定处罚。前款规定的违法行为人及其法定代表人（负责人）、直接负责的主管人员和其他直接责任人员，自处罚决定作出之日起五年内不得从事相关活动；构成犯罪的，终身不得从事屠宰、经营、运输动物或者生产、经营、加工、贮藏、运输动物产品等相关活动。"

本条规定了违反本法第二十九条的法律责任。与原法第七十六条相比，一是提高了罚款数额，二是增加了对违法行为人及其法定代表人（负责人）、直接负责的主管人员和其他直接责任人员在一定时间内"限制开展生产经营活动"的处罚种类。

本条主要针对的是违反本法第二十九条第一款的规定，具体违法情形表现为屠宰、经营、运输下列动物或者生产、经营、加工、贮藏、运输下列动物产品之一的：一是封锁疫区内与所发生动物疫病有关的；二是疫区内易感染的；三是依法应当检疫而未经检疫或者检疫不合格的；四是染疫或者疑似染疫的；五是病死或者死因不明的；六是其他不符合国务院农业农村主管部门有关动物防疫规定的。

对本条规定的违法行为，由县级以上地方人民政府农业农村主管部门依法作出以下处理：

第一，责令改正，采取补救措施。县级以上地方人民政府农业农村主管部门在执行监督检查时，如发现违法行为人屠宰、生产、加工、经营、贮藏、运输本法第二十九条第一款规定的动物及动物产品的，应当以行政命令的方式要求违法行为人立即改正其违法行为，违法行为人应当立即改正其违法行为，并采取相应的补救措施，如将正在销售的动物产品下架，追回已销售的动物和动物产品等，降低疫病传播风险。

第二，没收违法所得。没收违法所得和非法财物，是行政处罚法规定的行政处罚种类之一，是指处罚机关剥夺财产所有人的财产所有权，将其收归国有。违法所得是指实施违法行为所取得的收入，包括成本和利润。如，通过违法屠宰、经营、加工、运输、贮藏本条禁止的动物、动物产品所取得的收入。有的违法行为，因被及时发现等原因没有违法所得，即虽有违法行为，但没有违法所得，则不给予没收违法所得的处罚。

第三，没收动物、动物产品。对封锁疫区内与所发生动物疫病有关的动物、动物产品，疫区内易感染的动物、动物产品，依法应当检疫而未经检疫或检疫不合格的动物、动物产品，染疫或者疑似染病的动物、动物产品，病死或者死因不明的动物、动物产品，无论是在屠宰、经营、运输、生产、加工、贮藏哪个环节发现，均应予以没收。

第四，罚款。县级以上人民政府农业农村主管部门在责令违法行为人改正其违法行为，采取补救措施，没收违法所得和动物、动物产品的同时，还应当对违法行为人处以罚款。处罚的基数是“同类检疫合格动物、动物产品的货值金额”。处罚的数额分三种情形：一是同类检疫合格动物、动物产品货值金额不足一万元的，罚款的数额为五万元以上十五万元以下；二是同类检疫合格动物、动物产品货值一万元以上的，罚款的数额为同类检疫合格动物、动物产品货值金额十五倍以上三十倍以下；三是对依法应当检疫而未检疫的，适用本法第一百条的规定，即罚款数额为同类检疫合格动物、动物产品货值金额一倍以下；以上罚款均含本数。“货值金额”，原则上按照违法行为人的合同或者口头报价计算。如果报价明显过低或过高，以违法行为发现地当地当时的同类检疫合格动物、动物产品货值金额计算。“同类”，是指与违法标的物相同的动物或动物产品，比如违法标的物为生猪，则处罚时以当地同类检疫合格的生猪为参考；违法标的物为猪肉，则处罚时以当地同类检疫合格的猪肉为参考。

第五，限制开展生产经营活动。限制开展生产经营活动，是行政处罚法规定的行政处罚种类之一，是指行政处罚机关限制行政相对人进行合法生产或经营活动的处罚措施。本条规定的限制开展生产经营活动的处罚，分为两种情形：

一是五年内不得从事屠宰、经营、运输动物或者生产、经营、加工、贮藏、运输动物产品等相关活动。动物的屠宰者、经营者、运输者和动物产品的生产者、经营者、加工者、贮藏者、运输者违反本法第二十九条第一款的规定，依据本条第一款给予行政处罚，在此情况下，也要对个人或者单位的法定代表人（负责人）、直接负责的主管人员和其他直接责任人员给予五年内不得从事屠宰、经营、运输动物或者生产、经营、加工、贮藏、运输动物产品等相关活动的行政处罚。

二是终身不得从事屠宰、经营、运输动物或者生产、经营、加工、贮藏、运输动物产品等相关活动。动物的违法屠宰者、经营者、运输者和动物产品的违法生产者、经营者、加工者、贮藏者、运输者违反本法第二十九条第一款的规定，被追究刑事责任的，要对该个人或者单位的法定代表人（负责人）、直接负责的主管人员和其他直接责任人员给予终身不得从事屠宰、经营、运输动物或者生产、经营、加工、贮藏、运输动物产品等相关活动的行政处罚。如，违反本法第二十九条第一款第四项经营、运输染疫或者疑似染疫的动物，引起重大动物疫情，以妨害动植物防疫、检疫罪被追究刑事责任的单位或个人；对该个人或者单位的法定代表人（负责人）、直接负责的主管人员和其他直接责任人员，应当给予终身不得从事屠宰、经营、运输动物或者生产、经营、加工、贮藏、运输动物产品等相关活动的行政处罚。

本款规定的限制开展生产经营活动，主要考虑到本法第二十九条第一款规定的禁止性行为，对动物防疫管理秩序危害较大，一旦违反，严重威胁养殖业的健康发展和人民群众的身体健康。个人或者单位违反本法第二十九条第一款规定的禁止性行为，尤其是单位的法定代表人（负责人）、直接负责的主管人员和其他直接责任人员往往难辞其咎，说明管理上有重大的失职行为或者管理能力和水平有严重的不足。因此，这样的管理人员和直接责任人员在一定期限内不再适合从事屠宰、经营、运输动物或者生产、经营、加工、贮藏、运输动物产品等相关活动的管理和具体工作。本条之所以规定处罚到人的法律责任，目的在于督促从事动物屠宰、经营、运输和动物产品的生产、经营、加工、贮藏、运输的个人或者单位的法定代表人（负责人）、直接负责的主管人员要认真负起管理责任，其他直接责任人员要遵守法律规范的规定，确保有关单位和个人能够守法从事与动物防疫相关的生产、经营等活动，在从事与动物防疫相关的生产、经营活动中重防疫、重信誉、重自律，形成维护公共卫生安全的长效机制。

第六，适用本条需要说明的七个问题：

一是本法第五十条规定，人工捕获的野生动物，应当按照国家有关规定报捕获地动物卫生监督机构检疫，检疫合格的，方可饲养、经营、运输。第二十九条规定，禁止经营、运输依法应当检疫而未检疫或者检疫不合格的动物。本条规定的法律责任同样适用于野生动物的饲养、经营、运输等活动。

二是关于本条与第一百条的适用。动物的违法屠宰者、经营者、运输者和动物产品的违法生产者、经营者、加工者、贮藏者、运输者违反本法第二十九条第一款第三项关于“依法应当检疫而未经检疫”规定的，应当按照国家有关规定适用补检制度。由农业农村主管部门根据本法第七十六条的规定，指派动物卫生监督机构对依法应当检疫而未经检疫的动物和动物产品，具备补检条件的实施补检，不具备补检条件的予以收缴销毁，并根据本法第一百条的规定进行处罚，即，给予同类检疫合格动物、动物产品货值金额一倍以下罚款。动物的违法屠宰者、经营者、运输者和动物产品的违法经营者、运输者违反本法第五十一条，屠宰、经营、运输的动物未附有检疫证明，经营、运输的动物产品未附有检疫证明、检疫标志，适用本法第一百条处理处罚，不适用本条处罚。“依法应当检疫而未经检疫”与“未附有检疫证明”的本质区别在于：前者未取得检疫证明，而违法从事屠宰、经营、运输动物或者生产、经营、加工、贮藏、运输动物产品，规范的是未经许可不得从事相关活动的管理秩序；后者对负有检疫申报义务的主体来说指取得检疫证明，但在从事屠宰、经营、运输动物或者经营、运输动物产品时未附有，以及货主以外的承运人未凭动物检疫证明承运动物的情形，规范的是凭证从事相关活动的管理秩序。

三是关于本条与第一百零三条的适用。动物的违法屠宰者、经营者、运输者和动物产品的违法生产者、经营者、加工者、贮藏者、运输者违反本法第二十九条第一款第三项关于“依法应当检疫而未经检疫”的规定，如果又使用伪造或者变造的检疫等证明、检疫标志的，适用本法第一百零三条第二款处罚。对于使用转让的检疫证明、检疫标志的，应当界定为“依法应当检疫而未经检疫”，适用本条进行处罚。

四是关于法定代表人（负责人）。本条所称的“法定代表人”，是指依据法律或者法人章程规定，代表法人行使职权的负责人。只有具备法人资格的单位，其负责人才能称之为“法定代表人”，如依据公司法设立的动物养殖企业，其法定代表人为董事长或者执行董事或经理。本条所称的“负责人”，是指不具备法人资格的单位负责人。如依据合伙企业法设立的动物养殖企业，其执行事务的合伙人为该企业的负责人；再如依据独资企业法设立的生猪定点屠宰企业，该企业的投资人为其负责人。

五是关于直接负责的主管人员和其他直接责任人员。本条所称的“直接负责的主管人员”，一般是指违法行为人为单位时，其违反本法第二十九条规定，在从事屠宰、经营、运输动物或者生产、经营、加工、贮藏、运输动物产品等相关活动的违法行为中起决定、批准、组织、策划、指挥、授意、纵容等作用的主管人员，主要是指分管负责人。本条所称的“其他直接责任人员”，对于违法行为人为单位时，一般是指在直接负责的主管人员的指挥、授意下积极参与实施单位违法或者对具体实施单位违法起较大作用的人员；对于个人的违法行为，一般是指具体实施屠宰、经营、运输动物或者生产、经营、加工、贮藏、运输动物产品等违法行为的人员。

六是关于“自处罚决定作出之日”的起算。本条规定的“自处罚决定作出之日”，是指县级以上地方人民政府农业农村主管部门依据本条第一款给予行政处罚的决定书送达违法行为人的生效之日。

七是关于法律文书的应用。县级以上地方人民政府农业农村主管部门依据本条第二款，对违法单位的法定代表人（负责人）、直接负责的主管人员和其他直接责任人员，作出“五年内或者终身不得从事屠宰、经营、运输动物或者生产、经营、加工、贮藏、运输动物产品等相关活动”的行政处罚时，既可以对违法单位及其法定代表人（负责人）、直接负责的主管人员和其他直接责任人员制作一套卷宗；也可以分别对违法单位及其法定代表人（负责人）、直接负责的主管人员和其他直接责任人员各自制作卷宗。但在制作一套卷宗时，相关法律文书中应当列明违法单位及其法定代表人（负责人）、直接负责的主管人员和其他直接责任人员的全部信息，并根据当事人的人数，对违法单位和需要给予处罚的法定代表人（负责人）、直接负责的主管人员和其他直接责任人员分别送达相关法律文书，以充分保障当事人的合法权利。对于违法行为人为个人的，只需要制作一套卷宗，在有关处罚的法律文书中，写明“五年内或者终身不得从事屠宰、经营、运输动物或者生产、经营、加工、贮藏、运输动物产品等相关活动”的行政处罚内容。

该条构成犯罪的情形可能有：生产、销售伪劣产品罪（刑法第一百四十条、《最高人民检察院、公安部关于公安机关管辖的刑事案件立案追诉标准的规定（一）》第十六条）；生产、销售不符合安全标准的食品罪（刑法第一百四十三条、《最高人民法院、最高人民检察院关于办理危害食品安全刑事案件适用法律若干问题的解释》第一条）；妨害动植物防疫、检疫罪（刑法第三百三十七条、《最高人民检察院、公安部关于公安机关管辖的刑事案件立案追诉标准的规定（一）的补充规定》第九条）。

十二、违反动物防疫规定的法律责任

动物防疫法第九十八条规定："违反本法规定，有下列行为之一的，由县级以上地方人民政府农业农村主管部门责令改正，处三千元以上三万元以下罚款；情节严重的，责令停业整顿，并处三万元以上十万元以下罚款：（一）开办动物饲养场和隔离场所、动物屠宰加工场所以及动物和动物产品无害化处理场所，未取得动物防疫条件合格证的；（二）经营动物、动物产品的集贸市场不具备国务院农业农村主管部门规定的防疫条件的；（三）未经备案从事动物运输的；（四）未按照规定保存行程路线和托运人提供的动物名称、检疫证明编号、数量等信息的；（五）未经检疫合格，向无规定动物疫病区输入动物、动物产品的；（六）跨省、自治区、直辖市引进种用、乳用动物到达输入地后未按照规定进行隔离观察的；（七）未按照规定处理或者随意弃置病死动物、病害动物产品的。"

本条列出了违反动物防疫规定的七种情形。第一，开办动物饲养场和隔离场所、动物屠宰加工场所以及动物和动物产品无害化处理场所，未取得动物防疫条件合格证，此类违法行为主要针对的是本法第二十四条、第二十五条的规定。动物防疫条件审查属于行政许可事项，未取得动物防疫条件合格证即开办的，属违法行为。第二，经营动物、动物产品的集贸市场不具备国务院农业农村主管部门规定的防疫条件，此类违法行为主要针对的是本法第二十六条第一款的规定。本项是此次修订新增加的内容，明确集贸市场不符合动物防疫条件的法律责任。第三，未经备案从事动物运输。第四，未按照规定保存行程路线和托运人提供的动物名称、检疫证明编号、数量等信息。第三、第四两种违法行为主要针对的是第五十二条第三款的规定，均为此次修订新增加的内容，明确了车辆备案管理、路线管理等方面的法律责任。第五，未经检疫合格，向无规定动物疫病区输入动物、动物产品，此类违法行为主要针对的是本法第五十四条的规定。第六，跨省、自治区、直辖市引进种用、乳用动物到达输入地后未按照规定进行隔离观察，此类违法行为主要针对的是本法第五十五条的规定。本项规定是对原法第七十七条第二项的修改，本法第五十五条删除了种用、乳用动物调运审批的规定，因此本项法律责任删除了相应的法律责任，补充了落地隔离观察的法律责任。第七，未按照规定处理或者随意弃置病死动物、病害动物产品。本项是此次修订新增加的内容，此类违法行为主要针对的是本法第五十七条的规定。

有上述违法情形之一的，由县级以上地方人民政府农业农村主管部门责令改正，处三千元以上三万元以下罚款；情节严重的，责令停业整顿，并处三万元以上十万元以下罚款。本条是对原法第七十七条的修改，提高了罚款额度。对普通违法行为，由原法规定的“处一千元以上一万元以下罚款”修改为“处三千元以上三万元以下罚款；对于情节严重的违法行为，增加了处罚种类并提高了罚款额度，由原法规定的“处一万元以上十万元以下罚款”修改为“责令停业整顿，并处三万元以上十万元以下罚款”。

停业整顿，是指国家行政机关对违反行政管理法规的单位和个人，依法在一定期限内剥夺其从事某项生产或经营活动权利的行政处罚。由于停业整顿的处罚将直接影响企业的生产与经营利益，因此对比较严重的行政违法行为才适用，行政处罚过程中还适用听证程序。需要注意的是，“情节严重”是指在具有上述七种违法行为的基础上，严重干扰正常的动物防疫管理秩序，出现的违法情节加重情形，比如引发动物疫情甚至是重大动物疫情，造成动物疫病的传播或者动物疫情的扩散，以及多次出现同类违法行为的情形，均可视为情节严重。

十三、动物饲养场等场所的生产经营条件发生变化，不再符合防疫条件但仍然继续从事相关活动的法律责任

动物防疫法第九十九条规定：“动物饲养场和隔离场所、动物屠宰加工场所以及动物和动物产品无害化处理场所，生产经营条件发生变化，不再符合本法第二十四条规定的动物防疫条件继续从事相关活动的，由县级以上地方人民政府农业农村主管部门给予警告，责令限期改正；逾期仍达不到规定条件的，吊销动物防疫条件合格证，并通报市场监督管理部门依法处理。”

本条规定了动物饲养场等场所的生产经营条件发生变化，不再符合动物防疫条件但仍然继续从事相关活动的违法情形。包括：动物饲养场和隔离场所、动物屠宰加工场所以及动物和动物产品无害化处理场所，生产经营条件发生变化，不再符合本法第二十四条规定的动物防疫条件继续从事相关活动。取得动物防疫条件合格证的前提是管理相对人开办的动物饲养场等场所符合本法规定的各项动物防疫条件。一旦生产经营条件发生变化，不再符合本法要求的动物防疫条件，一方面，其所取得的动物防疫条件合格证就名不副实，不再具备继续运营的资格；另一方面，动物防疫工作将面临较大的风险，容易造成动物疫病传入

或传出，需要及时改正，拒不改正或者改正后仍达不到规定条件的属于违法行为，应当按本条规定承担法律责任。

有以上违法情形的，由县级以上地方人民政府农业农村主管部门给予警告，责令限期改正；逾期仍达不到规定条件的，吊销动物防疫条件合格证，并通报市场监督管理部门依法处理。本条是此次修订新增加的内容，主要目的是针对现实情况中，有些场所取得了动物防疫条件合格证，后期在生产规模、场内布局等方面作了较大调整，动物防疫条件发生了较大变化，不再符合本法第二十四条规定的动物防疫条件，这些场所应当及时修整，使相关场所重新符合动物防疫条件规定，如果其并未作出相应的修整，而是继续从事相关活动，此时，农业农村主管部门就需要给予警告、责令限期改正。改正后符合动物防疫条件的，则可以继续营业；如果仍不符合，则该场所不能再持有动物防疫条件合格证，需要及时吊销处理。同时，农业农村主管部门要通报市场监督管理部门，对其他与之相关的情形予以依法处理。

十四、未附检疫证明或检疫标志的法律责任

动物防疫法第一百条规定：“违反本法规定，屠宰、经营、运输的动物未附有检疫证明，经营和运输的动物产品未附有检疫证明、检疫标志的，由县级以上地方人民政

府农业农村主管部门责令改正，处同类检疫合格动物、动物产品货值金额一倍以下罚款；对货主以外的承运人处运输费用三倍以上五倍以下罚款，情节严重的，处五倍以上十倍以下罚款。违反本法规定，用于科研、展示、演出和比赛等非食用性利用的动物未附有检疫证明的，由县级以上地方人民政府农业农村主管部门责令改正，处三千元以上一万元以下罚款。”

本条规定了违反检疫证明和检疫标志使用的五种违法情形。第一，屠宰的动物未附有检疫证明；第二，经营的动物未附有检疫证明；第三，运输的动物未附有检疫证明；第四，经营的动物产品未附有检疫证明、检疫标志；第五，运输的动物产品未附有检疫证明、检疫标志。上述五种违法行为主要针对的是本法第五十一条的规定。

有上述违法情形之一的，由县级以上地方人民政府农业农村主管部门责令改正，处同类检疫合格动物、动物产品货值金额一倍以下罚款；对货主以外的承运人处运输费用三倍以上五倍以下罚款，情节严重的，处五倍以上十倍以下罚款。本款是对 2015 年修正的动物防疫法第七十八条第一款的修改，由原法的“处同类检疫合格动物、动物产品货值金额百分之十以上百分之五十以下罚款；对货主以外的承运人处运输费用一倍以上三倍以下罚款”修改为

"处同类检疫合格动物、动物产品货值金额一倍以下罚款；对货主以外的承运人处运输费用三倍以上五倍以下罚款，情节严重的，处五倍以上十倍以下罚款。""情节严重"是专门对承运人提出的要求，货主以外的承运人，是指动物、动物产品运输服务的提供者，包括道路、铁路、水路和航空承运者。比如承运动物或动物产品时未附检疫证明或检疫标志引发了动物疫情甚至是重大动物疫情，造成了动物疫病的传播或者动物疫情的扩散，或者违法行为人多次出现同类违法行为等，均视为情节严重。以此促使承运人严格遵守法律规定，在其承运动物和动物产品时主动索要检疫证明或检疫标志。

另外，用于科研、展示、演出和比赛等非食用性利用的动物未附有检疫证明的，由县级以上地方人民政府农业农村主管部门责令改正，处三千元以上一万元以下罚款。本款是对原法第七十八条第二款的修改，作了两处改动，一是增加了"用于科研的动物未附检疫证明"的违法行为，二是增加了罚款额度，由"处一千元以上三千元以下罚款"修改为"处三千元以上一万元以下罚款。"

运输费用，原则上以违法行为人提供的运输合同或者口头报价计算。如果报价明显过低或者认定困难的，以国家交通部门和物价部门确定的运费计算。

十五、将禁止或者限制调运的特定动物、动物产品由动物疫病高风险区调入低风险区的法律责任

动物防疫法第一百零一条规定："违反本法规定，将禁止或者限制调运的特定动物、动物产品由动物疫病高风险区调入低风险区的，由县级以上地方人民政府农业农村主管部门没收运输费用、违法运输的动物和动物产品，并处运输费用一倍以上五倍以下罚款。"

本条规定了将禁止或者限制调运的特定动物、动物产品由动物疫病高风险区调入低风险区的违法行为。主要针对本法第四十六条的规定。本条为此次修订新增加的内容，对该违法行为进行处罚，旨在限制易感染或者已经感染疫病的畜禽从动物疫病高风险区向低风险区调运，降低动物疫病传播风险，有效防控动物疫病。

有上述违法行为的，由县级以上地方人民政府农业农村主管部门没收运输费用、违法运输的动物和动物产品，并处运输费用一倍以上五倍以下罚款。本条法律责任处罚力度较大，主要考虑是这类违法行为社会危害性比较大，而且执法实践中经常遇到违法分子为谋求高额利润，违规从疫区等高风险区偷运动物或动物产品，造成疫情传播，这类违法行为在非洲猪瘟疫情防控中的"炒猪"行为中并

不少见，一些地方已经严厉打击，甚至追究刑事责任。此次修订专门规定了该类违法行为的法律责任，目的是警诫行为人要严格遵守动物防疫规定，严禁将高风险区的动物和动物产品运至低风险区，防止造成疫病或疫情的扩散。

适用本条时应当注意，本条处罚的对象既包括违规调运的承运人，也包括违规调运的托运人。对于承运人应当是没收运输费用，并处运输费用一倍以上五倍以下罚款；对于托运人（即货主），应当没收违法运输的动物和动物产品，并处运输费用一倍以上五倍以下罚款。

另外，此类违法行为如果情节严重，造成了重大动物疫情的传播，则可能触及刑法第三百三十七条“妨害动植物防疫、检疫罪”，需要追究违法行为人的刑事责任。执法人员要及时与公安部门联系沟通，做好行刑衔接工作。

十六、违反指定通道制度的法律责任

动物防疫法第一百零二条规定：“违反本法规定，通过道路跨省、自治区、直辖市运输动物，未经省、自治区、直辖市人民政府设立的指定通道入省境或者过省境的，由县级以上地方人民政府农业农村主管部门对运输人处五千元以上一万元以下罚款；情节严重的，处一万元以上五万元以下罚款。”

本条规定了通过道路跨省、自治区、直辖市运输动物，未经省、自治区、直辖市人民政府设立的指定通道入省境或者过省境的违法行为。本条规定针对的是本法第五十三条的规定，“跨省、自治区、直辖市通过道路运输动物的，应当经省、自治区、直辖市人民政府设立的指定通道入省境或者过省境”。

有上述违法行为的，由县级以上地方人民政府农业农村主管部门对运输人处五千元以上一万元以下罚款；情节严重的，处一万元以上五万元以下罚款。本条法律责任是此次修订新增加的内容，主要目的是促使运输人在跨省份调运动物时应当通过设立的指定通道入境或过境。这里的运输人包括承运人和自行运输动物的货主。情节严重，是指未经指定通道入省境或者过省境的动物和动物产品数量较大，或者逃避监管的主观恶性程度较强，以及有多次此类违法行为等情形。

十七、违反检疫证明、检疫标志或者畜禽标识使用规定的法律责任

动物防疫法第一百零三条规定：“违反本法规定，转让、伪造或者变造检疫证明、检疫标志或者畜禽标识的，由县级以上地方人民政府农业农村主管部门没收违法所得和检疫证明、检疫标志、畜禽标识，并处五千元以上五万元以下罚款。持有、使用伪造或者变造的检疫证明、检疫

标志或者畜禽标识的，由县级以上人民政府农业农村主管部门没收检疫证明、检疫标志、畜禽标识和对应的动物、动物产品，并处三千元以上三万元以下罚款。”

第一款规定的违法情况包括三种。第一，转让检疫证明、检疫标志或者畜禽标识。转让行为，就是将合法获得的检疫证明、检疫标志或者畜禽标识，以获利或无偿赠送的方式转让他人，使受让人存在逃避检疫的可能性。第二，伪造检疫证明、检疫标志或者畜禽标识。伪造行为，指无权制作或出具检疫证明、检疫标志或畜禽标识的单位和个人，仿制检疫证明、检疫标志或者畜禽标识的式样，以假充真的行为。第三，变造检疫证明、检疫标志或者畜禽标识。变造行为，就是改变检疫证明、检疫标志或者畜禽标识的内容，比如改变畜禽产品的品种名称、签发日期等。以上三种行为均是本法第七十八条第一款所禁止的。有上述违法情形之一的，由县级以上地方人民政府农业农村主管部门没收违法所得和检疫证明、检疫标志、畜禽标识，并处五千元以上五万元以下罚款。本款内容是在原法第七十九条内容基础上进行了修改，将“收缴检疫证明、检疫标志或者畜禽标识”修改为“没收违法所得和检疫证明、检疫标志、畜禽标识”；提高罚款额度，将“并处三千元以上三万元以下罚款”修改为“并处五千元以上五万元以下罚款”。

第二款规定的违法情况包括两种。第一，持有伪造或者变造的检疫证明、检疫标志或者畜禽标识。第二，使用伪造或者变造的检疫证明、检疫标志或者畜禽标识。上述两种行为针对的是本法第七十八条第二款的规定。有上述违法行为之一的，由县级以上人民政府农业农村主管部门没收检疫证明、检疫标志、畜禽标识和对应的动物、动物产品，并处三千元以上三万元以下罚款。本款规定是此次修订新增加的内容，主要目的是严厉打击持有、使用伪造或者变造的检疫证明、检疫标志、畜禽标识的违法行为。

以上五种违反检疫证明、检疫标志或畜禽标识使用规定的行为，如果情节严重，则可能触及刑法第二百八十条“伪造、变造、买卖国家机关公文、证件、印章罪”，需要追究违法行为人的刑事责任。执法人员要及时与公安部门联系沟通，做好行刑衔接工作。

十八、违反动物疫病控制有关规定的法律责任

动物防疫法第一百零四条规定：“违反本法规定，有下列行为之一的，由县级以上地方人民政府农业农村主管部门责令改正，处三千元以上三万元以下罚款：（一）擅自发布动物疫情的；（二）不遵守县级以上人民政府及其农业农村主管部门依法作出的有关控制动物疫病规定的；

（三）藏匿、转移、盗掘已被依法隔离、封存、处理的动物和动物产品的。”

本条规定了违反动物疫病控制有关规定的三种情形。

第一，擅自发布动物疫情。主要针对的是本法第三十六条的规定，违法行为主要表现为除国务院农业农村主管部门和授权的省、自治区、直辖市人民政府农业农村主管部门以外的无权发布动物疫情的单位和个人，私自发布动物疫情信息，干扰动物防疫管理秩序。

第二，不遵守县级以上人民政府及其农业农村主管部门依法作出的有关控制动物疫病的规定。主要针对的是本法第三十八条、第三十九条、第四十条、第四十一条、第四十二条、第四十三条第一款、第四十四条、第四十五条、第四十七条等规定。违法行为主要有：一是不执行隔离决定，仍使疫区内动物相互接触；二是不配合甚至阻挠扑杀决定；三是不对有关场所、物品进行消毒，或者不按规定执行消毒决定；四是对病死动物、扑杀的动物、动物排泄物、垫料、粪污等有关物品拒不按规定作销毁、无害化处理；五是对易感动物不按规定进行紧急免疫接种；六是进出封锁疫区不配合消毒和其他限制性措施规定；七是不遵守动物疫病净化等控制措施决定；八是拒绝动物卫生监督检查站监督检查、拒绝疫区消毒站对进出车辆消毒等。

第三，藏匿、转移、盗掘已被依法隔离、封存、处理的动物和动物产品。主要针对的是本法第四十三条第二款的规定。藏匿，是指将有关动物、动物产品在原场所隐藏起来，以逃避依法采取的处理措施；转移，是指将有关动物、动物产品移至他处，以逃避依法采取的处理措施；盗掘，是指将已被扑杀、深埋的动物、动物产品秘密地挖掘出来、盗走，可以是全部，也可以是部分被深埋的动物、动物产品。

有上述违法情形之一的，由县级以上地方人民政府农业农村主管部门责令改正，处三千元以上三万元以下罚款。本条内容是对原法第八十条进行了修改，调整了违法行为的顺序，并提高了罚款额度，由“处一千元以上一万元以下罚款”修改为“处三千元以上三万元以下罚款”。

十九、违反动物诊疗机构管理规定的法律责任

动物防疫法第一百零五条规定：“违反本法规定，未取得动物诊疗许可证从事动物诊疗活动的，由县级以上地方人民政府农业农村主管部门责令停止诊疗活动，没收违法所得，并处违法所得一倍以上三倍以下罚款；违法所得不足三万元的，并处三千元以上三万元以下罚款。动物诊疗机构违反本法规定，未按照规定实施卫生安全防护、消毒、隔离和处置诊疗废弃物的，由县级以上地方人民政府

农业农村主管部门责令改正，处一千元以上一万元以下罚款；造成动物疫病扩散的，处一万元以上五万元以下罚款；情节严重的，吊销动物诊疗许可证。”

本条规定了违反动物诊疗机构管理规定的三种情形。

第一种情形，违反本法规定，未取得动物诊疗许可证从事动物诊疗活动。这种违法行为主要针对的是本法第六十二条、第六十三条的规定。这种行为属于“无证经营”，未取得动物诊疗许可证从事动物诊疗活动，以及超出诊疗许可证载明的诊疗活动范围和地点从事动物诊疗活动，不但不能保证诊疗质量，还可能造成动物疫病传播或疫情扩散。有该种违法行为的，由县级以上地方人民政府农业农村主管部门责令停止诊疗活动，没收违法所得，并处违法所得一倍以上三倍以下罚款；违法所得不足三万元的，并处三千元以上三万元以下罚款。本款是对原法第八十一条第一款进行了修改，由“责令停止诊疗活动，没收违法所得；违法所得在三万元以上的，并处违法所得一倍以上三倍以下罚款；没有违法所得或者违法所得不足三万元的，并处三千元以上三万元以下罚款。”修改为“责令停止诊疗活动，没收违法所得，并处违法所得一倍以上三倍以下罚款；违法所得不足三万元的，并处三千元以上三万元以下罚款。”

第二种情形，动物诊疗机构违反本法规定，未按照规定实施卫生安全防护、消毒、隔离和处置诊疗废弃物。这种违法行为主要针对的是本法第六十四条规定。有该种违法行为的，由县级以上地方人民政府农业农村主管部门责令改正，处一千元以上一万元以下罚款。该法律责任为此次修订新增加的内容，目的是督促动物诊疗机构按规定做好卫生安全防护、消毒、隔离和诊疗废弃物处置等工作，防止病原扩散。

第三种情形，动物诊疗机构造成动物疫病扩散。这种违法行为主要针对本法第六十四条、第六十五条的规定。主要包含以下情形：第一，未按照国务院农业农村主管部门的规定，做好诊疗活动中的卫生安全防护，在饲养场所及其周围室外剖检动物尸体；或不符合规定的条件和要求，非法分离病原，造成病原扩散的。第二，未按照国务院农业农村主管部门的规定，做好诊疗活动中场所、器械等的消毒，造成病原扩散的。第三，未按照国务院农业农村主管部门的规定，隔离治疗染疫动物，造成病原扩散的。第四，未按照国务院农业农村主管部门的规定，处置诊疗废弃物，对动物尸体、病料、诊断器皿、培养物等不按规定作无害化处理，随意丢弃等，造成病原扩散的。第五，诊疗人员直接造成动物疫病扩散的。第六，其他违反技术操作规范行为，造成病原扩散的。有上述违法行为之一的，由县级以上地方人民政府农业农村主管部门处一万元以上五万元以下罚款。

另外，本条规定，情节严重的，吊销动物诊疗许可证。情节严重，是指严重违反本法关于动物诊疗机构的规定，造成的后果比较严重，例如造成一类动物疫病传播；由于诊疗行为致使其他多个饲养主体的动物感染该疫病或大量动物感染该疫病，造成周边及较大范围的动物疫病流行、传播等。

关于本条与第一百零六条的衔接。造成动物疫病扩散的，对诊疗机构适用本条处罚，对其中经备案的执业兽医按第一百零六条第二款处罚；对其中未经执业兽医备案而从事动物诊疗活动的人员及其所在动物诊疗机构，按第一百零六条第一款处罚。

二十、违反执业兽医管理规定的法律责任

动物防疫法第一百零六条规定："违反本法规定，未经执业兽医备案从事经营性动物诊疗活动的，由县级以上地方人民政府农业农村主管部门责令停止动物诊疗活动，没收违法所得，并处三千元以上三万元以下罚款；对其所在的动物诊疗机构处一万元以上五万元以下罚款。执业兽医有下列行为之一的，由县级以上地方人民政府农业农村主管部门给予警告，责令暂停六个月以上一年以下动物诊疗活动；情节严重的，吊销执业兽医资格证书：（一）违

反有关动物诊疗的操作技术规范，造成或者可能造成动物疫病传播、流行的；（二）使用不符合规定的兽药和兽医器械的；（三）未按照当地人民政府或者农业农村主管部门要求参加动物疫病预防、控制和动物疫情扑灭活动的。”

本条规定了违反执业兽医管理规定的四种情形。

第一种情形，未经执业兽医备案从事经营性动物诊疗活动，包括未取得执业兽医资格的人员从事经营性动物诊疗活动，以及虽取得执业兽医资格但未依法办理备案即从事经营性动物诊疗活动。这种违法行为主要针对本法第六十九条的规定。有这种违法行为的，由县级以上地方人民政府农业农村主管部门责令停止动物诊疗活动，没收违法所得，并处三千元以上三万元以下罚款；对其所在动物诊疗机构处一万元以上五万元以下罚款。本条第一款是对原法第八十二条第一款的修改，提高处罚额度，由原来的“并处一千元以上一万元以下罚款”修改为“并处三千元以上三万元以下罚款”。同时，本款增加对动物诊疗机构的处罚，主要目的是督促动物诊疗机构确保在本机构从业的人员具备相应的资格并履行备案程序。

第二种情形，执业兽医违反有关动物诊疗的操作技术规范，造成或者可能造成动物疫病传播、流行。这种违法行为主要针对本法第六十五条第一款的规定。

第三种情形，执业兽医使用不符合规定的兽药和兽医器械。这种违法行为主要针对本法第六十五条第一款的规定。不符合国家规定的兽药，是指《兽药管理条例》规定的假兽药、劣兽药、禁止使用的药品等；不符合国家规定兽医器械的，是指不符合国家强制性标准的兽医器械。

第四种情形，执业兽医未按照当地人民政府或者农业农村主管部门要求参加动物疫病预防、控制和动物疫情扑灭活动。这种违法行为主要针对本法第七十二条的规定。有以上三种违法行为之一的，由县级以上地方人民政府农业农村主管部门给予警告，责令暂停六个月以上一年以下动物诊疗活动；情节严重的，吊销执业兽医资格证书。本款是对原法第八十二条第二款的修改，由“吊销注册证书”修改为“吊销执业兽医资格证书”。此处需注意的是，本法第六十九条规定执业兽医资格证书由省、自治区、直辖市人民政府农业农村主管部门颁发，市、县人民政府农业农村主管部门作出行政处罚后，应当按程序提请省级农业农村主管部门吊销执业兽医资格证书。

二十一、违反兽医器械管理规定的法律责任

动物防疫法第一百零七条规定：“违反本法规定，生产经营兽医器械，产品质量不符合要求的，由县级以上地方人民政府农业农村主管部门责令限期整改；情节严重的，责令停业整顿，并处二万元以上十万元以下罚款。”

本条规定了违反兽医器械管理规定，生产经营兽医器械，产品质量不符合要求的违法行为。主要针对的是本法第六十五条第二款规定。有此种违法行为的，由县级以上地方人民政府农业农村主管部门责令限期整改；情节严重的，责令停业整顿，并处二万元以上十万元以下罚款。本条是此次修订新增加的内容，主要目的是强化兽医器械质量管理。“情节严重”的情形，包括拒不改正，以及生产、经营不符合产品质量要求的兽医器械数额较大，违法获利较多，或者多次实施生产、经营不符合产品质量要求的兽医器械，或者造成了比较严重的财产损失或社会不良影响等情形。

另外，因本法对生产经营兽医器械产品质量不符合要求的规定了法律责任，对这种违法行为就不再适用产品质量法实施处罚。这种违法行为可能触及刑法第一百四十条“生产、销售伪劣产品罪”，需要追究违法行为人的刑事责任。农业执法人员要及时与公安部门联系沟通，做好行刑衔接工作。

二十二、不正确履行疫情报告义务和违反动物防疫监督管理义务的法律责任

动物防疫法第一百零八条规定：“违反本法规定，从事动物疫病研究、诊疗和动物饲养、屠宰、经营、隔离、

运输，以及动物产品生产、经营、加工、贮藏、无害化处理等活动的单位和个人，有下列行为之一的，由县级以上地方人民政府农业农村主管部门责令改正，可以处一万元以下罚款；拒不改正的，处一万元以上五万元以下罚款，并可以责令停业整顿：（一）发现动物染疫、疑似染疫未报告，或者未采取隔离等控制措施的；（二）不如实提供与动物防疫有关的资料的；（三）拒绝或者阻碍农业农村主管部门进行监督检查的；（四）拒绝或者阻碍动物疫病预防控制机构进行动物疫病监测、检测、评估的；（五）拒绝或者阻碍官方兽医依法履行职责的。”

本条规定了行政相对人不正确履行疫情报告义务和违反动物防疫监督管理义务的五种情形。

第一种情形，从事动物疫病研究、诊疗和动物饲养、屠宰、经营、隔离、运输，以及动物产品生产、经营、加工、贮藏、无害化处理等活动的单位和个人，发现动物染疫、疑似染疫未报告，或者未采取隔离等控制措施。此种违法行为主要针对本法第三十一条的规定，是对2015年修正的动物防疫法第八十三条第一项的修改，将“不履行动物疫情报告义务的”修改为“发现动物染疫、疑似染疫未报告，或者未采取隔离等控制措施的”。

第二种情形，从事动物疫病研究、诊疗和动物饲养、屠宰、经营、隔离、运输，以及动物产品生产、经营、加工、贮藏、无害化处理等活动的单位和个人，不如实提供与动物防疫有关的资料。此种违法行为主要针对本法第七十六条的规定。不如实提供的行为，包括拒绝提供免疫档案、消毒记录、生产记录、无害化处理记录、诊疗记录、实验记录、购销记录、屠宰记录、运输合同等，也包括隐瞒或者提供虚假资料的行为。

第三种情形，从事动物疫病研究、诊疗和动物饲养、屠宰、经营、隔离、运输，以及动物产品生产、经营、加工、贮藏、无害化处理等活动的单位和个人，拒绝或者阻碍农业农村主管部门进行监督检查。此种违法行为主要针对本法第七十六条的规定。拒绝监督检查，一是指拒绝、阻碍农业农村主管部门执法人员进入有关场所，例如生产、贮藏和办公场所等；二是指拒绝、阻碍对动物、动物产品按照规定采样、留验、抽检；三是指拒绝、阻碍对染疫或者疑似染疫的动物、动物产品及相关物品进行隔离、查封、扣押和处理；四是指拒绝、阻碍查验检疫证明、检疫标志和畜禽标识；五是指拒绝、阻碍调查取证，查阅、复制与动物防疫有关的资料；六是其他行为。

第四种情形，从事动物疫病研究、诊疗和动物饲养、屠宰、经营、隔离、运输，以及动物产品生产、经营、加工、贮藏、无害化处理等活动的单位和个人，拒绝或者阻碍动物疫病预防控制机构进行动物疫病监测、检测、评估。此种违法行为主要针对本法第十九条第四款的规定。拒绝或者阻碍，包括拒绝或者阻碍动物疫病预防控制机构有关人员进入有关场所、按规定数量采样等违法行为。

第五种情形，从事动物疫病研究、诊疗和动物饲养、屠宰、经营、隔离、运输，以及动物产品生产、经营、加工、贮藏、无害化处理等活动的单位和个人，拒绝或者阻碍官方兽医依法履行职责。此种违法行为主要针对本法第四十九条第三款和第六十七条的规定。本项为此次修订新增加的内容，主要目的是促使行政相对人配合官方兽医开展动物检疫相关工作。拒绝或者阻碍，包括拒绝或者阻碍官方兽医实施检疫、出具检疫证明、加施检疫标志等违法行为。

有上述违法情形之一的，由县级以上地方人民政府农业农村主管部门责令改正，可以处一万元以下罚款；拒不改正的，处一万元以上五万元以下罚款，并可以责令停业整顿。

二十三、从重情形，以及其他需要追究行政责任、刑事责任和承担民事责任的情形

动物防疫法第一百零九条规定："违反本法规定，造成人畜共患传染病传播、流行的，依法从重给予处分、处罚。违反本法规定，构成违反治安管理行为的，依法给予治安管

理处罚；构成犯罪的，依法追究刑事责任。违反本法规定，给他人人身、财产造成损害的，依法承担民事责任。”

（一）关于违反人畜共患传染病管理规定的法律责任

本法对负有动物防疫责任的主体规定了各自的职责，对动物防疫工作规定了严密的制度和规则。违反本法的规定，如患有人畜共患传染病的人员直接从事动物疫病监测、检测、检验检疫、动物诊疗以及易感动物的饲养、屠宰、经营、隔离、运输等活动的，执业兽医使用不符合国家规定的兽药和兽医器械的或者不按照当地人民政府或者农业农村主管部门要求参加动物疫病预防、控制和动物疫情扑灭活动的，县级以上地方人民政府农业农村主管部门的工作人员未对饲养动物的单位或者个人履行强制免疫义务的情况进行监督检查，动物疫病预防控制机构及其工作人员在发生动物疫情时未及时进行诊断、调查的，单位和个人饲养犬只未按规定定期接种狂犬病疫苗的等，无论责任人是动物及动物产品的经营主体、执业兽医，还是政府及其有关部门或者动物疾病预防控制机构的工作人员，均应当承担相应的法律责任。动物防疫责任主体违反法律规定，未造成严重后果的，按照对应的条文承担法律责任；造成人畜共患传染病传播、流行的严重后果的，应当在相应的法律责任的幅度内从重裁量。

本款是此次修订新增加的内容，主要目的是防止人畜共患传染病传播。需要指出的是，给予处分是针对公职人员，实施处分的主体是各级人民政府及其工作部门。给予处罚是针对违法的行政相对人，实施责任追究的主体是县级以上地方人民政府农业农村主管部门。

（二）关于治安管理处罚和追究刑事责任

动物防疫法第一百零九条第二款规定："违反本法规定，构成违反治安管理行为的，依法给予治安管理处罚；构成犯罪的，依法追究刑事责任。"

关于治安管理处罚。可理解为违反本法规定，但本法未设定对应的法律责任的情形；以及同一违法行为既存在违反本法的法律责任，又存在违反治安管理处罚法的法律责任的情形。如出现第一种情形，应当由公安机关依照治安管理处罚法处罚，如出现第二种情形，原则上应当由县级以上地方人民政府农业农村主管部门依照本法作出处罚；情节严重或单纯依照本法处罚难以达到纠正、惩戒违法行为目的的，可由公安机关按照治安管理处罚法的规定另行处罚，但是根据行政处罚法的规定，仅可按照罚款数额高的作出一次罚款的处罚。构成违反治安管理的行为包括但不限于以下内容：

1. 违反国家规定，制造、买卖、储存、运输、邮寄、携带、使用、提供、处置传染病病原体等危险物质的（治安管理处罚法第三十条、第三十一条）；

2. 拒不执行人民政府在紧急状态情况下依法发布的决定、命令的（治安管理处罚法第五十条）；

3. 阻碍国家机关工作人员依法执行职务的（治安管理处罚法第五十条）；

4. 伪造、变造、买卖或者使用国家机关、事业单位证明文件、印章等（治安管理处罚法第五十二条）；

5. 隐藏、转移、变卖或者损毁行政执法机关依法扣押、查封、冻结的财物的（治安管理处罚法第六十条）；

6. 伪造、隐匿、毁灭证据或者提供虚假证言、谎报案情，影响行政执法机关依法办案的（治安管理处罚法第六十条）。

关于追究刑事责任。当同一违法行为既违反动物防疫法，又违反刑法规定，其行为符合刑法所规定的犯罪构成要件的情形。如出现这样的情形，除依照本法承担行政责任外，还应依据刑法有关条款承担相应的刑事责任。按照动物防疫法规定的违法行为，构成犯罪的情况包括：（1）贪污罪；（2）受贿罪；（3）单位受贿罪；（4）滥用职权罪、玩忽职守罪、徇私舞弊罪；（5）生产、销售伪劣产品罪；（6）生产销售不符合安全标准的食品罪；（7）污染环境罪；（8）伪造、变造、买卖国家机关公文、证件、印章罪；（9）妨害动植物防疫、检疫罪；（10）妨害公务罪；

（11）以危险方法危害公共安全罪。违反本法规定，涉嫌构成犯罪的行为包括但不限于以下内容：

1. 违反有关动物防疫、检疫的国家规定，引起重大动物疫情的，或者有引起重大动物疫情危险，情节严重的，涉嫌构成妨害动植物防疫、检疫罪；

2. 生产、销售病死、死因不明或者检疫不合格的动物及动物产品的，涉嫌构成生产、销售不符合安全标准的食品罪；

3. 伪造、变造、买卖或者使用国家机关、事业单位证明文件、印章等，情节严重的，涉嫌构成伪造、买卖国家机关证件印章罪；

4. 故意传播人畜共患病，危害公共安全，涉嫌构成以危险方法危害公共安全罪；

5. 以暴力、威胁方法阻碍国家机关工作人员依法执行职务的，涉嫌构成妨碍公务罪；

6. 不按规定处置染疫死、病死或者死因不明动物及动物产品、动物排泄物及相关污染物，严重污染环境的，涉嫌构成污染环境罪；

7. 公职人员不作为、乱作为、失职渎职，涉嫌构成滥用职权或玩忽职守罪、徇私舞弊不移交刑事案件罪、食品监管渎职罪、动植物检疫徇私舞弊或动植物检疫失职罪、帮助犯罪分子逃避处罚罪等；

8. 生产经营兽医器械，产品质量不符合要求的，涉嫌构成生产、销售伪劣产品罪。

（三）关于追究民事责任

本条第二款规定了违反本法规定，给他人人身、财产造成损害的，依法承担民事责任。主要是指在动物防疫活动中，各级政府、部门及其工作人员如果给行政相对人造成了人身或财产损害，或者行政相对人对政府、部门及其工作人员造成了人身或财产损害，均应按照民法典第七编"侵权责任"的规定，依法承担相应的民事赔偿责任。

附录

中华人民共和国动物防疫法

（1997年7月3日第八届全国人民代表大会常务委员会第二十六次会议通过　2007年8月30日第十届全国人民代表大会常务委员会第二十九次会议第一次修订　根据2013年6月29日第十二届全国人民代表大会常务委员会第三次会议《关于修改〈中华人民共和国文物保护法〉等十二部法律的决定》第一次修正　根据2015年4月24日第十二届全国人民代表大会常务委员会第十四次会议《关于修改〈中华人民共和国电力法〉等六部法律的决定》第二次修正　2021年1月22日第十三届全国人民代表大会常务委员会第二十五次会议第二次修订）

目　　录

第一章　总　　则

第一条　为了加强对动物防疫活动的管理，预防、控制、净化、消灭动物疫病，促进养殖业发展，防控人畜共患传染病，保障公共卫生安全和人体健康，制定本法。

第二条　本法适用于在中华人民共和国领域内的动物防疫及其监督管理活动。

进出境动物、动物产品的检疫，适用《中华人民共和国进出境动植物检疫法》。

第三条　本法所称动物，是指家畜家禽和人工饲养、捕获的其他动物。

本法所称动物产品，是指动物的肉、生皮、原毛、绒、脏器、脂、血液、精液、卵、胚胎、骨、蹄、头、角、筋以及可能传播动物疫病的奶、蛋等。

本法所称动物疫病，是指动物传染病，包括寄生虫病。

本法所称动物防疫，是指动物疫病的预防、控制、诊疗、净化、消灭和动物、动物产品的检疫，以及病死动物、病害动物产品的无害化处理。

第四条 根据动物疫病对养殖业生产和人体健康的危害程度，本法规定的动物疫病分为下列三类：

（一）一类疫病，是指口蹄疫、非洲猪瘟、高致病性禽流感等对人、动物构成特别严重危害，可能造成重大经济损失和社会影响，需要采取紧急、严厉的强制预防、控制等措施的；

（二）二类疫病，是指狂犬病、布鲁氏菌病、草鱼出血病等对人、动物构成严重危害，可能造成较大经济损失和社会影响，需要采取严格预防、控制等措施的；

（三）三类疫病，是指大肠杆菌病、禽结核病、鳖腮腺炎病等常见多发，对人、动物构成危害，可能造成一定程度的经济损失和社会影响，需要及时预防、控制的。

前款一、二、三类动物疫病具体病种名录由国务院农业农村主管部门制定并公布。国务院农业农村主管部门应当根据动物疫病发生、流行情况和危害程度，及时增加、减少或者调整一、二、三类动物疫病具体病种并予以公布。

人畜共患传染病名录由国务院农业农村主管部门会同国务院卫生健康、野生动物保护等主管部门制定并公布。

第五条 动物防疫实行预防为主，预防与控制、净化、消灭相结合的方针。

第六条 国家鼓励社会力量参与动物防疫工作。各级人民政府采取措施，支持单位和个人参与动物防疫的宣传教育、疫情报告、志愿服务和捐赠等活动。

第七条 从事动物饲养、屠宰、经营、隔离、运输以及动物产品生产、经营、加工、贮藏等活动的单位和个人，依照本法和国务院农业农村主管部门的规定，做好免疫、消毒、检测、隔离、净化、消灭、无害化处理等动物防疫工作，承担动物防疫相关责任。

第八条 县级以上人民政府对动物防疫工作实行统一领导，采取有效措施稳定基层机构队伍，加强动物防疫队伍建设，建立健全动物防疫体系，制定并组织实施动物疫病防治规划。

乡级人民政府、街道办事处组织群众做好本辖区的动物疫病预防与控制工作，村民委员会、居民委员会予以协助。

第九条 国务院农业农村主管部门主管全国的动物防疫工作。

县级以上地方人民政府农业农村主管部门主管本行政区域的动物防疫工作。

县级以上人民政府其他有关部门在各自职责范围内做

好动物防疫工作。

军队动物卫生监督职能部门负责军队现役动物和饲养自用动物的防疫工作。

第十条 县级以上人民政府卫生健康主管部门和本级人民政府农业农村、野生动物保护等主管部门应当建立人畜共患传染病防治的协作机制。

国务院农业农村主管部门和海关总署等部门应当建立防止境外动物疫病输入的协作机制。

第十一条 县级以上地方人民政府的动物卫生监督机构依照本法规定，负责动物、动物产品的检疫工作。

第十二条 县级以上人民政府按照国务院的规定，根据统筹规划、合理布局、综合设置的原则建立动物疫病预防控制机构。

动物疫病预防控制机构承担动物疫病的监测、检测、诊断、流行病学调查、疫情报告以及其他预防、控制等技术工作；承担动物疫病净化、消灭的技术工作。

第十三条 国家鼓励和支持开展动物疫病的科学研究以及国际合作与交流，推广先进适用的科学研究成果，提高动物疫病防治的科学技术水平。

各级人民政府和有关部门、新闻媒体，应当加强对动物防疫法律法规和动物防疫知识的宣传。

第十四条 对在动物防疫工作、相关科学研究、动物疫情扑灭中做出贡献的单位和个人，各级人民政府和有关部门按照国家有关规定给予表彰、奖励。

有关单位应当依法为动物防疫人员缴纳工伤保险费。对因参与动物防疫工作致病、致残、死亡的人员，按照国家有关规定给予补助或者抚恤。

第二章　动物疫病的预防

第十五条　国家建立动物疫病风险评估制度。

国务院农业农村主管部门根据国内外动物疫情以及保护养殖业生产和人体健康的需要，及时会同国务院卫生健康等有关部门对动物疫病进行风险评估，并制定、公布动物疫病预防、控制、净化、消灭措施和技术规范。

省、自治区、直辖市人民政府农业农村主管部门会同本级人民政府卫生健康等有关部门开展本行政区域的动物疫病风险评估，并落实动物疫病预防、控制、净化、消灭措施。

第十六条　国家对严重危害养殖业生产和人体健康的动物疫病实施强制免疫。

国务院农业农村主管部门确定强制免疫的动物疫病病种和区域。

省、自治区、直辖市人民政府农业农村主管部门制定本行政区域的强制免疫计划；根据本行政区域动物疫病流行情况增加实施强制免疫的动物疫病病种和区域，报本级人民政府批准后执行，并报国务院农业农村主管部门备案。

第十七条 饲养动物的单位和个人应当履行动物疫病强制免疫义务，按照强制免疫计划和技术规范，对动物实施免疫接种，并按照国家有关规定建立免疫档案、加施畜禽标识，保证可追溯。

实施强制免疫接种的动物未达到免疫质量要求，实施补充免疫接种后仍不符合免疫质量要求的，有关单位和个人应当按照国家有关规定处理。

用于预防接种的疫苗应当符合国家质量标准。

第十八条 县级以上地方人民政府农业农村主管部门负责组织实施动物疫病强制免疫计划，并对饲养动物的单位和个人履行强制免疫义务的情况进行监督检查。

乡级人民政府、街道办事处组织本辖区饲养动物的单位和个人做好强制免疫，协助做好监督检查；村民委员会、居民委员会协助做好相关工作。

县级以上地方人民政府农业农村主管部门应当定期对本行政区域的强制免疫计划实施情况和效果进行评估，并向社会公布评估结果。

第十九条 国家实行动物疫病监测和疫情预警制度。

县级以上人民政府建立健全动物疫病监测网络，加强动物疫病监测。

国务院农业农村主管部门会同国务院有关部门制定国家动物疫病监测计划。省、自治区、直辖市人民政府农业农村主管部门根据国家动物疫病监测计划，制定本行政区域的动物疫病监测计划。

动物疫病预防控制机构按照国务院农业农村主管部门的规定和动物疫病监测计划，对动物疫病的发生、流行等情况进行监测；从事动物饲养、屠宰、经营、隔离、运输以及动物产品生产、经营、加工、贮藏、无害化处理等活动的单位和个人不得拒绝或者阻碍。

国务院农业农村主管部门和省、自治区、直辖市人民政府农业农村主管部门根据对动物疫病发生、流行趋势的预测，及时发出动物疫情预警。地方各级人民政府接到动物疫情预警后，应当及时采取预防、控制措施。

第二十条 陆路边境省、自治区人民政府根据动物疫病防控需要，合理设置动物疫病监测站点，健全监测工作机制，防范境外动物疫病传入。

科技、海关等部门按照本法和有关法律法规的规定做好动物疫病监测预警工作，并定期与农业农村主管部门互通情况，紧急情况及时通报。

县级以上人民政府应当完善野生动物疫源疫病监测体系和工作机制，根据需要合理布局监测站点；野生动物保护、农业农村主管部门按照职责分工做好野生动物疫源疫病监测等工作，并定期互通情况，紧急情况及时通报。

第二十一条 国家支持地方建立无规定动物疫病区，鼓励动物饲养场建设无规定动物疫病生物安全隔离区。对符合国务院农业农村主管部门规定标准的无规定动物疫病区和无规定动物疫病生物安全隔离区，国务院农业农村主管部门验收合格予以公布，并对其维持情况进行监督检查。

省、自治区、直辖市人民政府制定并组织实施本行政区域的无规定动物疫病区建设方案。国务院农业农村主管部门指导跨省、自治区、直辖市无规定动物疫病区建设。

国务院农业农村主管部门根据行政区划、养殖屠宰产业布局、风险评估情况等对动物疫病实施分区防控，可以采取禁止或者限制特定动物、动物产品跨区域调运等措施。

第二十二条 国务院农业农村主管部门制定并组织实施动物疫病净化、消灭规划。

县级以上地方人民政府根据动物疫病净化、消灭规划，制定并组织实施本行政区域的动物疫病净化、消灭计划。

动物疫病预防控制机构按照动物疫病净化、消灭规划、计划，开展动物疫病净化技术指导、培训，对动物疫病净化效果进行监测、评估。

国家推进动物疫病净化，鼓励和支持饲养动物的单位和个人开展动物疫病净化。饲养动物的单位和个人达到国务院农业农村主管部门规定的净化标准的，由省级以上人民政府农业农村主管部门予以公布。

第二十三条　种用、乳用动物应当符合国务院农业农村主管部门规定的健康标准。

饲养种用、乳用动物的单位和个人，应当按照国务院农业农村主管部门的要求，定期开展动物疫病检测；检测不合格的，应当按照国家有关规定处理。

第二十四条　动物饲养场和隔离场所、动物屠宰加工场所以及动物和动物产品无害化处理场所，应当符合下列动物防疫条件：

（一）场所的位置与居民生活区、生活饮用水水源地、学校、医院等公共场所的距离符合国务院农业农村主管部门的规定；

（二）生产经营区域封闭隔离，工程设计和有关流程符合动物防疫要求；

（三）有与其规模相适应的污水、污物处理设施，病死动物、病害动物产品无害化处理设施设备或者冷藏冷冻设施设备，以及清洗消毒设施设备；

（四）有与其规模相适应的执业兽医或者动物防疫技术人员；

（五）有完善的隔离消毒、购销台账、日常巡查等动物防疫制度；

（六）具备国务院农业农村主管部门规定的其他动物防疫条件。

动物和动物产品无害化处理场所除应当符合前款规定的条件外，还应当具有病原检测设备、检测能力和符合动物防疫要求的专用运输车辆。

第二十五条 国家实行动物防疫条件审查制度。

开办动物饲养场和隔离场所、动物屠宰加工场所以及动物和动物产品无害化处理场所，应当向县级以上地方人民政府农业农村主管部门提出申请，并附具相关材料。受理申请的农业农村主管部门应当依照本法和《中华人民共和国行政许可法》的规定进行审查。经审查合格的，发给动物防疫条件合格证；不合格的，应当通知申请人并说明理由。

动物防疫条件合格证应当载明申请人的名称（姓名）、场（厂）址、动物（动物产品）种类等事项。

第二十六条 经营动物、动物产品的集贸市场应当具备国务院农业农村主管部门规定的动物防疫条件，并接受农业农村主管部门的监督检查。具体办法由国务院农业农村主管部门制定。

县级以上地方人民政府应当根据本地情况，决定在城市特定区域禁止家畜家禽活体交易。

第二十七条 动物、动物产品的运载工具、垫料、包装物、容器等应当符合国务院农业农村主管部门规定的动物防疫要求。

染疫动物及其排泄物、染疫动物产品，运载工具中的动物排泄物以及垫料、包装物、容器等被污染的物品，应当按照国家有关规定处理，不得随意处置。

第二十八条 采集、保存、运输动物病料或者病原微生物以及从事病原微生物研究、教学、检测、诊断等活动，应当遵守国家有关病原微生物实验室管理的规定。

第二十九条 禁止屠宰、经营、运输下列动物和生产、经营、加工、贮藏、运输下列动物产品：

（一）封锁疫区内与所发生动物疫病有关的；

（二）疫区内易感染的；

（三）依法应当检疫而未经检疫或者检疫不合格的；

（四）染疫或者疑似染疫的；

（五）病死或者死因不明的；

（六）其他不符合国务院农业农村主管部门有关动物防疫规定的。

因实施集中无害化处理需要暂存、运输动物和动物产品并按照规定采取防疫措施的，不适用前款规定。

第三十条 单位和个人饲养犬只，应当按照规定定期免疫接种狂犬病疫苗，凭动物诊疗机构出具的免疫证明向所在地养犬登记机关申请登记。

携带犬只出户的，应当按照规定佩戴犬牌并采取系犬绳等措施，防止犬只伤人、疫病传播。

街道办事处、乡级人民政府组织协调居民委员会、村民委员会，做好本辖区流浪犬、猫的控制和处置，防止疫病传播。

县级人民政府和乡级人民政府、街道办事处应当结合本地实际，做好农村地区饲养犬只的防疫管理工作。

饲养犬只防疫管理的具体办法，由省、自治区、直辖市制定。

第三章　动物疫情的报告、通报和公布

第三十一条　从事动物疫病监测、检测、检验检疫、研究、诊疗以及动物饲养、屠宰、经营、隔离、运输等活动的单位和个人，发现动物染疫或者疑似染疫的，应当立即向所在地农业农村主管部门或者动物疫病预防控制机构报告，并迅速采取隔离等控制措施，防止动物疫情扩散。其他单位和个人发现动物染疫或者疑似染疫的，应当及时报告。

接到动物疫情报告的单位，应当及时采取临时隔离控制等必要措施，防止延误防控时机，并及时按照国家规定的程序上报。

第三十二条　动物疫情由县级以上人民政府农业农村

主管部门认定；其中重大动物疫情由省、自治区、直辖市人民政府农业农村主管部门认定，必要时报国务院农业农村主管部门认定。

本法所称重大动物疫情，是指一、二、三类动物疫病突然发生，迅速传播，给养殖业生产安全造成严重威胁、危害，以及可能对公众身体健康与生命安全造成危害的情形。

在重大动物疫情报告期间，必要时，所在地县级以上地方人民政府可以作出封锁决定并采取扑杀、销毁等措施。

第三十三条 国家实行动物疫情通报制度。

国务院农业农村主管部门应当及时向国务院卫生健康等有关部门和军队有关部门以及省、自治区、直辖市人民政府农业农村主管部门通报重大动物疫情的发生和处置情况。

海关发现进出境动物和动物产品染疫或者疑似染疫的，应当及时处置并向农业农村主管部门通报。

县级以上地方人民政府野生动物保护主管部门发现野生动物染疫或者疑似染疫的，应当及时处置并向本级人民政府农业农村主管部门通报。

国务院农业农村主管部门应当依照我国缔结或者参加的条约、协定，及时向有关国际组织或者贸易方通报重大动物疫情的发生和处置情况。

第三十四条 发生人畜共患传染病疫情时，县级以上人民政府农业农村主管部门与本级人民政府卫生健康、野生动物保护等主管部门应当及时相互通报。

发生人畜共患传染病时，卫生健康主管部门应当对疫区易感染的人群进行监测，并应当依照《中华人民共和国传染病防治法》的规定及时公布疫情，采取相应的预防、控制措施。

第三十五条 患有人畜共患传染病的人员不得直接从事动物疫病监测、检测、检验检疫、诊疗以及易感染动物的饲养、屠宰、经营、隔离、运输等活动。

第三十六条 国务院农业农村主管部门向社会及时公布全国动物疫情，也可以根据需要授权省、自治区、直辖市人民政府农业农村主管部门公布本行政区域的动物疫情。其他单位和个人不得发布动物疫情。

第三十七条 任何单位和个人不得瞒报、谎报、迟报、漏报动物疫情，不得授意他人瞒报、谎报、迟报动物疫情，不得阻碍他人报告动物疫情。

第四章 动物疫病的控制

第三十八条 发生一类动物疫病时，应当采取下列控制措施：

（一）所在地县级以上地方人民政府农业农村主管部

门应当立即派人到现场，划定疫点、疫区、受威胁区，调查疫源，及时报请本级人民政府对疫区实行封锁。疫区范围涉及两个以上行政区域的，由有关行政区域共同的上一级人民政府对疫区实行封锁，或者由各有关行政区域的上一级人民政府共同对疫区实行封锁。必要时，上级人民政府可以责成下级人民政府对疫区实行封锁；

（二）县级以上地方人民政府应当立即组织有关部门和单位采取封锁、隔离、扑杀、销毁、消毒、无害化处理、紧急免疫接种等强制性措施；

（三）在封锁期间，禁止染疫、疑似染疫和易感染的动物、动物产品流出疫区，禁止非疫区的易感染动物进入疫区，并根据需要对出入疫区的人员、运输工具及有关物品采取消毒和其他限制性措施。

第三十九条 发生二类动物疫病时，应当采取下列控制措施：

（一）所在地县级以上地方人民政府农业农村主管部门应当划定疫点、疫区、受威胁区；

（二）县级以上地方人民政府根据需要组织有关部门和单位采取隔离、扑杀、销毁、消毒、无害化处理、紧急免疫接种、限制易感染的动物和动物产品及有关物品出入等措施。

第四十条 疫点、疫区、受威胁区的撤销和疫区封锁的解除，按照国务院农业农村主管部门规定的标准和程序评估后，由原决定机关决定并宣布。

第四十一条 发生三类动物疫病时，所在地县级、乡级人民政府应当按照国务院农业农村主管部门的规定组织防治。

第四十二条 二、三类动物疫病呈爆发性流行时，按照一类动物疫病处理。

第四十三条 疫区内有关单位和个人，应当遵守县级以上人民政府及其农业农村主管部门依法作出的有关控制动物疫病的规定。

任何单位和个人不得藏匿、转移、盗掘已被依法隔离、封存、处理的动物和动物产品。

第四十四条 发生动物疫情时，航空、铁路、道路、水路运输企业应当优先组织运送防疫人员和物资。

第四十五条 国务院农业农村主管部门根据动物疫病的性质、特点和可能造成的社会危害，制定国家重大动物疫情应急预案报国务院批准，并按照不同动物疫病病种、流行特点和危害程度，分别制定实施方案。

县级以上地方人民政府根据上级重大动物疫情应急预案和本地区的实际情况，制定本行政区域的重大动物疫情应急预案，报上一级人民政府农业农村主管部门备案，并抄送上一级人民政府应急管理部门。县级以上地方人民政府农业农村主管部门按照不同动物疫病病种、流行特点和危害程度，分别制定实施方案。

重大动物疫情应急预案和实施方案根据疫情状况及时调整。

第四十六条 发生重大动物疫情时，国务院农业农村主管部门负责划定动物疫病风险区，禁止或者限制特定动物、动物产品由高风险区向低风险区调运。

第四十七条 发生重大动物疫情时，依照法律和国务院的规定以及应急预案采取应急处置措施。

第五章 动物和动物产品的检疫

第四十八条 动物卫生监督机构依照本法和国务院农业农村主管部门的规定对动物、动物产品实施检疫。

动物卫生监督机构的官方兽医具体实施动物、动物产品检疫。

第四十九条 屠宰、出售或者运输动物以及出售或者运输动物产品前，货主应当按照国务院农业农村主管部门的规定向所在地动物卫生监督机构申报检疫。

动物卫生监督机构接到检疫申报后，应当及时指派官方兽医对动物、动物产品实施检疫；检疫合格的，出具检疫证明、加施检疫标志。实施检疫的官方兽医应当在检疫证明、检疫标志上签字或者盖章，并对检疫结论负责。

动物饲养场、屠宰企业的执业兽医或者动物防疫技术人员，应当协助官方兽医实施检疫。

第五十条 因科研、药用、展示等特殊情形需要非食用性利用的野生动物，应当按照国家有关规定报动物卫生监督机构检疫，检疫合格的，方可利用。

人工捕获的野生动物，应当按照国家有关规定报捕获地动物卫生监督机构检疫，检疫合格的，方可饲养、经营和运输。

国务院农业农村主管部门会同国务院野生动物保护主管部门制定野生动物检疫办法。

第五十一条 屠宰、经营、运输的动物，以及用于科研、展示、演出和比赛等非食用性利用的动物，应当附有检疫证明；经营和运输的动物产品，应当附有检疫证明、检疫标志。

第五十二条 经航空、铁路、道路、水路运输动物和动物产品的，托运人托运时应当提供检疫证明；没有检疫证明的，承运人不得承运。

进出口动物和动物产品，承运人凭进口报关单证或者海关签发的检疫单证运递。

从事动物运输的单位、个人以及车辆，应当向所在地县级人民政府农业农村主管部门备案，妥善保存行程路线和托运人提供的动物名称、检疫证明编号、数量等信息。

具体办法由国务院农业农村主管部门制定。

运载工具在装载前和卸载后应当及时清洗、消毒。

第五十三条 省、自治区、直辖市人民政府确定并公布道路运输的动物进入本行政区域的指定通道，设置引导标志。跨省、自治区、直辖市通过道路运输动物的，应当经省、自治区、直辖市人民政府设立的指定通道入省境或者过省境。

第五十四条 输入到无规定动物疫病区的动物、动物产品，货主应当按照国务院农业农村主管部门的规定向无规定动物疫病区所在地动物卫生监督机构申报检疫，经检疫合格的，方可进入。

第五十五条 跨省、自治区、直辖市引进的种用、乳用动物到达输入地后，货主应当按照国务院农业农村主管部门的规定对引进的种用、乳用动物进行隔离观察。

第五十六条 经检疫不合格的动物、动物产品，货主应当在农业农村主管部门的监督下按照国家有关规定处理，处理费用由货主承担。

第六章 病死动物和病害动物产品的无害化处理

第五十七条 从事动物饲养、屠宰、经营、隔离以及动物产品生产、经营、加工、贮藏等活动的单位和个人，应当按照国家有关规定做好病死动物、病害动物产品的无害化处理，或者委托动物和动物产品无害化处理场所处理。

从事动物、动物产品运输的单位和个人，应当配合做好病死动物和病害动物产品的无害化处理，不得在途中擅自弃置和处理有关动物和动物产品。

任何单位和个人不得买卖、加工、随意弃置病死动物和病害动物产品。

动物和动物产品无害化处理管理办法由国务院农业农村、野生动物保护主管部门按照职责制定。

第五十八条 在江河、湖泊、水库等水域发现的死亡畜禽，由所在地县级人民政府组织收集、处理并溯源。

在城市公共场所和乡村发现的死亡畜禽，由所在地街道办事处、乡级人民政府组织收集、处理并溯源。

在野外环境发现的死亡野生动物，由所在地野生动物保护主管部门收集、处理。

第五十九条 省、自治区、直辖市人民政府制定动物和动物产品集中无害化处理场所建设规划，建立政府主导、市场运作的无害化处理机制。

第六十条 各级财政对病死动物无害化处理提供补助。具体补助标准和办法由县级以上人民政府财政部门会同本级人民政府农业农村、野生动物保护等有关部门制定。

第七章 动物诊疗

第六十一条 从事动物诊疗活动的机构，应当具备下列条件：

（一）有与动物诊疗活动相适应并符合动物防疫条件的场所；

（二）有与动物诊疗活动相适应的执业兽医；

（三）有与动物诊疗活动相适应的兽医器械和设备；

（四）有完善的管理制度。

动物诊疗机构包括动物医院、动物诊所以及其他提供动物诊疗服务的机构。

第六十二条 从事动物诊疗活动的机构，应当向县级以上地方人民政府农业农村主管部门申请动物诊疗许可证。受理申请的农业农村主管部门应当依照本法和《中华人民共和国行政许可法》的规定进行审查。经审查合格的，发给动物诊疗许可证；不合格的，应当通知申请人并说明理由。

第六十三条 动物诊疗许可证应当载明诊疗机构名称、诊疗活动范围、从业地点和法定代表人（负责人）等事项。

动物诊疗许可证载明事项变更的，应当申请变更或者换发动物诊疗许可证。

第六十四条 动物诊疗机构应当按照国务院农业农村主管部门的规定，做好诊疗活动中的卫生安全防护、消毒、隔离和诊疗废弃物处置等工作。

第六十五条 从事动物诊疗活动，应当遵守有关动物诊疗的操作技术规范，使用符合规定的兽药和兽医器械。

兽药和兽医器械的管理办法由国务院规定。

第八章 兽医管理

第六十六条 国家实行官方兽医任命制度。

官方兽医应当具备国务院农业农村主管部门规定的条件，由省、自治区、直辖市人民政府农业农村主管部门按照程序确认，由所在地县级以上人民政府农业农村主管部门任命。具体办法由国务院农业农村主管部门制定。

海关的官方兽医应当具备规定的条件，由海关总署任命。具体办法由海关总署会同国务院农业农村主管部门制定。

第六十七条 官方兽医依法履行动物、动物产品检疫职责，任何单位和个人不得拒绝或者阻碍。

第六十八条 县级以上人民政府农业农村主管部门制定官方兽医培训计划，提供培训条件，定期对官方兽医进行培训和考核。

第六十九条 国家实行执业兽医资格考试制度。具有兽医相关专业大学专科以上学历的人员或者符合条件的乡村兽医，通过执业兽医资格考试的，由省、自治区、直辖市人民政府农业农村主管部门颁发执业兽医资格证书；从事动物诊疗等经营活动的，还应当向所在地县级人民政府农业农村主管部门备案。

执业兽医资格考试办法由国务院农业农村主管部门商国务院人力资源主管部门制定。

第七十条 执业兽医开具兽医处方应当亲自诊断，并对诊断结论负责。

国家鼓励执业兽医接受继续教育。执业兽医所在机构应当支持执业兽医参加继续教育。

第七十一条 乡村兽医可以在乡村从事动物诊疗活动。具体管理办法由国务院农业农村主管部门制定。

第七十二条 执业兽医、乡村兽医应当按照所在地人民政府和农业农村主管部门的要求，参加动物疫病预防、控制和动物疫情扑灭等活动。

第七十三条 兽医行业协会提供兽医信息、技术、培训等服务，维护成员合法权益，按照章程建立健全行业规范和奖惩机制，加强行业自律，推动行业诚信建设，宣传动物防疫和兽医知识。

第九章 监督管理

第七十四条 县级以上地方人民政府农业农村主管部

门依照本法规定，对动物饲养、屠宰、经营、隔离、运输以及动物产品生产、经营、加工、贮藏、运输等活动中的动物防疫实施监督管理。

第七十五条 为控制动物疫病，县级人民政府农业农村主管部门应当派人在所在地依法设立的现有检查站执行监督检查任务；必要时，经省、自治区、直辖市人民政府批准，可以设立临时性的动物防疫检查站，执行监督检查任务。

第七十六条 县级以上地方人民政府农业农村主管部门执行监督检查任务，可以采取下列措施，有关单位和个人不得拒绝或者阻碍：

（一）对动物、动物产品按照规定采样、留验、抽检；

（二）对染疫或者疑似染疫的动物、动物产品及相关物品进行隔离、查封、扣押和处理；

（三）对依法应当检疫而未经检疫的动物和动物产品，具备补检条件的实施补检，不具备补检条件的予以收缴销毁；

（四）查验检疫证明、检疫标志和畜禽标识；

（五）进入有关场所调查取证，查阅、复制与动物防疫有关的资料。

县级以上地方人民政府农业农村主管部门根据动物疫病预防、控制需要，经所在地县级以上地方人民政府批准，可以在车站、港口、机场等相关场所派驻官方兽医或者工作人员。

第七十七条 执法人员执行动物防疫监督检查任务，应当出示行政执法证件，佩带统一标志。

县级以上人民政府农业农村主管部门及其工作人员不得从事与动物防疫有关的经营性活动，进行监督检查不得收取任何费用。

第七十八条 禁止转让、伪造或者变造检疫证明、检疫标志或者畜禽标识。

禁止持有、使用伪造或者变造的检疫证明、检疫标志或者畜禽标识。

检疫证明、检疫标志的管理办法由国务院农业农村主管部门制定。

第十章 保障措施

第七十九条 县级以上人民政府应当将动物防疫工作纳入本级国民经济和社会发展规划及年度计划。

第八十条 国家鼓励和支持动物防疫领域新技术、新设备、新产品等科学技术研究开发。

第八十一条 县级人民政府应当为动物卫生监督机构配备与动物、动物产品检疫工作相适应的官方兽医，保障检疫工作条件。

县级人民政府农业农村主管部门可以根据动物防疫工作需要，向乡、镇或者特定区域派驻兽医机构或者工作人员。

第八十二条 国家鼓励和支持执业兽医、乡村兽医和动物诊疗机构开展动物防疫和疫病诊疗活动；鼓励养殖企业、兽药及饲料生产企业组建动物防疫服务团队，提供防疫服务。地方人民政府组织村级防疫员参加动物疫病防治工作的，应当保障村级防疫员合理劳务报酬。

第八十三条 县级以上人民政府按照本级政府职责，将动物疫病的监测、预防、控制、净化、消灭，动物、动物产品的检疫和病死动物的无害化处理，以及监督管理所需经费纳入本级预算。

第八十四条 县级以上人民政府应当储备动物疫情应急处置所需的防疫物资。

第八十五条 对在动物疫病预防、控制、净化、消灭过程中强制扑杀的动物、销毁的动物产品和相关物品，县级以上人民政府给予补偿。具体补偿标准和办法由国务院财政部门会同有关部门制定。

第八十六条 对从事动物疫病预防、检疫、监督检查、现场处理疫情以及在工作中接触动物疫病病原体的人员，有关单位按照国家规定，采取有效的卫生防护、医疗保健措施，给予畜牧兽医医疗卫生津贴等相关待遇。

第十一章　法律责任

第八十七条　地方各级人民政府及其工作人员未依照本法规定履行职责的，对直接负责的主管人员和其他直接责任人员依法给予处分。

第八十八条　县级以上人民政府农业农村主管部门及其工作人员违反本法规定，有下列行为之一的，由本级人民政府责令改正，通报批评；对直接负责的主管人员和其他直接责任人员依法给予处分：

（一）未及时采取预防、控制、扑灭等措施的；

（二）对不符合条件的颁发动物防疫条件合格证、动物诊疗许可证，或者对符合条件的拒不颁发动物防疫条件合格证、动物诊疗许可证的；

（三）从事与动物防疫有关的经营性活动，或者违法收取费用的；

（四）其他未依照本法规定履行职责的行为。

第八十九条　动物卫生监督机构及其工作人员违反本法规定，有下列行为之一的，由本级人民政府或者农业农村主管部门责令改正，通报批评；对直接负责的主管人员和其他直接责任人员依法给予处分：

（一）对未经检疫或者检疫不合格的动物、动物产品出具检疫证明、加施检疫标志，或者对检疫合格的动物、动物产品拒不出具检疫证明、加施检疫标志的；

（二）对附有检疫证明、检疫标志的动物、动物产品重复检疫的；

（三）从事与动物防疫有关的经营性活动，或者违法收取费用的；

（四）其他未依照本法规定履行职责的行为。

第九十条 动物疫病预防控制机构及其工作人员违反本法规定，有下列行为之一的，由本级人民政府或者农业农村主管部门责令改正，通报批评；对直接负责的主管人员和其他直接责任人员依法给予处分：

（一）未履行动物疫病监测、检测、评估职责或者伪造监测、检测、评估结果的；

（二）发生动物疫情时未及时进行诊断、调查的；

（三）接到染疫或者疑似染疫报告后，未及时按照国家规定采取措施、上报的；

（四）其他未依照本法规定履行职责的行为。

第九十一条 地方各级人民政府、有关部门及其工作人员瞒报、谎报、迟报、漏报或者授意他人瞒报、谎报、迟报动物疫情，或者阻碍他人报告动物疫情的，由上级人民政府或者有关部门责令改正，通报批评；对直接负责的主管人员和其他直接责任人员依法给予处分。

第九十二条 违反本法规定，有下列行为之一的，由县级以上地方人民政府农业农村主管部门责令限期改正，可以处一千元以下罚款；逾期不改正的，处一千元以上五千元以下罚款，由县级以上地方人民政府农业农村主管部门委托动物诊疗机构、无害化处理场所等代为处理，所需费用由违法行为人承担：

（一）对饲养的动物未按照动物疫病强制免疫计划或者免疫技术规范实施免疫接种的；

（二）对饲养的种用、乳用动物未按照国务院农业农村主管部门的要求定期开展疫病检测，或者经检测不合格而未按照规定处理的；

（三）对饲养的犬只未按照规定定期进行狂犬病免疫接种的；

（四）动物、动物产品的运载工具在装载前和卸载后未按照规定及时清洗、消毒的。

第九十三条　违反本法规定，对经强制免疫的动物未按照规定建立免疫档案，或者未按照规定加施畜禽标识的，依照《中华人民共和国畜牧法》的有关规定处罚。

第九十四条　违反本法规定，动物、动物产品的运载工具、垫料、包装物、容器等不符合国务院农业农村主管部门规定的动物防疫要求的，由县级以上地方人民政府农业农村主管部门责令改正，可以处五千元以下罚款；情节严重的，处五千元以上五万元以下罚款。

第九十五条 违反本法规定，对染疫动物及其排泄物、染疫动物产品或者被染疫动物、动物产品污染的运载工具、垫料、包装物、容器等未按照规定处置的，由县级以上地方人民政府农业农村主管部门责令限期处理；逾期不处理的，由县级以上地方人民政府农业农村主管部门委托有关单位代为处理，所需费用由违法行为人承担，处五千元以上五万元以下罚款。

造成环境污染或者生态破坏的，依照环境保护有关法律法规进行处罚。

第九十六条 违反本法规定，患有人畜共患传染病的人员，直接从事动物疫病监测、检测、检验检疫，动物诊疗以及易感染动物的饲养、屠宰、经营、隔离、运输等活动的，由县级以上地方人民政府农业农村或者野生动物保护主管部门责令改正；拒不改正的，处一千元以上一万元以下罚款；情节严重的，处一万元以上五万元以下罚款。

第九十七条 违反本法第二十九条规定，屠宰、经营、运输动物或者生产、经营、加工、贮藏、运输动物产品的，由县级以上地方人民政府农业农村主管部门责令改正、采取补救措施，没收违法所得、动物和动物产品，并处同类检疫合格动物、动物产品货值金额十五倍以上三十倍以下罚款；同类检疫合格动物、动物产品货值金额不足一万元的，并处五万元以上十五万元以下罚款；其中依法应当检疫而未检疫的，依照本法第一百条的规定处罚。

前款规定的违法行为人及其法定代表人（负责人）、直接负责的主管人员和其他直接责任人员，自处罚决定作出之日起五年内不得从事相关活动；构成犯罪的，终身不得从事屠宰、经营、运输动物或者生产、经营、加工、贮藏、运输动物产品等相关活动。

第九十八条 违反本法规定，有下列行为之一的，由县级以上地方人民政府农业农村主管部门责令改正，处三千元以上三万元以下罚款；情节严重的，责令停业整顿，并处三万元以上十万元以下罚款：

（一）开办动物饲养场和隔离场所、动物屠宰加工场所以及动物和动物产品无害化处理场所，未取得动物防疫条件合格证的；

（二）经营动物、动物产品的集贸市场不具备国务院农业农村主管部门规定的防疫条件的；

（三）未经备案从事动物运输的；

（四）未按照规定保存行程路线和托运人提供的动物名称、检疫证明编号、数量等信息的；

（五）未经检疫合格，向无规定动物疫病区输入动物、动物产品的；

（六）跨省、自治区、直辖市引进种用、乳用动物到达输入地后未按照规定进行隔离观察的；

（七）未按照规定处理或者随意弃置病死动物、病害动物产品的。

第九十九条 动物饲养场和隔离场所、动物屠宰加工场所以及动物和动物产品无害化处理场所，生产经营条件发生变化，不再符合本法第二十四条规定的动物防疫条件继续从事相关活动的，由县级以上地方人民政府农业农村主管部门给予警告，责令限期改正；逾期仍达不到规定条件的，吊销动物防疫条件合格证，并通报市场监督管理部门依法处理。

第一百条 违反本法规定，屠宰、经营、运输的动物未附有检疫证明，经营和运输的动物产品未附有检疫证明、检疫标志的，由县级以上地方人民政府农业农村主管部门责令改正，处同类检疫合格动物、动物产品货值金额一倍以下罚款；对货主以外的承运人处运输费用三倍以上五倍以下罚款，情节严重的，处五倍以上十倍以下罚款。

违反本法规定，用于科研、展示、演出和比赛等非食用性利用的动物未附有检疫证明的，由县级以上地方人民政府农业农村主管部门责令改正，处三千元以上一万元以下罚款。

第一百零一条 违反本法规定，将禁止或者限制调运的特定动物、动物产品由动物疫病高风险区调入低风险区的，由县级以上地方人民政府农业农村主管部门没收运输费用、违法运输的动物和动物产品，并处运输费用一倍以上五倍以下罚款。

第一百零二条　违反本法规定，通过道路跨省、自治区、直辖市运输动物，未经省、自治区、直辖市人民政府设立的指定通道入省境或者过省境的，由县级以上地方人民政府农业农村主管部门对运输人处五千元以上一万元以下罚款；情节严重的，处一万元以上五万元以下罚款。

第一百零三条　违反本法规定，转让、伪造或者变造检疫证明、检疫标志或者畜禽标识的，由县级以上地方人民政府农业农村主管部门没收违法所得和检疫证明、检疫标志、畜禽标识，并处五千元以上五万元以下罚款。

持有、使用伪造或者变造的检疫证明、检疫标志或者畜禽标识的，由县级以上人民政府农业农村主管部门没收检疫证明、检疫标志、畜禽标识和对应的动物、动物产品，并处三千元以上三万元以下罚款。

第一百零四条　违反本法规定，有下列行为之一的，由县级以上地方人民政府农业农村主管部门责令改正，处三千元以上三万元以下罚款：

（一）擅自发布动物疫情的；

（二）不遵守县级以上人民政府及其农业农村主管部门依法作出的有关控制动物疫病规定的；

（三）藏匿、转移、盗掘已被依法隔离、封存、处理的动物和动物产品的。

第一百零五条 违反本法规定，未取得动物诊疗许可证从事动物诊疗活动的，由县级以上地方人民政府农业农村主管部门责令停止诊疗活动，没收违法所得，并处违法所得一倍以上三倍以下罚款；违法所得不足三万元的，并处三千元以上三万元以下罚款。

动物诊疗机构违反本法规定，未按照规定实施卫生安全防护、消毒、隔离和处置诊疗废弃物的，由县级以上地方人民政府农业农村主管部门责令改正，处一千元以上一万元以下罚款；造成动物疫病扩散的，处一万元以上五万元以下罚款；情节严重的，吊销动物诊疗许可证。

第一百零六条 违反本法规定，未经执业兽医备案从事经营性动物诊疗活动的，由县级以上地方人民政府农业农村主管部门责令停止动物诊疗活动，没收违法所得，并处三千元以上三万元以下罚款；对其所在的动物诊疗机构处一万元以上五万元以下罚款。

执业兽医有下列行为之一的，由县级以上地方人民政府农业农村主管部门给予警告，责令暂停六个月以上一年以下动物诊疗活动；情节严重的，吊销执业兽医资格证书：

（一）违反有关动物诊疗的操作技术规范，造成或者可能造成动物疫病传播、流行的；

（二）使用不符合规定的兽药和兽医器械的；

（三）未按照当地人民政府或者农业农村主管部门要求参加动物疫病预防、控制和动物疫情扑灭活动的。

第一百零七条 违反本法规定，生产经营兽医器械，产品质量不符合要求的，由县级以上地方人民政府农业农村主管部门责令限期整改；情节严重的，责令停业整顿，并处二万元以上十万元以下罚款。

第一百零八条 违反本法规定，从事动物疫病研究、诊疗和动物饲养、屠宰、经营、隔离、运输，以及动物产品生产、经营、加工、贮藏、无害化处理等活动的单位和个人，有下列行为之一的，由县级以上地方人民政府农业农村主管部门责令改正，可以处一万元以下罚款；拒不改正的，处一万元以上五万元以下罚款，并可以责令停业整顿：

（一）发现动物染疫、疑似染疫未报告，或者未采取隔离等控制措施的；

（二）不如实提供与动物防疫有关的资料的；

（三）拒绝或者阻碍农业农村主管部门进行监督检查的；

（四）拒绝或者阻碍动物疫病预防控制机构进行动物疫病监测、检测、评估的；

（五）拒绝或者阻碍官方兽医依法履行职责的。

第一百零九条 违反本法规定，造成人畜共患传染病传播、流行的，依法从重给予处分、处罚。

违反本法规定，构成违反治安管理行为的，依法给予治安管理处罚；构成犯罪的，依法追究刑事责任。

违反本法规定，给他人人身、财产造成损害的，依法承担民事责任。

第十二章　附　　则

第一百一十条　本法下列用语的含义：

（一）无规定动物疫病区，是指具有天然屏障或者采取人工措施，在一定期限内没有发生规定的一种或者几种动物疫病，并经验收合格的区域；

（二）无规定动物疫病生物安全隔离区，是指处于同一生物安全管理体系下，在一定期限内没有发生规定的一种或者几种动物疫病的若干动物饲养场及其辅助生产场所构成的，并经验收合格的特定小型区域；

（三）病死动物，是指染疫死亡、因病死亡、死因不明或者经检验检疫可能危害人体或者动物健康的死亡动物；

（四）病害动物产品，是指来源于病死动物的产品，或者经检验检疫可能危害人体或者动物健康的动物产品。

第一百一十一条　境外无规定动物疫病区和无规定动物疫病生物安全隔离区的无疫等效性评估，参照本法有关规定执行。

第一百一十二条 实验动物防疫有特殊要求的，按照实验动物管理的有关规定执行。

第一百一十三条 本法自 2021 年 5 月 1 日起施行。

《中华人民共和国动物防疫法》修订前后对照表

（条文中**黑体字**为新增或者修改后的内容，阴影为删去的内容，*斜体*为调整顺序的内容）

修改前	修改后
第一章　总　　则	第一章　总　　则
第一条　为了加强对动物防疫活动的管理，预防、控制和扑灭动物疫病，促进养殖业发展，保护人体健康，维护公共卫生安全，制定本法。	**第一条**　为了加强对动物防疫活动的管理，预防、控制、**净化、消灭**动物疫病，促进养殖业发展，**防控人畜共患传染病，保障**公共卫生安全**和人体健康**，制定本法。
第二条　本法适用于在中华人民共和国领域内的动物防疫及其监督管理活动。 进出境动物、动物产品的检疫，适用《中华人民共和国进出境动植物检疫法》。	**第二条**　本法适用于在中华人民共和国领域内的动物防疫及其监督管理活动。 进出境动物、动物产品的检疫，适用《中华人民共和国进出境动植物检疫法》。
第三条　本法所称动物，是指家畜家禽和人工饲养、合法捕获的其他动物。 本法所称动物产品，是指动物的肉、生皮、原毛、绒、脏器、脂、血液、精液、卵、胚胎、骨、蹄、头、角、筋以及可能传播动物疫病的奶、蛋等。 本法所称动物疫病，是指动物传染病、寄生虫病。 本法所称动物防疫，是指动物疫病的预防、控制、扑灭和动物、动物产品的检疫。	**第三条**　本法所称动物，是指家畜家禽和人工饲养、捕获的其他动物。 本法所称动物产品，是指动物的肉、生皮、原毛、绒、脏器、脂、血液、精液、卵、胚胎、骨、蹄、头、角、筋以及可能传播动物疫病的奶、蛋等。 本法所称动物疫病，是指动物传染病，**包括**寄生虫病。 本法所称动物防疫，是指动物疫病的预防、控制、**诊疗、净化、消灭**和动物、动物产品的检疫，**以及病死动物、病害动物产品的无害化处理**。

修改前	修改后
第四条　根据动物疫病对养殖业生产和人体健康的危害程度，本法规定管理的动物疫病分为下列三类： （一）一类疫病，是指对人与动物危害严重，需要采取紧急、严厉的强制预防、控制、扑灭等措施的； （二）二类疫病，是指可能造成重大经济损失，需要采取严格控制、扑灭等措施，防止扩散的； （三）三类疫病，是指常见多发、可能造成重大经济损失，需要控制和净化的。 前款一、二、三类动物疫病具体病种名录由国务院兽医主管部门制定并公布。 *第二十三条第二款　人畜共患传染病名录由国务院兽医主管部门会同国务院卫生主管部门制定并公布。*	**第四条**　根据动物疫病对养殖业生产和人体健康的危害程度，本法规定的动物疫病分为下列三类： （一）一类疫病，是指**口蹄疫、非洲猪瘟、高致病性禽流感等**对人、动物**构成特别严重危害，可能造成重大经济损失和社会影响，**需要采取紧急、严厉的强制预防、控制等措施的； （二）二类疫病，是指**狂犬病、布鲁氏菌病、草鱼出血病等对人、动物构成严重危害，**可能造成**较大**经济损失**和社会影响**，需要采取严格**预防**、控制等措施的； （三）三类疫病，是指**大肠杆菌病、禽结核病、鳖腮腺炎病等**常见多发，**对人、动物构成危害**，可能造成**一定程度的**经济损失**和社会影响，**需要**及时预防**、控制的。 前款一、二、三类动物疫病具体病种名录由国务院**农业农村**主管部门制定并公布。**国务院农业农村主管部门应当根据动物疫病发生、流行情况和危害程度，及时增加、减少或者调整一、二、三类动物疫病具体病种并予以公布。** 人畜共患传染病名录由国务院**农业农村**主管部门会同国务院**卫生健康、野生动物保护等**主管部门制定并公布。
第五条　国家对动物疫病实行预防为主的方针。	**第五条**　**动物防疫**实行预防为主，**预防与控制、净化、消灭相结合**的方针。

修改前	修改后
	第六条　国家鼓励社会力量参与动物防疫工作。各级人民政府采取措施，支持单位和个人参与动物防疫的宣传教育、疫情报告、志愿服务和捐赠等活动。
第十七条　从事动物饲养、屠宰、经营、隔离、运输以及动物产品生产、经营、加工、贮藏等活动的单位和个人，应当依照本法和国务院兽医主管部门的规定，做好免疫、消毒等动物疫病预防工作。	**第七条**　从事动物饲养、屠宰、经营、隔离、运输以及动物产品生产、经营、加工、贮藏等活动的单位和个人，依照本法和国务院**农业农村**主管部门的规定，做好免疫、消毒**、检测、隔离、净化、消灭、无害化处理**等动物**防疫**工作，**承担动物防疫相关责任。**
第六条　县级以上人民政府应当加强对动物防疫工作的统一领导，加强基层动物防疫队伍建设，建立健全动物防疫体系，制定并组织实施动物疫病防治规划。 乡级人民政府、城市街道办事处应当组织群众协助做好本管辖区域内的动物疫病预防与控制工作。	**第八条**　县级以上人民政府对动物防疫工作**实行**统一领导，**采取有效措施稳定基层机构队伍**，加强动物防疫队伍建设，建立健全动物防疫体系，制定并组织实施动物疫病防治规划。 乡级人民政府、街道办事处组织群众做好本辖区的动物疫病预防与控制工作，**村民委员会、居民委员会予以协助。**
第七条　国务院兽医主管部门主管全国的动物防疫工作。 县级以上地方人民政府兽医主管部门主管本行政区域内的动物防疫工作。 县级以上人民政府其他部门在各自的职责范围内做好动物防疫工作。 军队和武装警察部队动物卫生监督职能部门分别负责军队和武装警察部队现役动物及饲养自用动物的防疫工作。	**第九条**　国务院**农业农村**主管部门主管全国的动物防疫工作。 县级以上地方人民政府**农业农村**主管部门主管本行政区域的动物防疫工作。 县级以上人民政府其他**有关**部门在各自职责范围内做好动物防疫工作。 军队动物卫生监督职能部门负责军队现役动物**和**饲养自用动物的防疫工作。

修改前	修改后
	第十条　县级以上人民政府卫生健康主管部门和本级人民政府农业农村、野生动物保护等主管部门应当建立人畜共患传染病防治的协作机制。 **国务院农业农村主管部门和海关总署等部门应当建立防止境外动物疫病输入的协作机制。**
第八条　县级以上地方人民政府设立的动物卫生监督机构依照本法规定，负责动物、动物产品的检疫工作和其他有关动物防疫的监督管理执法工作。	**第十一条**　县级以上地方人民政府的动物卫生监督机构依照本法规定，负责动物、动物产品的检疫工作。
第九条　县级以上人民政府按照国务院的规定，根据统筹规划、合理布局、综合设置的原则建立动物疫病预防控制机构，承担动物疫病的监测、检测、诊断、流行病学调查、疫情报告以及其他预防、控制等技术工作。	**第十二条**　县级以上人民政府按照国务院的规定，根据统筹规划、合理布局、综合设置的原则建立动物疫病预防控制机构。 **动物疫病预防控制机构**承担动物疫病的监测、检测、诊断、流行病学调查、疫情报告以及其他预防、控制等技术工作；**承担动物疫病净化、消灭的技术工作**。
第十条　国家支持和鼓励开展动物疫病的科学研究以及国际合作与交流，推广先进适用的科学研究成果，普及动物防疫科学知识，提高动物疫病防治的科学技术水平。	**第十三条**　国家**鼓励和支持**开展动物疫病的科学研究以及国际合作与交流，推广先进适用的科学研究成果，提高动物疫病防治的科学技术水平。 **各级人民政府和有关部门、新闻媒体，应当加强对动物防疫法律法规和动物防疫知识的宣传。**

修改前	修改后
第十一条　对在动物防疫工作、动物防疫科学研究中做出成绩和贡献的单位和个人，各级人民政府及有关部门给予奖励。	第十四条　对在动物防疫工作、相关科学研究、动物疫情扑灭中做出贡献的单位和个人，各级人民政府和有关部门按照国家有关规定给予表彰、奖励。 有关单位应当依法为动物防疫人员缴纳工伤保险费。对因参与动物防疫工作致病、致残、死亡的人员，按照国家有关规定给予补助或者抚恤。
第二章　动物疫病的预防	第二章　动物疫病的预防
第十二条　国务院兽医主管部门对动物疫病状况进行风险评估，根据评估结果制定相应的动物疫病预防、控制措施。 国务院兽医主管部门根据国内外动物疫情和保护养殖业生产及人体健康的需要，及时制定并公布动物疫病预防、控制技术规范。	第十五条　国家建立动物疫病风险评估制度。 国务院农业农村主管部门根据国内外动物疫情以及保护养殖业生产和人体健康的需要，及时会同国务院卫生健康等有关部门对动物疫病进行风险评估，并制定、公布动物疫病预防、控制、净化、消灭措施和技术规范。 省、自治区、直辖市人民政府农业农村主管部门会同本级人民政府卫生健康等有关部门开展本行政区域的动物疫病风险评估，并落实动物疫病预防、控制、净化、消灭措施。
第十三条　国家对严重危害养殖业生产和人体健康的动物疫病实施强制免疫。国务院兽医主管部门确定强制免疫的动物疫病病种和区域，并会同国务院有关部门制定国家动物疫病强制免疫计划。 省、自治区、直辖市人民政府	第十六条　国家对严重危害养殖业生产和人体健康的动物疫病实施强制免疫。 国务院农业农村主管部门确定强制免疫的动物疫病病种和区域。 省、自治区、直辖市人民政府农业农村主管部门制定本行政区域

修改前	修改后
兽医主管部门根据国家动物疫病强制免疫计划，制订本行政区域的强制免疫计划；并可以根据本行政区域内动物疫病流行情况增加实施强制免疫的动物疫病病种和区域，报本级人民政府批准后执行，并报国务院兽医主管部门备案。	的强制免疫计划；根据本行政区域动物疫病流行情况增加实施强制免疫的动物疫病病种和区域，报本级人民政府批准后执行，并报国务院**农业农村**主管部门备案。
第十四条第二款第三款 饲养动物的单位和个人应当依法履行动物疫病强制免疫义务，按照兽医主管部门的要求做好强制免疫工作。 经强制免疫的动物，应当按照国务院兽医主管部门的规定建立免疫档案，加施畜禽标识，实施可追溯管理。	**第十七条** 饲养动物的单位和个人应当履行动物疫病强制免疫义务，按照**强制免疫计划和技术规范，对动物实施免疫接种，并按照国家有关规定**建立免疫档案、加施畜禽标识，**保证**可追溯。 **实施强制免疫接种的动物未达到免疫质量要求，实施补充免疫接种后仍不符合免疫质量要求的，有关单位和个人应当按照国家有关规定处理。** **用于预防接种的疫苗应当符合国家质量标准。**
第十四条第一款 *县级以上地方人民政府兽医主管部门组织实施动物疫病强制免疫计划。乡级人民政府、城市街道办事处应当组织本管辖区域内饲养动物的单位和个人做好强制免疫工作。*	**第十八条** 县级以上地方人民政府**农业农村**主管部门**负责**组织实施动物疫病强制免疫计划，**并对饲养动物的单位和个人履行强制免疫义务的情况进行监督检查。** 乡级人民政府、街道办事处组织本辖区饲养动物的单位和个人做好强制免疫，**协助做好监督检查；村民委员会、居民委员会协助做好相关**工作。 **县级以上地方人民政府农业农村主管部门应当定期对本行政区域的强制免疫计划实施情况和效果进行评估，并向社会公布评估结果。**

修改前	修改后
第十五条　县级以上人民政府应当建立健全动物疫情监测网络，加强动物疫情监测。 国务院兽医主管部门应当制定国家动物疫病监测计划。省、自治区、直辖市人民政府兽医主管部门应当根据国家动物疫病监测计划，制定本行政区域的动物疫病监测计划。 动物疫病预防控制机构应当按照国务院兽医主管部门的规定，对动物疫病的发生、流行等情况进行监测；从事动物饲养、屠宰、经营、隔离、运输以及动物产品生产、经营、加工、贮藏等活动的单位和个人不得拒绝或者阻碍。 **第十六条**　国务院兽医主管部门和省、自治区、直辖市人民政府兽医主管部门应当根据对动物疫病发生、流行趋势的预测，及时发出动物疫情预警。地方各级人民政府接到动物疫情预警后，应当采取相应的预防、控制措施。	**第十九条　国家实行动物疫病监测和疫情预警制度。** 县级以上人民政府建立健全动物疫病监测网络，加强动物疫病监测。 国务院**农业农村**主管部门**会同国务院有关部门**制定国家动物疫病监测计划。省、自治区、直辖市人民政府**农业农村**主管部门根据国家动物疫病监测计划，制定本行政区域的动物疫病监测计划。 动物疫病预防控制机构按照国务院**农业农村**主管部门的规定**和动物疫病监测计划**，对动物疫病的发生、流行等情况进行监测；从事动物饲养、屠宰、经营、隔离、运输以及动物产品生产、经营、加工、贮藏**、无害化处理**等活动的单位和个人不得拒绝或者阻碍。 国务院**农业农村**主管部门和省、自治区、直辖市人民政府**农业农村**主管部门根据对动物疫病发生、流行趋势的预测，及时发出动物疫情预警。地方各级人民政府接到动物疫情预警后，应当**及时**采取预防、控制措施。
	第二十条　陆路边境省、自治区人民政府根据动物疫病防控需要，合理设置动物疫病监测站点，健全监测工作机制，防范境外动物疫病传入。 **科技、海关等部门按照本法和有关法律法规的规定做好动物疫病监测预警工作，并定期与农业农村**

修改前	修改后
	主管部门互通情况，紧急情况及时通报。 县级以上人民政府应当完善野生动物疫源疫病监测体系和工作机制，根据需要合理布局监测站点；野生动物保护、农业农村主管部门按照职责分工做好野生动物疫源疫病监测等工作，并定期互通情况，紧急情况及时通报。
第二十四条第一款　国家对动物疫病实行区域化管理，逐步建立无规定动物疫病区。无规定动物疫病区应当符合国务院兽医主管部门规定的标准，经国务院兽医主管部门验收合格予以公布。	**第二十一条**　国家**支持地方**建立无规定动物疫病区，**鼓励动物饲养场建设无规定动物疫病生物安全隔离区。对**符合国务院**农业农村**主管部门规定标准**的无规定动物疫病区和无规定动物疫病生物安全隔离区，**国务院**农业农村**主管部门验收合格予以公布，**并对其维持情况进行监督检查。** **省、自治区、直辖市人民政府制定并组织实施本行政区域的无规定动物疫病区建设方案。国务院农业农村主管部门指导跨省、自治区、直辖市无规定动物疫病区建设。** **国务院农业农村主管部门根据行政区划、养殖屠宰产业布局、风险评估情况等对动物疫病实施分区防控，可以采取禁止或者限制特定动物、动物产品跨区域调运等措施。**
	第二十二条　国务院农业农村主管部门制定并组织实施动物疫病净化、消灭规划。

修改前	修改后
	县级以上地方人民政府根据动物疫病净化、消灭规划，制定并组织实施本行政区域的动物疫病净化、消灭计划。 动物疫病预防控制机构按照动物疫病净化、消灭规划、计划，开展动物疫病净化技术指导、培训，对动物疫病净化效果进行监测、评估。 国家推进动物疫病净化，鼓励和支持饲养动物的单位和个人开展动物疫病净化。饲养动物的单位和个人达到国务院农业农村主管部门规定的净化标准的，由省级以上人民政府农业农村主管部门予以公布。
第十八条 种用、乳用动物和宠物应当符合国务院兽医主管部门规定的健康标准。 种用、乳用动物应当接受动物疫病预防控制机构的定期检测；检测不合格的，应当按照国务院兽医主管部门的规定予以处理。	**第二十三条** 种用、乳用动物应当符合国务院农业农村主管部门规定的健康标准。 饲养种用、乳用动物的单位和个人，应当按照国务院农业农村主管部门的要求，定期开展动物疫病检测；检测不合格的，应当按照国家有关规定处理。
第十九条 动物饲养场（养殖小区）和隔离场所，动物屠宰加工场所，以及动物和动物产品无害化处理场所，应当符合下列动物防疫条件： （一）场所的位置与居民生活区、生活饮用水源地、学校、医院等公共场所的距离符合国务院兽医主管部门规定的标准；	**第二十四条** 动物饲养场和隔离场所、动物屠宰加工场所以及动物和动物产品无害化处理场所，应当符合下列动物防疫条件： （一）场所的位置与居民生活区、生活饮用水水源地、学校、医院等公共场所的距离符合国务院农业农村主管部门的规定； （二）生产经营区域封闭隔离，

修改前	修改后
（二）生产区封闭隔离，工程设计和工艺流程符合动物防疫要求； （三）有相应的污水、污物、病死动物、染疫动物产品的无害化处理设施设备和清洗消毒设施设备； （四）有为其服务的动物防疫技术人员； （五）有完善的动物防疫制度； （六）具备国务院兽医主管部门规定的其他动物防疫条件。	工程设计和**有关**流程符合动物防疫要求； （三）有**与其规模相适应的**污水、污物**处理设施**，病死动物、**病害**动物产品无害化处理设施设备**或者冷藏冷冻设施设备，以及**清洗消毒设施设备； **（四）**有**与其规模相适应的执业兽医或者**动物防疫技术人员； （五）有完善的**隔离消毒、购销台账、日常巡查等**动物防疫制度； （六）具备国务院**农业农村**主管部门规定的其他动物防疫条件。 **动物和动物产品无害化处理场所除应当符合前款规定的条件外，还应当具有病原检测设备、检测能力和符合动物防疫要求的专用运输车辆。**
第二十条第一款第二款　兴办动物饲养场（养殖小区）和隔离场所，动物屠宰加工场所，以及动物和动物产品无害化处理场所，应当向县级以上地方人民政府兽医主管部门提出申请，并附具相关材料。受理申请的兽医主管部门应当依照本法和《中华人民共和国行政许可法》的规定进行审查。经审查合格的，发给动物防疫条件合格证；不合格的，应当通知申请人并说明理由。 动物防疫条件合格证应当载明申请人的名称、场（厂）址等事项。	**第二十五条　国家实行动物防疫条件审查制度。** **开**办动物饲养场和隔离场所、动物屠宰加工场所以及动物和动物产品无害化处理场所，应当向县级以上地方人民政府**农业农村**主管部门提出申请，并附具相关材料。受理申请的**农业农村**主管部门应当依照本法和《中华人民共和国行政许可法》的规定进行审查。经审查合格的，发给动物防疫条件合格证；不合格的，应当通知申请人并说明理由。 动物防疫条件合格证应当载明申请人的名称**（姓名）**、场（厂）址、**动物（动物产品）种类**等事项。

修改前	修改后
第二十条第三款 经营动物、动物产品的集贸市场应当具备国务院兽医主管部门规定的动物防疫条件，并接受动物卫生监督机构的监督检查。	**第二十六条** 经营动物、动物产品的集贸市场应当具备国务院**农业农村**主管部门规定的动物防疫条件，并接受**农业农村主管部门**的监督检查。**具体办法由国务院农业农村主管部门制定。** **县级以上地方人民政府应当根据本地情况，决定在城市特定区域禁止家畜家禽活体交易。**
第二十一条 动物、动物产品的运载工具、垫料、包装物、容器等应当符合国务院兽医主管部门规定的动物防疫要求。 染疫动物及其排泄物、染疫动物产品，病死或者死因不明的动物尸体，运载工具中的动物排泄物以及垫料、包装物、容器等污染物，应当按照国务院兽医主管部门的规定处理，不得随意处置。	**第二十七条** 动物、动物产品的运载工具、垫料、包装物、容器等应当符合国务院**农业农村**主管部门规定的动物防疫要求。 染疫动物及其排泄物、染疫动物产品，运载工具中的动物排泄物以及垫料、包装物、容器等**被污染的物品**，应当按照**国家有关**规定处理，不得随意处置。
第二十二条 采集、保存、运输动物病料或者病原微生物以及从事病原微生物研究、教学、检测、诊断等活动，应当遵守国家有关病原微生物实验室管理的规定。	**第二十八条** 采集、保存、运输动物病料或者病原微生物以及从事病原微生物研究、教学、检测、诊断等活动，应当遵守国家有关病原微生物实验室管理的规定。
第二十五条 禁止屠宰、经营、运输下列动物和生产、经营、加工、贮藏、运输下列动物产品： （一）封锁疫区内与所发生动物疫病有关的； （二）疫区内易感染的； （三）依法应当检疫而未经检疫或者检疫不合格的； （四）染疫或者疑似染疫的；	**第二十九条** 禁止屠宰、经营、运输下列动物和生产、经营、加工、贮藏、运输下列动物产品： （一）封锁疫区内与所发生动物疫病有关的； （二）疫区内易感染的； （三）依法应当检疫而未经检疫或者检疫不合格的； （四）染疫或者疑似染疫的；

修改前	修改后
（五）病死或者死因不明的； （六）其他不符合国务院兽医主管部门有关动物防疫规定的。	（五）病死或者死因不明的； （六）其他不符合国务院**农业农村**主管部门有关动物防疫规定的。 **因实施集中无害化处理需要暂存、运输动物和动物产品并按照规定采取防疫措施的，不适用前款规定。**
	第三十条　单位和个人饲养犬只，应当按照规定定期免疫接种狂犬病疫苗，凭动物诊疗机构出具的免疫证明向所在地养犬登记机关申请登记。 **携带犬只出户的，应当按照规定佩戴犬牌并采取系犬绳等措施，防止犬只伤人、疫病传播。** **街道办事处、乡级人民政府组织协调居民委员会、村民委员会，做好本辖区流浪犬、猫的控制和处置，防止疫病传播。** **县级人民政府和乡级人民政府、街道办事处应当结合本地实际，做好农村地区饲养犬只的防疫管理工作。** **饲养犬只防疫管理的具体办法，由省、自治区、直辖市制定。**
第三章　动物疫情的报告、通报和公布	**第三章　动物疫情的报告、通报和公布**
第二十六条　从事动物疫情监测、检验检疫、疫病研究与诊疗以及动物饲养、屠宰、经营、隔离、运输等活动的单位和个人，发现动物染疫或者疑似染疫的，应当立即	**第三十一条**　从事动物疫**病**监测、**检测**、检验检疫、研究、诊疗以及动物饲养、屠宰、经营、隔离、运输等活动的单位和个人，发现动物染疫或者疑似染疫的，应当

修改前	修改后
向当地兽医主管部门、动物卫生监督机构或者动物疫病预防控制机构报告，并采取隔离等控制措施，防止动物疫情扩散。其他单位和个人发现动物染疫或者疑似染疫的，应当及时报告。 接到动物疫情报告的单位，应当及时采取必要的控制处理措施，并按照国家规定的程序上报。	立即向**所在地农业农村**主管部门或者动物疫病预防控制机构报告，并**迅速**采取隔离等控制措施，防止动物疫情扩散。其他单位和个人发现动物染疫或者疑似染疫的，应当及时报告。 接到动物疫情报告的单位，应当及时采取**临时隔离控制等必要**措施，**防止延误防控时机**，并**及时**按照国家规定的程序上报。
第二十七条　动物疫情由县级以上人民政府兽医主管部门认定；其中重大动物疫情由省、自治区、直辖市人民政府兽医主管部门认定，必要时报国务院兽医主管部门认定。 ***第四十条部分内容***　*一、二、三类动物疫病突然发生，迅速传播，给养殖业生产安全造成严重威胁、危害，以及可能对公众身体健康与生命安全造成危害*	**第三十二条**　动物疫情由县级以上人民政府**农业农村**主管部门认定；其中重大动物疫情由省、自治区、直辖市人民政府**农业农村**主管部门认定，必要时报国务院**农业农村**主管部门认定。 **本法所称重大动物疫情，是指**一、二、三类动物疫病突然发生，迅速传播，给养殖业生产安全造成严重威胁、危害，以及可能对公众身体健康与生命安全造成危害**的情形。** **在重大动物疫情报告期间，必要时，所在地县级以上地方人民政府可以作出封锁决定并采取扑杀、销毁等措施。**
第二十八条第一款部分内容、第二款　国务院兽医主管部门应当及时向国务院有关部门和军队有关部门以及省、自治区、直辖市人民政府兽医主管部门通报重大动物疫情的发生和处理情况； 国务院兽医主管部门应当依照我国缔结或者参加的条约、协定，	**第三十三条　国家实行动物疫情通报制度。** 国务院**农业农村**主管部门应当及时向国务院**卫生健康等**有关部门和军队有关部门以及省、自治区、直辖市人民政府**农业农村**主管部门通报重大动物疫情的发生和**处置**情况。

修改前	修改后
及时向有关国际组织或者贸易方通报重大动物疫情的发生和处理情况。	**海关发现进出境动物和动物产品染疫或者疑似染疫的，应当及时处置并向农业农村主管部门通报。** **县级以上地方人民政府野生动物保护主管部门发现野生动物染疫或者疑似染疫的，应当及时处置并向本级人民政府农业农村主管部门通报。** 国务院**农业农村**主管部门应当依照我国缔结或者参加的条约、协定，及时向有关国际组织或者贸易方通报重大动物疫情的发生和处置情况。
第二十八条第一款部分内容 发生人畜共患传染病的，县级以上人民政府兽医主管部门与同级卫生主管部门应当及时相互通报。 ***第三十七条*** *发生人畜共患传染病时，卫生主管部门应当组织对疫区易感染的人群进行监测，并采取相应的预防、控制措施。*	**第三十四条** 发生人畜共患传染病**疫情时**，县级以上人民政府**农业农村**主管部门与**本级人民政府卫生健康、野生动物保护等**主管部门应当及时相互通报。 发生人畜共患传染病时，卫生**健康**主管部门应当对疫区易感染的人群进行监测，并**应当依照《中华人民共和国传染病防治法》的规定及时公布疫情**，采取相应的预防、控制措施。
第二十三条第一款 *患有人畜共患传染病的人员不得直接从事动物诊疗以及易感染动物的饲养、屠宰、经营、隔离、运输等活动。*	**第三十五条** 患有人畜共患传染病的人员不得直接从事动物**疫病监测、检测、检验检疫、**诊疗以及易感染动物的饲养、屠宰、经营、隔离、运输等活动。
第二十九条 国务院兽医主管部门负责向社会及时公布全国动物疫情，也可以根据需要授权省、自治区、直辖市人民政府兽医主管部门公布本行政区域内的动物疫情。其他单位和个人不得发布动物疫情。	**第三十六条** 国务院**农业农村**主管部门向社会及时公布全国动物疫情，也可以根据需要授权省、自治区、直辖市人民政府**农业农村**主管部门公布本行政区域的动物疫情。其他单位和个人不得发布动物疫情。

修改前	修改后
第三十条 任何单位和个人不得瞒报、谎报、迟报、漏报动物疫情，不得授意他人瞒报、谎报、迟报动物疫情，不得阻碍他人报告动物疫情。	**第三十七条** 任何单位和个人不得瞒报、谎报、迟报、漏报动物疫情，不得授意他人瞒报、谎报、迟报动物疫情，不得阻碍他人报告动物疫情。
第四章 动物疫病的控制和扑灭	**第四章 动物疫病的控制**
第三十一条 发生一类动物疫病时，应当采取下列控制和扑灭措施： （一）当地县级以上地方人民政府兽医主管部门应当立即派人到现场，划定疫点、疫区、受威胁区，调查疫源，及时报请本级人民政府对疫区实行封锁。疫区范围涉及两个以上行政区域的，由有关行政区域共同的上一级人民政府对疫区实行封锁，或者由各有关行政区域的上一级人民政府共同对疫区实行封锁。必要时，上级人民政府可以责成下级人民政府对疫区实行封锁。 （二）县级以上地方人民政府应当立即组织有关部门和单位采取封锁、隔离、扑杀、销毁、消毒、无害化处理、紧急免疫接种等强制性措施，迅速扑灭疫病。 （三）在封锁期间，禁止染疫、疑似染疫和易感染的动物、动物产品流出疫区，禁止非疫区的易感染动物进入疫区，并根据扑灭动物疫病的需要对出入疫区的人员、运输工具及有关物品采取消毒和其他限制性措施。	**第三十八条** 发生一类动物疫病时，应当采取下列控制措施： （一）**所在**地县级以上地方人民政府**农业农村**主管部门应当立即派人到现场，划定疫点、疫区、受威胁区，调查疫源，及时报请本级人民政府对疫区实行封锁。疫区范围涉及两个以上行政区域的，由有关行政区域共同的上一级人民政府对疫区实行封锁，或者由各有关行政区域的上一级人民政府共同对疫区实行封锁。必要时，上级人民政府可以责成下级人民政府对疫区实行封锁； （二）县级以上地方人民政府应当立即组织有关部门和单位采取封锁、隔离、扑杀、销毁、消毒、无害化处理、紧急免疫接种等强制性措施； （三）在封锁期间，禁止染疫、疑似染疫和易感染的动物、动物产品流出疫区，禁止非疫区的易感染动物进入疫区，并根据需要对出入疫区的人员、运输工具及有关物品采取消毒和其他限制性措施。

修改前	修改后
第三十二条 发生二类动物疫病时，应当采取下列控制和扑灭措施： （一）当地县级以上地方人民政府兽医主管部门应当划定疫点、疫区、受威胁区。 （二）县级以上地方人民政府根据需要组织有关部门和单位采取隔离、扑杀、销毁、消毒、无害化处理、紧急免疫接种、限制易感染的动物和动物产品及有关物品出入等控制、扑灭措施。	**第三十九条** 发生二类动物疫病时，应当采取下列控制措施： （一）**所在**地县级以上地方人民政府**农业农村**主管部门应当划定疫点、疫区、受威胁区； （二）县级以上地方人民政府根据需要组织有关部门和单位采取隔离、扑杀、销毁、消毒、无害化处理、紧急免疫接种、限制易感染的动物和动物产品及有关物品出入等措施。
第三十三条 疫点、疫区、受威胁区的撤销和疫区封锁的解除，按照国务院兽医主管部门规定的标准和程序评估后，由原决定机关决定并宣布。	**第四十条** 疫点、疫区、受威胁区的撤销和疫区封锁的解除，按照国务院**农业农村**主管部门规定的标准和程序评估后，由原决定机关决定并宣布。
第三十四条 发生三类动物疫病时，当地县级、乡级人民政府应当按照国务院兽医主管部门的规定组织防治和净化。	**第四十一条** 发生三类动物疫病时，**所在**地县级、乡级人民政府应当按照国务院**农业农村**主管部门的规定组织防治。
第三十五条 二、三类动物疫病呈暴发性流行时，按照一类动物疫病处理。	**第四十二条** 二、三类动物疫病呈暴发性流行时，按照一类动物疫病处理。
第三十八条 疫区内有关单位和个人，应当遵守县级以上人民政府及其兽医主管部门依法作出的有关控制、扑灭动物疫病的规定。 任何单位和个人不得藏匿、转移、盗掘已被依法隔离、封存、处理的动物和动物产品。	**第四十三条** 疫区内有关单位和个人，应当遵守县级以上人民政府及其**农业农村**主管部门依法作出的有关控制动物疫病的规定。 任何单位和个人不得藏匿、转移、盗掘已被依法隔离、封存、处理的动物和动物产品。

修改前	修改后
第三十九条 发生动物疫情时，航空、铁路、公路、水路等运输部门应当优先组织运送控制、扑灭疫病的人员和有关物资。	**第四十四条** 发生动物疫情时，航空、铁路、**道路**、水路**运输企业**应当优先组织运送**防疫**人员和物资。
	第四十五条 国务院农业农村主管部门根据动物疫病的性质、特点和可能造成的社会危害，制定国家重大动物疫情应急预案报国务院批准，并按照不同动物疫病病种、流行特点和危害程度，分别制定实施方案。 **县级以上地方人民政府根据上级重大动物疫情应急预案和本地区的实际情况，制定本行政区域的重大动物疫情应急预案，报上一级人民政府农业农村主管部门备案，并抄送上一级人民政府应急管理部门。县级以上地方人民政府农业农村主管部门按照不同动物疫病病种、流行特点和危害程度，分别制定实施方案。** **重大动物疫情应急预案和实施方案根据疫情状况及时调整。**
	第四十六条 发生重大动物疫情时，国务院农业农村主管部门负责划定动物疫病风险区，禁止或者限制特定动物、动物产品由高风险区向低风险区调运。
第四十条部分内容 构成重大动物疫情的，依照法律和国务院的规定采取应急处理措施。	**第四十七条** **发生**重大动物疫情**时**，依照法律和国务院的规定**以及应急预案**采取应急处置措施。

修改前	修改后
第五章　动物和动物产品的检疫	第五章　动物和动物产品的检疫
第四十一条　动物卫生监督机构依照本法和国务院兽医主管部门的规定对动物、动物产品实施检疫。 动物卫生监督机构的官方兽医具体实施动物、动物产品检疫。官方兽医应当具备规定的资格条件，取得国务院兽医主管部门颁发的资格证书，具体办法由国务院兽医主管部门会同国务院人事行政部门制定。 本法所称官方兽医，是指具备规定的资格条件并经兽医主管部门任命的，负责出具检疫等证明的国家兽医工作人员。	**第四十八条**　动物卫生监督机构依照本法和国务院**农业农村**主管部门的规定对动物、动物产品实施检疫。 动物卫生监督机构的官方兽医具体实施动物、动物产品检疫。
第四十二条　屠宰、出售或者运输动物以及出售或者运输动物产品前，货主应当按照国务院兽医主管部门的规定向当地动物卫生监督机构申报检疫。 动物卫生监督机构接到检疫申报后，应当及时指派官方兽医对动物、动物产品实施现场检疫；检疫合格的，出具检疫证明、加施检疫标志。实施现场检疫的官方兽医应当在检疫证明、检疫标志上签字或者盖章，并对检疫结论负责。	**第四十九条**　屠宰、出售或者运输动物以及出售或者运输动物产品前，货主应当按照国务院**农业农村**主管部门的规定向**所在**地动物卫生监督机构申报检疫。 动物卫生监督机构接到检疫申报后，应当及时指派官方兽医对动物、动物产品实施检疫；检疫合格的，出具检疫证明、加施检疫标志。实施检疫的官方兽医应当在检疫证明、检疫标志上签字或者盖章，并对检疫结论负责。 **动物饲养场、屠宰企业的执业兽医或者动物防疫技术人员，应当协助官方兽医实施检疫。**

修改前	修改后
第四十七条　人工捕获的可能传播动物疫病的野生动物，应当报经捕获地动物卫生监督机构检疫，经检疫合格的，方可饲养、经营和运输。	**第五十条　因科研、药用、展示等特殊情形需要非食用性利用的野生动物，应当按照国家有关规定报动物卫生监督机构检疫，检疫合格的，方可利用。** 人工捕获的野生动物，应当按**照国家有关规定**报捕获地动物卫生监督机构检疫，检疫合格的，方可饲养、经营和运输。 **国务院农业农村主管部门会同国务院野生动物保护主管部门制定野生动物检疫办法。**
第四十三条　屠宰、经营、运输以及参加展览、演出和比赛的动物，应当附有检疫证明；经营和运输的动物产品，应当附有检疫证明、检疫标志。 对前款规定的动物、动物产品，动物卫生监督机构可以查验检疫证明、检疫标志，进行监督抽查，但不得重复检疫收费。	**第五十一条**　屠宰、经营、运输**的动物，以及用于科研、展示、**演出和比赛**等非食用性利用**的动物，应当附有检疫证明；经营和运输的动物产品，应当附有检疫证明、检疫标志。
第四十四条　经铁路、公路、水路、航空运输动物和动物产品的，托运人托运时应当提供检疫证明；没有检疫证明的，承运人不得承运。 运载工具在装载前和卸载后应当及时清洗、消毒。	**第五十二条**　经**航空、铁路、道路、水路**运输动物和动物产品的，托运人托运时应当提供检疫证明；没有检疫证明的，承运人不得承运。 **进出口动物和动物产品，承运人凭进口报关单证或者海关签发的检疫单证运递。** **从事动物运输的单位、个人以及车辆，应当向所在地县级人民政府农业农村主管部门备案，妥善保存行程路线和托运人提供的动物名**

修改前	修改后
	称、检疫证明编号、数量等信息。具体办法由国务院农业农村主管部门制定。 运载工具在装载前和卸载后应当及时清洗、消毒。
	第五十三条　省、自治区、直辖市人民政府确定并公布道路运输的动物进入本行政区域的指定通道，设置引导标志。跨省、自治区、直辖市通过道路运输动物的，应当经省、自治区、直辖市人民政府设立的指定通道入省境或者过省境。
第四十五条　输入到无规定动物疫病区的动物、动物产品，货主应当按照国务院兽医主管部门的规定向无规定动物疫病区所在地动物卫生监督机构申报检疫，经检疫合格的，方可进入；检疫所需费用纳入无规定动物疫病区所在地地方人民政府财政预算。	**第五十四条**　输入到无规定动物疫病区的动物、动物产品，货主应当按照国务院**农业农村**主管部门的规定向无规定动物疫病区所在地动物卫生监督机构申报检疫，经检疫合格的，方可进入。
第四十六条　跨省、自治区、直辖市引进乳用动物、种用动物及其精液、胚胎、种蛋的，应当向输入地省、自治区、直辖市动物卫生监督机构申请办理审批手续，并依照本法第四十二条的规定取得检疫证明。 跨省、自治区、直辖市引进的乳用动物、种用动物到达输入地后，货主应当按照国务院兽医主管部门的规定对引进的乳用动物、种用动物进行隔离观察。	**第五十五条**　跨省、自治区、直辖市引进的**种用、乳用**动物到达输入地后，货主应当按照国务院**农业农村**主管部门的规定对引进的**种用、乳用**动物进行隔离观察。

修改前	修改后
第四十八条 经检疫不合格的动物、动物产品，货主应当在动物卫生监督机构监督下按照国务院兽医主管部门的规定处理，处理费用由货主承担。	**第五十六条** 经检疫不合格的动物、动物产品，货主应当在**农业农村主管部门的**监督下按照**国家有关**规定处理，处理费用由货主承担。
第四十九条 依法进行检疫需要收取费用的，其项目和标准由国务院财政部门、物价主管部门规定。	删除
	第六章 病死动物和病害动物产品的无害化处理
	第五十七条 从事动物饲养、屠宰、经营、隔离以及动物产品生产、经营、加工、贮藏等活动的单位和个人，应当按照国家有关规定做好病死动物、病害动物产品的无害化处理，或者委托动物和动物产品无害化处理场所处理。 **从事动物、动物产品运输的单位和个人，应当配合做好病死动物和病害动物产品的无害化处理，不得在途中擅自弃置和处理有关动物和动物产品。** **任何单位和个人不得买卖、加工、随意弃置病死动物和病害动物产品。** **动物和动物产品无害化处理管理办法由国务院农业农村、野生动物保护主管部门按照职责制定。**
	第五十八条 在江河、湖泊、水库等水域发现的死亡畜禽，由所在地县级人民政府组织收集、处理并溯源。

修改前	修改后
	在城市公共场所和乡村发现的死亡畜禽，由所在地街道办事处、乡级人民政府组织收集、处理并溯源。 在野外环境发现的死亡野生动物，由所在地野生动物保护主管部门收集、处理。
	第五十九条　省、自治区、直辖市人民政府制定动物和动物产品集中无害化处理场所建设规划，建立政府主导、市场运作的无害化处理机制。
	第六十条　各级财政对病死动物无害化处理提供补助。具体补助标准和办法由县级以上人民政府财政部门会同本级人民政府农业农村、野生动物保护等有关部门制定。
第六章　动物诊疗	**第七章　动物诊疗**
第五十条　从事动物诊疗活动的机构，应当具备下列条件： （一）有与动物诊疗活动相适应并符合动物防疫条件的场所； （二）有与动物诊疗活动相适应的执业兽医； （三）有与动物诊疗活动相适应的兽医器械和设备； （四）有完善的管理制度。	**第六十一条**　从事动物诊疗活动的机构，应当具备下列条件： （一）有与动物诊疗活动相适应并符合动物防疫条件的场所； （二）有与动物诊疗活动相适应的执业兽医； （三）有与动物诊疗活动相适应的兽医器械和设备； （四）有完善的管理制度。 **动物诊疗机构包括动物医院、动物诊所以及其他提供动物诊疗服务的机构。**

修改前	修改后
第五十一条 设立从事动物诊疗活动的机构，应当向县级以上地方人民政府兽医主管部门申请动物诊疗许可证。受理申请的兽医主管部门应当依照本法和《中华人民共和国行政许可法》的规定进行审查。经审查合格的，发给动物诊疗许可证；不合格的，应当通知申请人并说明理由。	**第六十二条** 从事动物诊疗活动的机构，应当向县级以上地方人民政府**农业农村**主管部门申请动物诊疗许可证。受理申请的**农业农村**主管部门应当依照本法和《中华人民共和国行政许可法》的规定进行审查。经审查合格的，发给动物诊疗许可证；不合格的，应当通知申请人并说明理由。
第五十二条 动物诊疗许可证应当载明诊疗机构名称、诊疗活动范围、从业地点和法定代表人（负责人）等事项。 动物诊疗许可证载明事项变更的，应当申请变更或者换发动物诊疗许可证。	**第六十三条** 动物诊疗许可证应当载明诊疗机构名称、诊疗活动范围、从业地点和法定代表人（负责人）等事项。 动物诊疗许可证载明事项变更的，应当申请变更或者换发动物诊疗许可证。
第五十三条 动物诊疗机构应当按照国务院兽医主管部门的规定，做好诊疗活动中的卫生安全防护、消毒、隔离和诊疗废弃物处置等工作。	**第六十四条** 动物诊疗机构应当按照国务院**农业农村**主管部门的规定，做好诊疗活动中的卫生安全防护、消毒、隔离和诊疗废弃物处置等工作。
第五十六条 *从事动物诊疗活动，应当遵守有关动物诊疗的操作技术规范，使用符合国家规定的兽药和兽医器械。*	**第六十五条** 从事动物诊疗活动，应当遵守有关动物诊疗的操作技术规范，使用符合规定的兽药和兽医器械。 **兽药和兽医器械的管理办法由国务院规定。**
	第八章　兽医管理
第四十一条第二款、第三款 *动物卫生监督机构的官方兽医具体实施动物、动物产品检疫。官方兽*	**第六十六条　国家实行官方兽医任命制度。** 官方兽医应当具备**国务院农业**

修改前	修改后
医应当具备规定的资格条件，取得国务院兽医主管部门颁发的资格证书，具体办法由国务院兽医主管部门会同国务院人事行政部门制定。 本法所称官方兽医，是指具备规定的资格条件并经兽医主管部门任命的，负责出具检疫等证明的国家兽医工作人员。	**农村主管部门**规定的条件，**由省、自治区、直辖市人民政府农业农村主管部门按照程序确认，由所在地县级以上人民政府农业农村主管部门任命**。具体办法由国务院**农业农村**主管部门制定。 **海关的官方兽医应当具备规定的条件，由海关总署任命。具体办法由海关总署会同国务院农业农村主管部门制定。**
	第六十七条　官方兽医依法履行动物、动物产品检疫职责，任何单位和个人不得拒绝或者阻碍。
	第六十八条　县级以上人民政府农业农村主管部门制定官方兽医培训计划，提供培训条件，定期对官方兽医进行培训和考核。
第五十四条　国家实行执业兽医资格考试制度。具有兽医相关专业大学专科以上学历的，可以申请参加执业兽医资格考试；考试合格的，由省、自治区、直辖市人民政府兽医主管部门颁发执业兽医资格证书；从事动物诊疗的，还应当向当地县级人民政府兽医主管部门申请注册。执业兽医资格考试和注册办法由国务院兽医主管部门商国务院人事行政部门制定。 本法所称执业兽医，是指从事动物诊疗和动物保健等经营活动的兽医。	**第六十九条**　国家实行执业兽医资格考试制度。具有兽医相关专业大学专科以上学历的**人员或者符合条件的乡村兽医，通过执业兽医资格考试的**，由省、自治区、直辖市人民政府**农业农村**主管部门颁发执业兽医资格证书；从事动物诊疗**等经营活动**的，还应当向**所在**地县级人民政府**农业农村**主管部门**备案**。 执业兽医资格考试办法由国务院**农业农村**主管部门商国务院**人力资源主管**部门制定。

修改前	修改后
第五十五条第一款　经注册的执业兽医，方可从事动物诊疗、开具兽药处方等活动。但是，本法第五十七条对乡村兽医服务人员另有规定的，从其规定。	**第七十条　执业兽医开具兽医处方应当亲自诊断，并对诊断结论负责。** **国家鼓励执业兽医接受继续教育。执业兽医所在机构应当支持执业兽医参加继续教育。**
第五十七条　乡村兽医服务人员可以在乡村从事动物诊疗服务活动，具体管理办法由国务院兽医主管部门制定。	第七十一条　乡村兽医可以在乡村从事动物诊疗活动。具体管理办法由国务院**农业农村**主管部门制定。
第五十五条第二款　执业兽医、乡村兽医服务人员应当按照当地人民政府或者兽医主管部门的要求，参加预防、控制和扑灭动物疫病的活动。	第七十二条　执业兽医、乡村兽医应当按照**所在**地人民政府和**农业农村**主管部门的要求，参加动物疫病预防、控制和**动物疫情扑灭等**活动。
	第七十三条　兽医行业协会提供兽医信息、技术、培训等服务，维护成员合法权益，按照章程建立健全行业规范和奖惩机制，加强行业自律，推动行业诚信建设，宣传动物防疫和兽医知识。
第七章　监督管理	第九章　监督管理
第五十八条　动物卫生监督机构依照本法规定，对动物饲养、屠宰、经营、隔离、运输以及动物产品生产、经营、加工、贮藏、运输等活动中的动物防疫实施监督管理。	第七十四条　**县级以上地方人民政府农业农村主管部门**依照本法规定，对动物饲养、屠宰、经营、隔离、运输以及动物产品生产、经营、加工、贮藏、运输等活动中的动物防疫实施监督管理。

修改前	修改后
第三十六条 *为控制、扑灭动物疫病，动物卫生监督机构应当派人在当地依法设立的现有检查站执行监督检查任务；必要时，经省、自治区、直辖市人民政府批准，可以设立临时性的动物卫生监督检查站，执行监督检查任务。*	**第七十五条** 为控制动物疫病，**县级人民政府农业农村主管部门**应当派人在**所在**地依法设立的现有检查站执行监督检查任务；必要时，经省、自治区、直辖市人民政府批准，可以设立临时性的动物**防疫**检查站，执行监督检查任务。
第五十九条 动物卫生监督机构执行监督检查任务，可以采取下列措施，有关单位和个人不得拒绝或者阻碍： （一）对动物、动物产品按照规定采样、留验、抽检； （二）对染疫或者疑似染疫的动物、动物产品及相关物品进行隔离、查封、扣押和处理； （三）对依法应当检疫而未经检疫的动物实施补检； （四）对依法应当检疫而未经检疫的动物产品，具备补检条件的实施补检，不具备补检条件的予以没收销毁； （五）查验检疫证明、检疫标志和畜禽标识； （六）进入有关场所调查取证，查阅、复制与动物防疫有关的资料。 动物卫生监督机构根据动物疫病预防、控制需要，经当地县级以上地方人民政府批准，可以在车站、港口、机场等相关场所派驻官方兽医。	**第七十六条** **县级以上地方人民政府农业农村主管部门**执行监督检查任务，可以采取下列措施，有关单位和个人不得拒绝或者阻碍： （一）对动物、动物产品按照规定采样、留验、抽检； （二）对染疫或者疑似染疫的动物、动物产品及相关物品进行隔离、查封、扣押和处理； （三）对依法应当检疫而未经检疫的动物**和**动物产品，具备补检条件的实施补检，不具备补检条件的予以**收缴**销毁； （四）查验检疫证明、检疫标志和畜禽标识； （五）进入有关场所调查取证，查阅、复制与动物防疫有关的资料。 **县级以上地方人民政府农业农村主管部门**根据动物疫病预防、控制需要，经**所在**地县级以上地方人民政府批准，可以在车站、港口、机场等相关场所派驻官方兽医**或者工作人员**。

修改前	修改后
第六十条　官方兽医执行动物防疫监督检查任务，应当出示行政执法证件，佩带统一标志。 动物卫生监督机构及其工作人员不得从事与动物防疫有关的经营性活动，进行监督检查不得收取任何费用。	**第七十七条**　**执法人员**执行动物防疫监督检查任务，应当出示行政执法证件，佩带统一标志。 **县级以上人民政府农业农村主管部门**及其工作人员不得从事与动物防疫有关的经营性活动，进行监督检查不得收取任何费用。
第六十一条　禁止转让、伪造或者变造检疫证明、检疫标志或者畜禽标识。 检疫证明、检疫标志的管理办法，由国务院兽医主管部门制定。	**第七十八条**　禁止转让、伪造或者变造检疫证明、检疫标志或者畜禽标识。 **禁止持有、使用伪造或者变造的检疫证明、检疫标志或者畜禽标识。** 检疫证明、检疫标志的管理办法由国务院**农业农村**主管部门制定。
第八章　保障措施	**第十章　保障措施**
第六十二条　县级以上人民政府应当将动物防疫纳入本级国民经济和社会发展规划及年度计划。	**第七十九条**　县级以上人民政府应当将动物防疫**工作**纳入本级国民经济和社会发展规划及年度计划。
	第八十条　国家鼓励和支持动物防疫领域新技术、新设备、新产品等科学技术研究开发。
第六十三条　县级人民政府和乡级人民政府应当采取有效措施，加强村级防疫员队伍建设。 县级人民政府兽医主管部门可以根据动物防疫工作需要，向乡、镇或者特定区域派驻兽医机构。	**第八十一条　县级人民政府应当为动物卫生监督机构配备与动物、动物产品检疫工作相适应的官方兽医，保障检疫工作条件。** 县级人民政府**农业农村**主管部门可以根据动物防疫工作需要，向乡、镇或者特定区域派驻兽医机构**或者工作人员**。

修改前	修改后
	第八十二条　国家鼓励和支持执业兽医、乡村兽医和动物诊疗机构开展动物防疫和疫病诊疗活动；鼓励养殖企业、兽药及饲料生产企业组建动物防疫服务团队，提供防疫服务。地方人民政府组织村级防疫员参加动物疫病防治工作的，应当保障村级防疫员合理劳务报酬。
第六十四条　县级以上人民政府按照本级政府职责，将动物疫病预防、控制、扑灭、检疫和监督管理所需经费纳入本级财政预算。	**第八十三条**　县级以上人民政府按照本级政府职责，将动物疫病**的监测**、预防、控制、**净化、消灭，动物、动物产品的**检疫和**病死动物的无害化处理，以及**监督管理所需经费纳入本级预算。
第六十五条　县级以上人民政府应当储备动物疫情应急处理工作所需的防疫物资。	**第八十四条**　县级以上人民政府应当储备动物疫情应急处**置**所需的防疫物资。
第六十六条　对在动物疫病预防和控制、扑灭过程中强制扑杀的动物、销毁的动物产品和相关物品，县级以上人民政府应当给予补偿。具体补偿标准和办法由国务院财政部门会同有关部门制定。 因依法实施强制免疫造成动物应激死亡的，给予补偿。具体补偿标准和办法由国务院财政部门会同有关部门制定。	**第八十五条**　对在动物疫病预防、控制、**净化、消灭**过程中强制扑杀的动物、销毁的动物产品和相关物品，县级以上人民政府给予补偿。具体补偿标准和办法由国务院财政部门会同有关部门制定。
第六十七条　对从事动物疫病预防、检疫、监督检查、现场处理疫情以及在工作中接触动物疫病病原体的人员，有关单位应当按照国家规定采取有效的卫生防护措施和医疗保健措施。	**第八十六条**　对从事动物疫病预防、检疫、监督检查、现场处理疫情以及在工作中接触动物疫病病原体的人员，有关单位按照国家规定**，**采取有效的卫生防护、医疗保健措施，**给予畜牧兽医医疗卫生津贴等相关待遇。**

修改前	修改后
第九章　法律责任	**第十一章　法律责任**
第六十八条　地方各级人民政府及其工作人员未依照本法规定履行职责的，对直接负责的主管人员和其他直接责任人员依法给予处分。	**第八十七条**　地方各级人民政府及其工作人员未依照本法规定履行职责的，对直接负责的主管人员和其他直接责任人员依法给予处分。
第六十九条　县级以上人民政府兽医主管部门及其工作人员违反本法规定，有下列行为之一的，由本级人民政府责令改正，通报批评；对直接负责的主管人员和其他直接责任人员依法给予处分： （一）未及时采取预防、控制、扑灭等措施的； （二）对不符合条件的颁发动物防疫条件合格证、动物诊疗许可证，或者对符合条件的拒不颁发动物防疫条件合格证、动物诊疗许可证的； （三）其他未依照本法规定履行职责的行为。	**第八十八条**　县级以上人民政府**农业农村**主管部门及其工作人员违反本法规定，有下列行为之一的，由本级人民政府责令改正，通报批评；对直接负责的主管人员和其他直接责任人员依法给予处分： （一）未及时采取预防、控制、扑灭等措施的； （二）对不符合条件的颁发动物防疫条件合格证、动物诊疗许可证，或者对符合条件的拒不颁发动物防疫条件合格证、动物诊疗许可证的； （三）**从事与动物防疫有关的经营性活动，或者违法收取费用的；** **（四）**其他未依照本法规定履行职责的行为。
第七十条　动物卫生监督机构及其工作人员违反本法规定，有下列行为之一的，由本级人民政府或者兽医主管部门责令改正，通报批评；对直接负责的主管人员和其他直接责任人员依法给予处分： （一）对未经现场检疫或者检疫不合格的动物、动物产品出具检疫证明、加施检疫标志，或者对检	**第八十九条**　动物卫生监督机构及其工作人员违反本法规定，有下列行为之一的，由本级人民政府或者**农业农村**主管部门责令改正，通报批评；对直接负责的主管人员和其他直接责任人员依法给予处分： （一）对未经检疫或者检疫不合格的动物、动物产品出具检疫证

修改前	修改后
疫合格的动物、动物产品拒不出具检疫证明、加施检疫标志的； （二）对附有检疫证明、检疫标志的动物、动物产品重复检疫的； （三）从事与动物防疫有关的经营性活动，或者在国务院财政部门、物价主管部门规定外加收费用、重复收费的； （四）其他未依照本法规定履行职责的行为。	明、加施检疫标志，或者对检疫合格的动物、动物产品拒不出具检疫证明、加施检疫标志的； （二）对附有检疫证明、检疫标志的动物、动物产品重复检疫的； （三）从事与动物防疫有关的经营性活动，或者**违法收取费用的**； （四）其他未依照本法规定履行职责的行为。
第七十一条　动物疫病预防控制机构及其工作人员违反本法规定，有下列行为之一的，由本级人民政府或者兽医主管部门责令改正，通报批评；对直接负责的主管人员和其他直接责任人员依法给予处分： （一）未履行动物疫病监测、检测职责或者伪造监测、检测结果的； （二）发生动物疫情时未及时进行诊断、调查的； （三）其他未依照本法规定履行职责的行为。	**第九十条**　动物疫病预防控制机构及其工作人员违反本法规定，有下列行为之一的，由本级人民政府或者**农业农村**主管部门责令改正，通报批评；对直接负责的主管人员和其他直接责任人员依法给予处分： （一）未履行动物疫病监测、检测**、评估**职责或者伪造监测、检测**、评估**结果的； （二）发生动物疫情时未及时进行诊断、调查的； （三）**接到染疫或者疑似染疫报告后，未及时按照国家规定采取措施、上报的；** **（四）**其他未依照本法规定履行职责的行为。
第七十二条　地方各级人民政府、有关部门及其工作人员瞒报、谎报、迟报、漏报或者授意他人瞒报、谎报、迟报动物疫情，或者阻碍他人报告动物疫情的，由上级人	**第九十一条**　地方各级人民政府、有关部门及其工作人员瞒报、谎报、迟报、漏报或者授意他人瞒报、谎报、迟报动物疫情，或者阻碍他人报告动物疫情的，由上级人

修改前	修改后
民政府或者有关部门责令改正，通报批评；对直接负责的主管人员和其他直接责任人员依法给予处分。	民政府或者有关部门责令改正，通报批评；对直接负责的主管人员和其他直接责任人员依法给予处分。
第七十三条 违反本法规定，有下列行为之一的，由动物卫生监督机构责令改正，给予警告；拒不改正的，由动物卫生监督机构代作处理，所需处理费用由违法行为人承担，可以处一千元以下罚款： （一）对饲养的动物不按照动物疫病强制免疫计划进行免疫接种的； （二）种用、乳用动物未经检测或者经检测不合格而不按照规定处理的； （三）动物、动物产品的运载工具在装载前和卸载后没有及时清洗、消毒的。	**第九十二条** 违反本法规定，有下列行为之一的，由**县级以上地方人民政府农业农村主管部门**责令**限期**改正，**可以处一千元以下罚款；逾期**不改正的，**处一千元以上五千元以下罚款，由县级以上地方人民政府农业农村主管部门委托动物诊疗机构、无害化处理场所等**代**为**处理，所需费用由违法行为人承担： （一）对饲养的动物**未**按照动物疫病强制免疫计划**或者免疫技术规范实施**免疫接种的； （二）**对饲养的**种用、乳用动物**未按照国务院农业农村主管部门的要求定期开展疫病检测，或者**经检测不合格而**未**按照规定处理的； （三）**对饲养的犬只未按照规定定期进行狂犬病免疫接种的；** **（四）**动物、动物产品的运载工具在装载前和卸载后**未按照规定**及时清洗、消毒的。
第七十四条 违反本法规定，对经强制免疫的动物未按照国务院兽医主管部门规定建立免疫档案、加施畜禽标识的，依照《中华人民共和国畜牧法》的有关规定处罚。	**第九十三条** 违反本法规定，对经强制免疫的动物未按照规定建立免疫档案，**或者未按照**规定加施畜禽标识的，依照《中华人民共和国畜牧法》的有关规定处罚。

修改前	修改后
	第九十四条　违反本法规定，动物、动物产品的运载工具、垫料、包装物、容器等不符合国务院农业农村主管部门规定的动物防疫要求的，由县级以上地方人民政府农业农村主管部门责令改正，可以处五千元以下罚款；情节严重的，处五千元以上五万元以下罚款。
第七十五条　违反本法规定，不按照国务院兽医主管部门规定处置染疫动物及其排泄物，染疫动物产品，病死或者死因不明的动物尸体，运载工具中的动物排泄物以及垫料、包装物、容器等污染物以及其他经检疫不合格的动物、动物产品的，由动物卫生监督机构责令无害化处理，所需处理费用由违法行为人承担，可以处三千元以下罚款。	第九十五条　违反本法规定，对染疫动物及其排泄物、染疫动物产品或者被染疫动物、动物产品污染的运载工具、垫料、包装物、容器等未按照规定处置的，由县级以上地方人民政府农业农村主管部门责令限期处理；逾期不处理的，由县级以上地方人民政府农业农村主管部门委托有关单位代为处理，所需费用由违法行为人承担，处五千元以上五万元以下罚款。 造成环境污染或者生态破坏的，依照环境保护有关法律法规进行处罚。
	第九十六条　违反本法规定，患有人畜共患传染病的人员，直接从事动物疫病监测、检测、检验检疫，动物诊疗以及易感染动物的饲养、屠宰、经营、隔离、运输等活动的，由县级以上地方人民政府农业农村或者野生动物保护主管部门责令改正；拒不改正的，处一千元以上一万元以下罚款；情节严重的，处一万元以上五万元以下罚款。

修改前	修改后
第七十六条　违反本法第二十五条规定，屠宰、经营、运输动物或者生产、经营、加工、贮藏、运输动物产品的，由动物卫生监督机构责令改正、采取补救措施，没收违法所得和动物、动物产品，并处同类检疫合格动物、动物产品货值金额一倍以上五倍以下罚款；其中依法应当检疫而未检疫的，依照本法第七十八条的规定处罚。	**第九十七条**　违反本法第二十九条规定，屠宰、经营、运输动物或者生产、经营、加工、贮藏、运输动物产品的，由**县级以上地方人民政府农业农村主管部门**责令改正、采取补救措施，没收违法所得、动物和动物产品，并处同类检疫合格动物、动物产品货值金额**十五倍以上三十倍**以下罚款；**同类检疫合格动物、动物产品货值金额不足一万元的，并处五万元以上十五万元以下罚款**；其中依法应当检疫而未检疫的，依照本法第**一百**条的规定处罚。 **前款规定的违法行为人及其法定代表人（负责人）、直接负责的主管人员和其他直接责任人员，自处罚决定作出之日起五年内不得从事相关活动；构成犯罪的，终身不得从事屠宰、经营、运输动物或者生产、经营、加工、贮藏、运输动物产品等相关活动。**
第七十七条　违反本法规定，有下列行为之一的，由动物卫生监督机构责令改正，处一千元以上一万元以下罚款；情节严重的，处一万元以上十万元以下罚款： （一）兴办动物饲养场（养殖小区）和隔离场所，动物屠宰加工场所，以及动物和动物产品无害化处理场所，未取得动物防疫条件合格证的； （二）未办理审批手续，跨省、自治区、直辖市引进乳用动物、种	**第九十八条**　违反本法规定，有下列行为之一的，由**县级以上地方人民政府农业农村主管部门**责令改正，处**三千元以上三万元**以下罚款；情节严重的，**责令停业整顿，并处三万元**以上十万元以下罚款： （一）**开办**动物饲养场和隔离场所、动物屠宰加工场所以及动物和动物产品无害化处理场所，未取得动物防疫条件合格证的； （二）**经营动物、动物产品的集贸市场不具备国务院农业农村主**

修改前	修改后
用动物及其精液、胚胎、种蛋的； （三）未经检疫，向无规定动物疫病区输入动物、动物产品的。	管部门规定的防疫条件的； （三）未经备案从事动物运输的； （四）未按照规定保存行程路线和托运人提供的动物名称、检疫证明编号、数量等信息的； （五）未经检疫合格，向无规定动物疫病区输入动物、动物产品的； （六）跨省、自治区、直辖市引进种用、乳用动物到达输入地后未按照规定进行隔离观察的； （七）未按照规定处理或者随意弃置病死动物、病害动物产品的。
	第九十九条　动物饲养场和隔离场所、动物屠宰加工场所以及动物和动物产品无害化处理场所，生产经营条件发生变化，不再符合本法第二十四条规定的动物防疫条件继续从事相关活动的，由县级以上地方人民政府农业农村主管部门给予警告，责令限期改正；逾期仍达不到规定条件的，吊销动物防疫条件合格证，并通报市场监督管理部门依法处理。
第七十八条　违反本法规定，屠宰、经营、运输的动物未附有检疫证明，经营和运输的动物产品未附有检疫证明、检疫标志的，由动物卫生监督机构责令改正，处同类检疫合格动物、动物产品货值金额百分之十以上百分之五十以下罚款；	**第一百条**　违反本法规定，屠宰、经营、运输的动物未附有检疫证明，经营和运输的动物产品未附有检疫证明、检疫标志的，由**县级以上地方人民政府农业农村主管部门**责令改正，处同类检疫合格动物、动物产品货值金额**一倍**以下罚

修改前	修改后
对货主以外的承运人处运输费用一倍以上三倍以下罚款。 违反本法规定，参加展览、演出和比赛的动物未附有检疫证明的，由动物卫生监督机构责令改正，处一千元以上三千元以下罚款。	款；对货主以外的承运人处运输费用**三倍**以上**五倍**以下罚款，**情节严重的，处五倍以上十倍以下罚款。** 违反本法规定，**用于科研、展示、演出和比赛等非食用性利用的**动物未附有检疫证明的，由**县级以上地方人民政府农业农村主管部门**责令改正，处**三千元**以上**一万元**以下罚款。
	第一百零一条　违反本法规定，将禁止或者限制调运的特定动物、动物产品由动物疫病高风险区调入低风险区的，由县级以上地方人民政府农业农村主管部门没收运输费用、违法运输的动物和动物产品，并处运输费用一倍以上五倍以下罚款。
	第一百零二条　违反本法规定，通过道路跨省、自治区、直辖市运输动物，未经省、自治区、直辖市人民政府设立的指定通道入省境或者过省境的，由县级以上地方人民政府农业农村主管部门对运输人处五千元以上一万元以下罚款；情节严重的，处一万元以上五万元以下罚款。
第七十九条　违反本法规定，转让、伪造或者变造检疫证明、检疫标志或者畜禽标识的，由动物卫生监督机构没收违法所得，收缴检疫证明、检疫标志或者畜禽标识，并处三千元以上三万元以下罚款。	**第一百零三条**　违反本法规定，转让、伪造或者变造检疫证明、检疫标志或者畜禽标识的，由**县级以上地方人民政府农业农村主管部门**没收违法所得**和**检疫证明、检疫标志、畜禽标识，并处**五千元**以上**五万元**以下罚款。

修改前	修改后
	持有、使用伪造或者变造的检疫证明、检疫标志或者畜禽标识的，由县级以上人民政府农业农村主管部门没收检疫证明、检疫标志、畜禽标识和对应的动物、动物产品，并处三千元以上三万元以下罚款。
第八十条 违反本法规定，有下列行为之一的，由动物卫生监督机构责令改正，处一千元以上一万元以下罚款： （一）不遵守县级以上人民政府及其兽医主管部门依法作出的有关控制、扑灭动物疫病规定的； （二）藏匿、转移、盗掘已被依法隔离、封存、处理的动物和动物产品的； （三）发布动物疫情的。	**第一百零四条** 违反本法规定，有下列行为之一的，由**县级以上地方人民政府农业农村主管部门**责令改正，处**三千元**以上**三万元**以下罚款： （一）**擅自**发布动物疫情的； （二）不遵守县级以上人民政府及其**农业农村**主管部门依法作出的有关控制动物疫病规定的； （三）藏匿、转移、盗掘已被依法隔离、封存、处理的动物和动物产品的。
第八十一条 违反本法规定，未取得动物诊疗许可证从事动物诊疗活动的，由动物卫生监督机构责令停止诊疗活动，没收违法所得；违法所得在三万元以上的，并处违法所得一倍以上三倍以下罚款；没有违法所得或者违法所得不足三万元的，并处三千元以上三万元以下罚款。 动物诊疗机构违反本法规定，造成动物疫病扩散的，由动物卫生监督机构责令改正，处一万元以上五万元以下罚款；情节严重的，由发证机关吊销动物诊疗许可证。	**第一百零五条** 违反本法规定，未取得动物诊疗许可证从事动物诊疗活动的，由**县级以上地方人民政府农业农村主管部门**责令停止诊疗活动，没收违法所得，并处违法所得一倍以上三倍以下罚款；违法所得不足三万元的，并处三千元以上三万元以下罚款。 动物诊疗机构违反本法规定，**未按照规定实施卫生安全防护、消毒、隔离和处置诊疗废弃物的**，由**县级以上地方人民政府农业农村主管部门**责令改正，**处一千元以上一万元以下罚款；造成动物疫病扩散的**，处一万元以上五万元以下罚款；情节严重的，吊销动物诊疗许可证。

修改前	修改后
第八十二条 违反本法规定，未经兽医执业注册从事动物诊疗活动的，由动物卫生监督机构责令停止动物诊疗活动，没收违法所得，并处一千元以上一万元以下罚款。 执业兽医有下列行为之一的，由动物卫生监督机构给予警告，责令暂停六个月以上一年以下动物诊疗活动；情节严重的，由发证机关吊销注册证书： （一）违反有关动物诊疗的操作技术规范，造成或者可能造成动物疫病传播、流行的； （二）使用不符合国家规定的兽药和兽医器械的； （三）不按照当地人民政府或者兽医主管部门要求参加动物疫病预防、控制和扑灭活动的。	**第一百零六条** 违反本法规定，未经**执业兽医备案**从事**经营性**动物诊疗活动的，由**县级以上地方人民政府农业农村主管部门**责令停止动物诊疗活动，没收违法所得，并处**三千元**以上**三万元**以下罚款；**对其所在的动物诊疗机构处一万元以上五万元以下罚款**。 执业兽医有下列行为之一的，由**县级以上地方人民政府农业农村主管部门**给予警告，责令暂停六个月以上一年以下动物诊疗活动；情节严重的，**吊销执业兽医资格证书**： （一）违反有关动物诊疗的操作技术规范，造成或者可能造成动物疫病传播、流行的； （二）使用不符合规定的兽药和兽医器械的； （三）未按照当地人民政府或者**农业农村**主管部门要求参加动物疫病预防、控制和**动物疫情**扑灭活动的。
	第一百零七条 违反本法规定，生产经营兽医器械，产品质量不符合要求的，由县级以上地方人民政府农业农村主管部门责令限期整改；情节严重的，责令停业整顿，并处二万元以上十万元以下罚款。
第八十三条 违反本法规定，从事动物疫病研究与诊疗和动物饲养、屠宰、经营、隔离、运输，以	**第一百零八条** 违反本法规定，从事动物疫病研究、诊疗和动物饲养、屠宰、经营、隔离、运输，

修改前	修改后
及动物产品生产、经营、加工、贮藏等活动的单位和个人，有下列行为之一的，由动物卫生监督机构责令改正；拒不改正的，对违法行为单位处一千元以上一万元以下罚款，对违法行为个人可以处五百元以下罚款： （一）不履行动物疫情报告义务的； （二）不如实提供与动物防疫活动有关资料的； （三）拒绝动物卫生监督机构进行监督检查的； （四）拒绝动物疫病预防控制机构进行动物疫病监测、检测的。	以及动物产品生产、经营、加工、贮藏、**无害化处理**等活动的单位和个人，有下列行为之一的，由**县级以上地方人民政府农业农村主管部门**责令改正，**可以处一万元以下罚款**；拒不改正的，处**一万元**以上**五万元**以下罚款，**并可以责令停业整顿**： （一）**发现动物染疫、疑似染疫未报告，或者未采取隔离等控制措施的**； （二）不如实提供与动物防疫有关**的**资料的； （三）拒绝**或者阻碍农业农村主管部门**进行监督检查的； （四）拒绝**或者阻碍**动物疫病预防控制机构进行动物疫病监测、检测、**评估**的； **（五）拒绝或者阻碍官方兽医依法履行职责的。**
第八十四条　违反本法规定，构成犯罪的，依法追究刑事责任。 违反本法规定，导致动物疫病传播、流行等，给他人人身、财产造成损害的，依法承担民事责任。	**第一百零九条**　**违反本法规定，造成人畜共患传染病传播、流行的，依法从重给予处分、处罚。** 违反本法规定，**构成违反治安管理行为的，依法给予治安管理处罚**；构成犯罪的，依法追究刑事责任。 违反本法规定，给他人人身、财产造成损害的，依法承担民事责任。
第十章　附　　则	**第十二章　附　　则**
第二十四条第二款　本法所称无规定动物疫病区，是指具有天然	**第一百一十条　本法下列用语的含义：**

修改前	修改后
屏障或者采取人工措施，在一定期限内没有发生规定的一种或者几种动物疫病，并经验收合格的区域。	（一）无规定动物疫病区，是指具有天然屏障或者采取人工措施，在一定期限内没有发生规定的一种或者几种动物疫病，并经验收合格的区域； **（二）无规定动物疫病生物安全隔离区，是指处于同一生物安全管理体系下，在一定期限内没有发生规定的一种或者几种动物疫病的若干动物饲养场及其辅助生产场所构成的，并经验收合格的特定小型区域；** **（三）病死动物，是指染疫死亡、因病死亡、死因不明或者经检验检疫可能危害人体或者动物健康的死亡动物；** **（四）病害动物产品，是指来源于病死动物的产品，或者经检验检疫可能危害人体或者动物健康的动物产品。**
	第一百一十一条　境外无规定动物疫病区和无规定动物疫病生物安全隔离区的无疫等效性评估，参照本法有关规定执行。
	第一百一十二条　实验动物防疫有特殊要求的，按照实验动物管理的有关规定执行。
第八十五条　本法自2008年1月1日起施行。	**第一百一十三条**　本法自2021年5月1日起施行。

关于《中华人民共和国动物防疫法（修订草案）》的说明

——2020年4月26日在第十三届全国人民代表大会常务委员会第十七次会议上

全国人大农业与农村委员会副主任委员　刘振伟

委员长、各位副委员长、秘书长、各位委员：

我受全国人大农业与农村委员会委托，就《中华人民共和国动物防疫法（修订草案）》的有关问题作说明。

一、动物防疫法修改的必要性

动物防疫法自2008年1月1日修订实施以来，我国动物防疫工作不断加强，在保障养殖业生产安全、动物源性食品安全、公共卫生安全及生态环境安全方面发挥了重要作用。

但是，由于我国大多数生产经营主体养殖方式比较落后，基层动物防疫体系薄弱，加上动物及动物产品国际贸易活动频繁，我国动物防疫面临着复杂、严峻的形势。主要表现：一是动物疫病净化、消灭工作缺乏中长期规划，疫病种类多，疫情风险大，防控压力大。二是动物防疫制度体系不完善。病死动物和病害动物产品无害化处理、犬只防疫、兽医管理制度缺失；动物及动物产品调运监管、动物疫病区域化管理、动物防疫条件审查、疫病疫情监测预警等制度不够完善；基层动物防疫体系薄弱，保障措施满足不了防疫工作需要。三是动物防疫责任体系不完善。生产经营者防疫主体责任在一些地方难以落实到位，履行防疫义务自觉性不强。四是法律责任缺乏刚性。2020 年 2 月 24 日，全国人大常委会作出《关于全面禁止非法野生动物交易、革除滥食野生动物陋习、切实保障人民群众生命健康安全的决定》，对非食用性利用野生动物的审批和检疫检验提出明确要求，需要及时转化为法律规范。综上，需要尽快修改动物防疫法。

2018 年，全国人大农业与农村委员会对动物防疫法贯彻实施情况进行执法调研，提出修改思路。同年，修改动物防疫法列入第十三届全国人大常委会立法规划，由农业与农村委员会牵头，农业农村部等部门参与。两年来，认真听取各级动物卫生监督机构和防控机构、生产经营主体、动物卫生专家、部分全国人大代表意见，与国务院有关部门反复沟通，形成了动物防疫法修订草案（以下简称草案）。

二、动物防疫法修改的总体思路

深入学习贯彻习近平新时代中国特色社会主义思想，

落实党的十九大和十九届二中、三中、四中全会精神，按照全面提升动物卫生水平的目标，着力解决动物防疫面临的突出问题，对动物防疫方针、防疫责任体系、制度体系、监管体系等调整完善，构建科学、合理、健全的动物防疫法律制度。草案突出六个“强化”：一是强化对重点动物疫病的净化、消灭，在全面防控的基础上，推动动物疫病从有效控制到逐步净化、消灭转变；二是强化非食用性利用野生动物检疫检验；三是强化生产经营者的防疫主体责任、行业部门的监管责任和地方政府的属地管理责任；四是强化动物疫源疫情的监测预警；五是强化动物防疫制度体系建设；六是强化基层动物防疫体系能力建设，完善保障措施。

三、动物防疫法修改的主要内容

（一）关于完善动物疫病防控方针

长期以来，我国的动物防疫工作坚持“预防为主”方针，控制了高致病性禽流感、口蹄疫等重大动物疫病大范围发生。但是，从动物疫病流行规律看，单纯预防难以有效遏制动物病原体变异及侵害。有计划地控制、净化、消灭对畜牧业和公共卫生安全危害大的重点病种，推进重点病种从免疫临床发病向免疫临床无病例过渡，逐步清除动物机体和环境中存在的病原，降低疫病流行率，缩小病原污染面，是消灭重点动物疫病的科学路径，也是国际上的通行做法。我国于1956年、1996年分别净化、消灭了牛瘟和牛肺疫，国外一些国家亦成功净化、消灭了十多种重点动物疫病，积累了不少成功经验。为了推动畜牧业转型升级，全面提高动物卫生水平并助力公共卫生安全，草案结合我国实际，调整完善动物防疫方针，即“实行预防为主，预防与控制、净化、消灭相结合的方针”。

（二）关于完善对非食用性利用野生动物实行严格审批和检疫检验制度

按照习近平总书记要完善疫情防控相关立法重要指示精神，衔接全国人大常委会《关于全面禁止非法野生动物交易、革除滥食野生动物陋习、切实保障人民群众生命健康安全的决定》，草案作出五个方面的规定：一是因科研、药用、展示等特殊情形，需要非食用性利用野生动物的，应当按照国家有关规定严格审批和检疫检验；二是国务院或有关主管部门制定非食用性利用野生动物的审批、检疫检验及防疫条件审查的具体规定；三是非食用性利用野生动物不符合检疫检验及防疫条件审查规定的，依法从重处罚；四是在重大动物疫情认定过程中，发生地县级以上人民政府应当采取必要的应急处置措施，防止延误时机；五是县级以上人民政府林业草原主管部门承担野外环境陆生野生动物疫源疫病监测预警职责。

（三）关于完善动物防疫责任制度

长期以来，我国动物防疫主要由政府兽医机构承担，乡村兽医协助。生产经营者动物防疫意识淡薄，主动性不足。草案立足于构建责任明确、各负其责、各尽其能的防疫责任体系，压实生产经营者的主体责任、行业部门的监管责任和地方政府的属地管理责任。草案规定：饲养动物的单位和个人依法承担强制免疫主体责任；从事屠宰、经营、隔离、运输以及动物产品生产、经营、加工、贮藏等活动的单位和个人依法承担动物防疫相关责任；地方政府在无规定动物疫病区建设、重点动物疫病净化消灭、保障防疫检疫条件等方面承担属地管理责任；动物防疫执法由县级以上地方人民政府农业农村（畜牧兽医）主管部门承担。

（四）关于完善动物防疫管理制度

草案完善了动物调运监管、病死动物和病害动物产品无害化处理、动物疫病区域化管理和督导、动物疫病风险评估、动物防疫条件审查、动物疫病疫情监测预警等制度，构建完整的动物防疫管理制度链条。

一是建立健全动物及其产品调运监管制度。草案规定，国务院农业农村（畜牧兽医）主管部门在动物疫病风险评估的基础上，可以禁止或者限制特定动物、动物产品由高风险区向低风险区调运；国务院农业农村（畜牧兽医）主管部门牵头建立动物、动物产品卫生防疫安全追溯协作机制，对从事动物经营、运输的单位和个人，以及动物运输车辆实行备案管理制度；省级人民政府确定并公布动物、动物产品进入本省的指定通道并开展监督检查。

二是建立病死动物及病害动物产品无害化处理制度。草案规范了无害化处理设施的规划、建设及运营；明确生产经营者承担无害化处理的主体责任；建立无害化处理补助制度，由县级以上人民政府财政部门会同有关部门制定补助标准和补助办法；明确县、乡两级政府组织协调对水域和公共场所无主病死动物的收集处理和溯源责任。

三是完善有关动物防疫管理制度。在动物疫病风险评估方面，增加对动物疫病开展风险评估，根据评估结果制定净化、消灭及限制动物、动物产品调运等措施。在动物疫病强制免疫方面，对免疫病种和区域赋予地方政府较大自主权；将县级以上地方人民政府农业农村（畜牧兽医）主管部门职责，由“组织实施动物疫病强制免疫计划”调整为“对动物疫病强制免疫实施监督管理”。在动物疫源疫病监测预警方面，增加野生动物及陆路边境地区动物疫源疫病监测预警内容。在动物疫病区域化管理方面，建立区域管理和督导制度，统筹考虑行政区划、动物疫病防控和养殖屠宰产业布局等实施分区督导。在动物防疫条件审查方面，扩大动物防疫条件审查范围，将动物专业交易市场纳入审查范围。在动物检疫方面，规定屠宰企业、动物饲养场的兽医专业人员协助官方兽医实施检疫。

关于防控人畜共患传染病在人和动物之间传播，草案有五方面的规定：患有人畜共患传染病的人员不得直接从事动物诊疗以及易感染动物的饲养、屠宰、经营、隔离、运输等活动；人畜共患传染病名录由国务院农业农村（畜牧兽医）主管部门会同国务院卫生健康、林业草原主管部门制定并公布；发生人畜共患传染病时，卫生健康主管部门应当组织对疫区易感染的人群进行监测，并采取相应的预防、控制措施；发生人畜共患传染病的，县级以上人民政府农业农村（畜牧兽医）主管部门与同级卫生健康、林业草原主管部门应当及时相互通报；对危害人类健康的狂犬病预防接种作出规定，明确了相关部门的管理职责。

（五）关于完善兽医队伍管理制度

官方兽医、执业兽医、乡村兽医等兽医专业人员是动物防疫的主体。草案将现行动物防疫法中的官方兽医、执业兽医和乡村兽医管理规定合并为“兽医管理”一章，突出对兽医的管理和工作规范。条件成熟后，建议制定兽医法。

草案明确了官方兽医任命制度，将官方兽医确认权限下放到省级农业农村（畜牧兽医）主管部门，将海关从事进出境动物检疫人员纳入官方兽医范畴，对执业兽医开展诊疗活动进行了规范。

（六）关于完善保障措施

近些年来，国家通过产业政策、财政、保险等措施，在动物疫病防控等方面出台了一些保障措施，草案将行之有效的保障措施转化为法律规定，并根据实际需要增加了一些规定：一是拓展了县级以上人民政府财政对动物防疫工作的保障范围，将重点动物疫病净化、消灭补助及管理经费纳入政府预算。二是鼓励县级以上人民政府采取保险费补贴等措施，支持发展畜禽养殖保险。三是增加了动物防疫工作人员依法参加工伤保险，为因公参加动物防疫致残、致病、死亡人员的补助抚恤留出制度接口，增加了动物防疫人员享受畜牧兽医医疗卫生津贴的规定。四是增加国家对动物防疫新技术、新设备、新产品等技术创新研究开发的支持。

（七）关于法律责任

草案根据法律制度修改情况，对违法屠宰、经营、运输动物或者生产、经营、加工、贮藏、运输动物产品，违法调运动物、动物产品，未经指定通道跨省运输动物、动物产品，持有、使用伪造或者变造的检疫证明、检疫标志或者畜禽标识等行为，加大了处罚力度。

草案还对部分条款及文字作了修改。

《中华人民共和国动物防疫法（修订草案）》及上述说明是否妥当，请审议。

《中华人民共和国动物防疫法》修订草案对照表

（条文中**黑体字**为新增或者修改后的内容，阴影为删去的内容）

修改前	修订草案
第一章　总　　则	第一章　总　　则
第一条　为了加强对动物防疫活动的管理，预防、控制和扑灭动物疫病，促进养殖业发展，保护人体健康，维护公共卫生安全，制定本法。	**第一条**　为了加强对动物防疫活动的管理，预防、控制、**净化、消灭**动物疫病，促进养殖业发展，保护人体健康，维护公共卫生安全，制定本法。
第二条　本法适用于在中华人民共和国领域内的动物防疫及其监督管理活动。 进出境动物、动物产品的检疫，适用《中华人民共和国进出境动植物检疫法》。	**第二条**　本法适用于在中华人民共和国领域内的动物防疫及其监督管理活动。 进出境动物、动物产品的检疫，适用《中华人民共和国进出境动植物检疫法》。
第三条　本法所称动物，是指家畜家禽和人工饲养、合法捕获的其他动物。 本法所称动物产品，是指动物的肉、生皮、原毛、绒、脏器、脂、血液、精液、卵、胚胎、骨、蹄、头、角、筋以及可能传播动物疫病的奶、蛋等。 本法所称动物疫病，是指动物传染病、寄生虫病。 本法所称动物防疫，是指动物疫病的预防、控制、扑灭和动物、动物产品的检疫。	**第三条**　本法所称动物，是指家畜家禽和人工饲养、合法捕获的其他动物。 本法所称动物产品，是指动物的肉、生皮、原毛、绒、脏器、脂、血液、精液、卵、胚胎、骨、蹄、头、角、筋、奶、蛋等。 本法所称动物疫病，是指动物传染病、寄生虫病。 本法所称动物防疫，是指动物疫病的预防、控制、**净化、消灭，**动物、动物产品的检疫**和病死动物、病害动物产品的无害化处理**。

修改前	修订草案
第四条 根据动物疫病对养殖业生产和人体健康的危害程度，本法规定管理的动物疫病分为下列三类： （一）一类疫病，是指对人与动物危害严重，需要采取紧急、严厉的强制预防、控制、扑灭等措施的； （二）二类疫病，是指可能造成重大经济损失，需要采取严格控制、扑灭等措施，防止扩散的； （三）三类疫病，是指常见多发、可能造成重大经济损失，需要控制**和净化**的。 前款一、二、三类动物疫病具体病种名录由国务院兽医主管部门制定并公布。	**第四条** 根据动物疫病对养殖业生产和人体健康的危害程度，本法规定管理的动物疫病分为下列三类： （一）一类疫病，是指对人与动物危害严重，需要采取紧急、严厉的强制预防、控制、扑灭等措施的； （二）二类疫病，是指可能造成重大经济损失，需要采取严格控制、扑灭等措施，防止扩散的； （三）三类疫病，是指常见多发、可能造成重大经济损失，需要**及时**控制的。 前款一、二、三类动物疫病具体病种**和实施净化、消灭的重点动物疫病病种**名录由**国务院农业农村（畜牧兽医）**主管部门制定并公布。
第五条 国家对动物疫病实行预防为主的方针。	**第五条** 国家对动物疫病实行预防为主，**预防与控制、净化、消灭相结合**的方针。**建立政府监管、行业自律、社会共治、责任明确的工作机制。**
第十七条 *从事动物饲养、屠宰、经营、隔离、运输以及动物产品生产、经营、加工、贮藏等活动的单位和个人，**应当**依照本法和国务院兽医主管部门的规定，做好免疫、消毒等动物**疫病预防**工作。*	**第六条** 从事动物饲养、屠宰、经营、隔离、运输以及动物产品生产、经营、加工、贮藏等活动的单位和个人，依照本法和国务院**农业农村（畜牧兽医）**主管部门的规定，做好免疫、消毒**、检测、隔离、净化、消灭、无害化处理**等动物**防疫**工作**，承担动物防疫相关责任**。

修改前	修订草案
第六条 县级以上人民政府应当加强对动物防疫工作的统一领导，加强基层动物防疫队伍建设，建立健全动物防疫体系，制定并组织实施动物疫病防治规划。 乡级人民政府、城市街道办事处应当组织群众协助做好本管辖区域内的动物疫病预防与控制工作。	**第七条** 县级以上人民政府对动物防疫工作**实行**统一领导，加强基层动物防疫**机构和**队伍建设，建立健全动物防疫体系，制定并组织实施动物疫病防治规划。 乡级人民政府、城市街道办事处，组织群众做好本辖区内的动物疫病预防与控制工作，**村民委员会、居民委员会予以协助**。
第七条 国务院兽医主管部门主管全国的动物防疫工作。 县级以上地方人民政府兽医主管部门主管本行政区域内的动物防疫工作。 县级以上人民政府其他部门在各自的职责范围内做好动物防疫工作。 军队和武装警察部队动物卫生监督职能部门分别负责军队和武装警察部队现役动物及饲养自用动物的防疫工作。	**第八条** 国务院**农业农村（畜牧兽医）**主管部门主管全国的动物防疫工作。 县级以上地方人民政府**农业农村（畜牧兽医）**主管部门主管本行政区域内的动物防疫**、动物防疫监督管理和执法**工作。 县级以上人民政府其他部门在各自的职责范围内做好动物防疫工作。 军队动物卫生监督职能部门负责军队现役动物及饲养自用动物的防疫工作。
第八条 县级以上地方人民政府设立的动物卫生监督机构依照本法规定，负责动物、动物产品的检疫工作和其他有关动物防疫的监督管理执法工作。	**第九条** 县级以上人民政府的动物卫生监督机构依照本法规定，负责动物、动物产品的检疫工作。
第九条 县级以上人民政府按照国务院的规定，根据统筹规划、合理布局、综合设置的原则建立动物疫病预防控制机构，承担动物疫病的监测、检测、诊断、流行病学	**第十条** 县级以上人民政府按照国务院的规定，根据统筹规划、合理布局、综合设置的原则建立动物疫病预防控制机构。 动物疫病预防控制机构承担动

修改前	修订草案
调查、疫情报告以及其他预防、控制等技术工作。	物疫病的监测、检测、诊断、流行病学调查、疫情报告以及其他预防、控制等技术工作；**承担重点动物疫病净化、消灭的技术工作。**
第十条　国家支持和鼓励开展动物疫病的科学研究以及国际合作与交流，推广先进适用的科学研究成果，普及动物防疫科学知识，提高动物疫病防治的科学技术水平。	**第十一条**　国家支持和鼓励开展动物疫病的科学研究以及国际合作与交流，推广先进适用的科学研究成果，提高动物疫病防治的科学技术水平。 **鼓励社会力量参与免疫接种、疫病检测、无害化处理、人员培训、宣传教育、志愿服务及捐赠等活动。** **各级人民政府及有关部门、新闻媒体，加强对动物防疫法律、法规和动物防疫知识的宣传。**
第十一条　对在动物防疫工作、动物防疫科学研究中做出成绩和贡献的单位和个人，各级人民政府及有关部门给予奖励。	**第十二条**　对在动物防疫工作、科学研究、**动物疫情扑灭**中做出贡献的单位和个人，各级人民政府及有关部门**按照国家有关规定**给予奖励。 **动物防疫人员依法参加工伤保险。对因公参与动物防疫工作致病、致残、死亡的人员，按照国家有关规定给予补助或者抚恤。**
第二章　动物疫病的预防	**第二章　动物疫病的预防**
第十二条　国务院兽医主管部门对动物疫病状况进行风险评估，根据评估结果制定相应的动物疫病预防、控制措施。 国务院兽医主管部门根据国内外动物疫情和保护养殖业生产及人	**第十三条**　**国家建立动物疫病风险评估制度。** 国务院**农业农村（畜牧兽医）**主管部门根据国内外动物疫情和保护养殖业生产及人体健康的需要，及时**会同国务院卫生健康等有关部**

修改前	修订草案
体健康的需要，及时制定并公布动物疫病预防、控制技术规范。	**门组织**对动物疫病进行风险评估，并制定、公布动物疫病预防、控制措施和技术规范。 **国务院农业农村（畜牧兽医）主管部门负责划定动物疫病风险区，禁止或者限制特定动物、动物产品由高风险区向低风险区调运。** **省、自治区、直辖市人民政府农业农村（畜牧兽医）主管部门组织开展本行政区域内的动物疫病风险评估并组织落实预防、控制、净化和消灭措施。**
第十三条 国家对严重危害养殖业生产和人体健康的动物疫病实施强制免疫。国务院兽医主管部门确定强制免疫的动物疫病病种和区域，并会同国务院有关部门制定国家动物疫病强制免疫计划。 省、自治区、直辖市人民政府兽医主管部门根据国家动物疫病强制免疫计划，制订本行政区域的强制免疫计划；并可以根据本行政区域内动物疫病流行情况增加实施强制免疫的动物疫病病种和区域，报本级人民政府批准后执行，并报国务院兽医主管部门备案。	**第十四条** 国家对严重危害养殖业生产和人体健康的动物疫病**实行**强制免疫**制度**。 国务院**农业农村（畜牧兽医）**主管部门确定强制免疫的动物疫病病种和区域。 省、自治区、直辖市人民政府**农业农村（畜牧兽医）**主管部门制**定**本行政区域的强制免疫计划；根据本行政区域内动物疫病流行**和控制**情况**调整**实施强制免疫的动物疫病病种和区域，报本级人民政府批准后执行，并报国务院**农业农村（畜牧兽医）**主管部门备案。
第十四条 县级以上地方人民政府兽医主管部门组织实施动物疫病强制免疫计划。乡级人民政府、城市街道办事处应当组织本管辖区域内饲养动物的单位和个人做好强制免疫工作。 饲养动物的单位和个人应当依	**第十五条** 饲养动物的单位和个人应当**按照强制免疫计划和技术规范，对动物实施免疫接种**，建立免疫档案，加施畜禽标识，**承担强制免疫主体责任。** **用于预防接种的疫苗必须符合国家质量标准和国务院农业农村**

修改前	修订草案
法履行动物疫病强制免疫义务，按照兽医主管部门的要求做好强制免疫工作。 经强制免疫的动物，应当按照国务院兽医主管部门的规定建立免疫档案，加施畜禽标识，实施可追溯管理。	**（畜牧兽医）主管部门的规定。** 县级以上地方人民政府**农业农村（畜牧兽医）**主管部门**负责**动物疫病强制免疫**监督管理**。 乡级人民政府、城市街道办事处组织本辖区内饲养动物的单位和个人做好强制免疫，**协助做好监督检查**。
第十五条　县级以上人民政府应当建立健全动物疫情监测网络，加强动物疫情监测。 国务院兽医主管部门应当制定国家动物疫病监测计划。省、自治区、直辖市人民政府兽医主管部门应当根据国家动物疫病监测计划，制定本行政区域的动物疫病监测计划。 动物疫病预防控制机构应当按照国务院兽医主管部门的规定，对动物疫病的发生、流行等情况进行监测；从事动物饲养、屠宰、经营、隔离、运输以及动物产品生产、经营、加工、贮藏等活动的单位和个人不得拒绝或者阻碍。	**第十六条　国家实行动物疫病监测和疫情预警制度。** 县级以上人民政府建立健全动物疫**病**监测网络，加强动物疫**病**监测**和疫情预警**。 国务院**农业农村（畜牧兽医）**主管部门制定国家动物疫病监测计划。省、自治区、直辖市人民政府**农业农村（畜牧兽医）**主管部门根据国家动物疫病监测计划，制定本行政区域的动物疫病监测计划。 动物疫病预防控制机构按照国务院**农业农村（畜牧兽医）**主管部门的规定，对动物疫病的发生、流行**、强制免疫和重点动物疫病净化效果**等进行监测**和评估**。从事动物饲养、屠宰、经营、隔离、运输以及动物产品生产、经营、加工、贮藏等活动的单位和个人不得拒绝或者阻碍。 **陆路边境省、自治区人民政府根据动物疫病防控需要，合理设置动物疫病监测站点，健全监测工作机制，防范境外动物疫病传入。** **科技、海关等部门按照本法及有关法律法规的规定做好动物疫病**

修改前	修订草案
	监测，定期与农业农村（畜牧兽医）主管部门互通情况，紧急情况及时通报。 县级以上人民政府林业草原主管部门负责本行政区域内野外环境自然生长繁殖的陆生野生动物疫源疫病监测预警，根据需要合理布局监测站点，完善监测体系和工作机制，定期与农业农村（畜牧兽医）主管部门互通情况，紧急情况及时通报。
第十六条 国务院兽医主管部门和省、自治区、直辖市人民政府兽医主管部门应当根据对动物疫病发生、流行趋势的预测，及时发出动物疫情预警。地方各级人民政府接到动物疫情预警后，应当采取相应的预防、控制措施。	**第十七条** 国务院**农业农村（畜牧兽医）**主管部门和省、自治区、直辖市人民政府**农业农村（畜牧兽医）**主管部门根据对动物疫病发生、流行趋势的预测，及时**对**动物疫情预警。地方各级人民政府接到动物疫情预警后，**及时**采取预防、控制措施。
第十七条 从事动物饲养、屠宰、经营、隔离、运输以及动物产品生产、经营、加工、贮藏等活动的单位和个人，应当依照本法和国务院兽医主管部门的规定，做好免疫、消毒等动物疫病预防工作。	（修改后作为第六条）
第二十四条第一款 *国家对动物疫病实行区域化管理，逐步建立无规定动物疫病区。无规定动物疫病区应当符合国务院兽医主管部门规定的标准，经国务院兽医主管部门验收合格予以公布。*	**第十八条 国家实行动物疫病区域化、生物安全隔离区划管理和督导制度。** **国家支持地方**建立无规定动物疫病区，**鼓励动物饲养场建设无规定动物疫病生物安全隔离区。**无规定动物疫病区**和无规定动物疫病生**

修改前	修订草案
	物安全隔离区符合国务院农业农村（畜牧兽医）主管部门规定标准的，经国务院农业农村（畜牧兽医）主管部门验收合格予以公布。 国家根据行政区划、动物疫病防控、养殖屠宰产业布局等实施分区督导。
	第十九条　省、自治区、直辖市人民政府制定并组织实施本行政区域无规定动物疫病区建设方案，确定建设范围和实施区域化、生物安全隔离区划管理的病种。 跨省、自治区、直辖市建设无规定动物疫病区的，由相关省级人民政府共同制定无规定动物疫病区建设方案，经国务院农业农村（畜牧兽医）主管部门批准后组织实施。 设区的市级和县级人民政府根据省级人民政府制定的无规定动物疫病区建设方案，制定本行政区域无规定动物疫病区建设方案并组织实施。
	第二十条　国务院农业农村（畜牧兽医）主管部门制定重点动物疫病净化、消灭规划并组织实施。 县级以上地方人民政府根据国家重点动物疫病净化、消灭规划，制定本行政区域重点动物疫病净化、消灭规划并组织实施。 动物疫病预防控制机构按照重点动物疫病净化、消灭规划，开展动物疫病净化技术指导、培训，对

修改前	修订草案
	动物疫病净化效果进行监测、评估。 饲养动物的单位和个人对净化、消灭重点动物疫病承担主体责任，达到国务院农业农村（畜牧兽医）主管部门规定的净化标准的，由省级以上人民政府农业农村（畜牧兽医）主管部门予以公布。 国家鼓励并支持饲养动物的单位和个人自行开展动物疫病净化。
第十八条　种用、乳用动物和宠物应当符合国务院兽医主管部门规定的健康标准。 种用、乳用动物应当接受动物疫病预防控制机构的定期检测；检测不合格的，应当按照国务院兽医主管部门的规定予以处理。	**第二十一条**　种用、乳用动物应当符合国务院**农业农村（畜牧兽医）**主管部门规定的健康标准。 **饲养种用、乳用动物的单位和个人，应当按照国务院农业农村（畜牧兽医）主管部门的要求，定期开展动物疫病检测，并接受动物疫病预防控制机构的监测；监测**不合格的，应当按照国务院**农业农村（畜牧兽医）**主管部门的规定予以处理。 **种用、乳用动物饲养场未按规定开展动物疫病净化的，不得跨省、自治区、直辖市销售种用、乳用动物及特定动物产品。** **国务院农业农村（畜牧兽医）主管部门划定动物疫病风险区，禁止或者限制特定动物、动物产品调运时，达到特定动物疫病净化标准的种用、乳用动物饲养场，可以跨风险区销售、运输特定动物、动物产品。**

修改前	修订草案
第十九条 动物饲养场（养殖小区）和隔离场所，动物屠宰加工场所，以及动物和动物产品无害化处理场所，应当符合下列动物防疫条件： （一）场所的位置与居民生活区、生活饮用水源地、学校、医院等公共场所的距离符合国务院兽医主管部门规定的标准； （二）生产区封闭隔离，工程设计和工艺流程符合动物防疫要求； （三）有相应的污水、污物、病死动物、染疫动物产品的无害化处理设施设备和清洗消毒设施设备； （四）有为其服务的动物防疫技术人员； （五）有完善的动物防疫制度； （六）具备国务院兽医主管部门规定的其他动物防疫条件。	**第二十二条** 动物饲养场，隔离场所，动物屠宰加工场所，**动物专业交易市场，**以及动物和动物产品无害化处理场所，应当符合下列动物防疫条件： （一）场所的位置与居民生活区、生活饮用水源地、学校、医院等公共场所的距离符合国务院**农业农村（畜牧兽医）**主管部门的规定； （二）生产**经营区域**封闭隔离，工程设计和**有关**流程符合动物防疫要求； （三）有**与其规模相适应的**污水、污物**处理设施，**病死动物、**病害**动物产品无害化处理设施设备**或者冷藏冷冻设施设备，以及**清洗消毒设施设备； **（四）有与其规模相适应的执业兽医等专业人员；** （五）有完善的**隔离消毒、购销台账、日常巡查等**动物防疫制度； （六）具备国务院**农业农村（畜牧兽医）**主管部门规定的其他动物防疫条件。 **动物和动物产品无害化处理场所除符合前款规定的条件外，应当具有病原检测设备、检测能力和符合动物防疫要求的专用运输车辆。**
第二十条 兴办动物饲养场（养殖小区）和隔离场所，动物屠宰加工场所，以及动物和动物产品	**第二十三条 国家实行动物防疫条件审查制度。** 兴办动物饲养场和隔离场所、

修改前	修订草案
无害化处理场所，应当向县级以上地方人民政府兽医主管部门提出申请，并附具相关材料。受理申请的兽医主管部门应当依照本法和《中华人民共和国行政许可法》的规定进行审查。经审查合格的，发给动物防疫条件合格证；不合格的，应当通知申请人并说明理由。 动物防疫条件合格证应当载明申请人的名称、场（厂）址等事项。 经营动物、动物产品的集贸市场应当具备国务院兽医主管部门规定的动物防疫条件，并接受动物卫生监督机构的监督检查。	动物屠宰加工场所、**动物专业交易市场**、以及动物和动物产品无害化处理场所的**单位和个人**，应当向县级以上地方人民政府**农业农村（畜牧兽医）**主管部门提出申请，并附具相关材料。受理申请的**农业农村（畜牧兽医）**主管部门应当依照本法和《中华人民共和国行政许可法》的规定进行审查。经审查合格的，发给动物防疫条件合格证；不合格的，通知申请人并说明理由。 动物防疫条件合格证应当载明申请人的名称、场（厂）址等事项。
第二十一条　动物、动物产品的运载工具、垫料、包装物、容器等应当符合国务院兽医主管部门规定的动物防疫要求。 染疫动物及其排泄物、染疫动物产品，病死或者死因不明的动物尸体，运载工具中的动物排泄物以及垫料、包装物、容器等污染物，应当按照国务院兽医主管部门的规定处理，不得随意处置。	**第二十四条**　动物、动物产品的运载工具、垫料、包装物、容器等应当符合国务院**农业农村（畜牧兽医）**主管部门规定的动物防疫要求。 染疫动物及其排泄物、染疫动物产品，运载工具中的动物排泄物以及垫料、包装物、容器等污染物，应当按照国务院**农业农村（畜牧兽医）**主管部门的规定处理，不得随意处置。
第二十二条　采集、保存、运输动物病料或者病原微生物以及从事病原微生物研究、教学、检测、诊断等活动，应当遵守国家有关病原微生物实验室管理的规定。	**第二十五条**　采集、保存、运输动物病料或者病原微生物以及从事病原微生物研究、教学、检测、诊断等活动，应当遵守国家有关病原微生物实验室管理的规定。

修改前	修订草案
第二十三条 患有人畜共患传染病的人员不得直接从事动物诊疗以及易感染动物的饲养、屠宰、经营、隔离、运输等活动。 人畜共患传染病名录由国务院兽医主管部门会同国务院卫生主管部门制定并公布。	**第二十六条** 患有人畜共患传染病的人员不得直接从事动物诊疗以及易感染动物的饲养、屠宰、经营、隔离、运输等活动。 人畜共患传染病名录由国务院**农业农村（畜牧兽医）**主管部门会同国务院卫生**健康、林业草原**主管部门制定并公布。
第二十四条 国家对动物疫病实行区域化管理，逐步建立无规定动物疫病区。无规定动物疫病区应当符合国务院兽医主管部门规定的标准，经国务院兽医主管部门验收合格予以公布。 本法所称无规定动物疫病区，是指具有天然屏障或者采取人工措施，在一定期限内没有发生规定的一种或者几种动物疫病，并经验收合格的区域。	（修改后作为第十八条、第一百一十一条）
第二十五条 禁止屠宰、经营、运输下列动物和生产、经营、加工、贮藏、运输下列动物产品： （一）封锁疫区内与所发生动物疫病有关的； （二）疫区内易感染的； （三）依法应当检疫而未经检疫或者检疫不合格的； （四）染疫或者疑似染疫的； （五）病死或者死因不明的； （六）其他不符合国务院兽医主管部门有关动物防疫规定的。	**第二十七条** 禁止屠宰、经营、运输下列动物和生产、经营、加工、贮藏、运输下列动物产品： （一）封锁疫区内与所发生动物疫病有关的； （二）疫区内易感染的； （三）依法应当检疫而未经检疫或者检疫不合格的； （四）染疫或者疑似染疫的； （五）病死或者死因不明的； （六）其他不符合国务院**农业农村（畜牧兽医）**主管部门有关动物防疫规定的。 **因实施集中无害化处理需要暂存、运输的动物和动物产品除外。**

修改前	修订草案
	第二十八条　单位和个人饲养犬只，必须按照规定定期免疫接种狂犬病疫苗，凭农业农村（畜牧兽医）部门的免疫证明向所在地养犬登记机关申请登记。 进入公共场所的犬只，必须按照养犬管理规定佩戴犬牌并系犬绳。 县级以上地方人民政府市场监管部门会同农业农村（畜牧兽医）部门对犬只经营流通单位进行登记和监督管理。 城市街道办事处、乡级人民政府组织协调居民委员会、村民委员会，做好本辖区内流浪犬、猫的控制和处置。居民委员会、村民委员会指导和监督物业服务企业做好物业管理区域内流浪犬、猫的控制和处置。 农村地区饲养犬只的防疫管理，由省、自治区、直辖市人民政府规定。
第三章　动物疫情的报告、通报和公布	第三章　动物疫情的报告、通报和公布
第二十六条　从事动物疫情监测、检验检疫、疫病研究与诊疗以及动物饲养、屠宰、经营、隔离、运输等活动的单位和个人，发现动物染疫或者疑似染疫的，应当立即向当地兽医主管部门、动物卫生监督机构或者动物疫病预防控制机构报告，并采取隔离等控制措施，防止动物疫情扩散。其他单位和个人发现动物染疫或者疑似染疫的，应	第二十九条　从事动物疫病监测、检测、检验检疫、研究与诊疗以及动物饲养、屠宰、经营、隔离、运输等活动的单位和个人，发现动物染疫或者疑似染疫的，应当立即向当地动物疫病预防控制机构报告，并迅速采取隔离等控制措施，防止动物疫病扩散。其他单位和个人发现动物染疫或者疑似染疫的，应当及时报告。

修改前	修订草案
当及时报告。 接到动物疫情报告的单位，应当及时采取必要的控制处理措施，并按照国家规定的程序上报。	**动物疫病预防控制机构**接到报告**后**，应当及时按照国家规定的程序上报。
第二十七条 动物疫情由县级以上人民政府兽医主管部门认定；其中重大动物疫情由省、自治区、直辖市人民政府兽医主管部门认定，必要时报国务院兽医主管部门认定。	**第三十条** 动物疫情由县级以上人民政府**农业农村（畜牧兽医）**主管部门认定；其中重大动物疫情由省、自治区、直辖市人民政府**农业农村（畜牧兽医）**主管部门认定，必要时报国务院**农业农村（畜牧兽医）**主管部门认定。 **在重大动物疫情认定过程中，发生地县级以上人民政府应当迅速采取应急处置措施，防止延误防控时机。**
第二十八条 国务院兽医主管部门应当及时向国务院有关部门和军队有关部门以及省、自治区、直辖市人民政府兽医主管部门通报重大动物疫情的发生和处理情况；发生人畜共患传染病的，县级以上人民政府兽医主管部门与同级卫生主管部门应当及时相互通报。 国务院兽医主管部门应当依照我国缔结或者参加的条约、协定，及时向有关国际组织或者贸易方通报重大动物疫情的发生和处理情况。	**第三十一条 国家实行动物疫情通报制度。** 国务院**农业农村（畜牧兽医）**主管部门应当及时向国务院有关部门和军队有关部门以及省、自治区、直辖市人民政府**农业农村（畜牧兽医）**主管部门通报重大动物疫情的发生和处**置**情况。 发生人畜共患传染病**疫情**的，县级以上人民政府**农业农村（畜牧兽医）**主管部门与同级卫生**健康、林业草原**主管部门应当及时相互通报。 **海关发现进出境动物和动物产品染疫或者疑似染疫的，应当及时向农业农村（畜牧兽医）主管部门通报。** **林业草原部门发现陆生野生动**

修改前	修订草案
	物染疫或者疑似染疫的，应当及时向农业农村（畜牧兽医）主管部门通报。 国务院农业农村（畜牧兽医）主管部门应当依照我国缔结或者参加的条约、协定，及时向有关国际组织或者贸易方通报重大动物疫情的发生和处理情况。
第二十九条 国务院兽医主管部门负责向社会及时公布全国动物疫情，也可以根据需要授权省、自治区、直辖市人民政府兽医主管部门公布本行政区域内的动物疫情。其他单位和个人不得发布动物疫情。	**第三十二条** 国务院农业农村（畜牧兽医）主管部门向社会及时公布全国动物疫情，也可以根据需要授权省、自治区、直辖市人民政府农业农村（畜牧兽医）主管部门公布本行政区域内的动物疫情。其他单位和个人不得发布动物疫情。
第三十条 任何单位和个人不得瞒报、谎报、迟报、漏报动物疫情，不得授意他人瞒报、谎报、迟报动物疫情，不得阻碍他人报告动物疫情。	**第三十三条** 任何单位和个人不得瞒报、谎报、迟报、漏报动物疫情，不得授意他人瞒报、谎报、迟报动物疫情，不得阻碍他人报告动物疫情。
第四章 动物疫病的控制和扑灭	**第四章 动物疫病的控制**
	第三十四条 国务院农业农村（畜牧兽医）主管部门根据动物疫病的性质、特点和可能造成的社会危害，制定国家重大动物疫情应急预案并报国务院批准。按照不同动物疫病病种、流行特点及危害程度，分别制定实施方案。 县级以上地方人民政府根据上级重大动物疫情应急预案和本地区的实际情况，制定本行政区域的重

修改前	修订草案
	大动物疫情应急预案，报上一级人民政府农业农村（畜牧兽医）主管部门备案，并抄送上一级人民政府应急管理部门。县级以上地方人民政府农业农村（畜牧兽医）主管部门按照不同动物疫病病种、流行特点及危害程度，分别制定实施方案。 **重大动物疫情应急预案及实施方案根据疫情状况及时调整。**
第三十一条 发生一类动物疫病时，应当采取下列控制和扑灭措施： （一）当地县级以上地方人民政府兽医主管部门应当立即派人到现场，划定疫点、疫区、受威胁区，调查疫源，及时报请本级人民政府对疫区实行封锁。疫区范围涉及两个以上行政区域的，由有关行政区域共同的上一级人民政府对疫区实行封锁，或者由各有关行政区域的上一级人民政府共同对疫区实行封锁。必要时，上级人民政府可以责成下级人民政府对疫区实行封锁。 （二）县级以上地方人民政府应当立即组织有关部门和单位采取封锁、隔离、扑杀、销毁、消毒、无害化处理、紧急免疫接种等强制性措施，迅速扑灭疫病。 （三）在封锁期间，禁止染疫、疑似染疫和易感染的动物、动物产品流出疫区，禁止非疫区的易感染动物进入疫区，并根据扑灭动	**第三十五条** 发生一类动物疫病时，应当采取下列控制措施： （一）当地县级以上地方人民政府**农业农村（畜牧兽医）**主管部门应当立即派人到现场，划定疫点、疫区、受威胁区，调查疫源，及时报请本级人民政府对疫区实行封锁。疫区范围涉及两个以上行政区域的，由有关行政区域共同的上一级人民政府对疫区实行封锁，或者由各有关行政区域的上一级人民政府共同对疫区实行封锁。必要时，上级人民政府可以责成下级人民政府对疫区实行封锁； （二）县级以上地方人民政府应当立即组织有关部门和单位采取封锁、隔离、扑杀、销毁、消毒、无害化处理、紧急免疫接种等强制性措施； （三）在封锁期间，禁止染疫、疑似染疫和易感染的动物、动物产品流出疫区，禁止非疫区的易感染动物进入疫区，并根据需要对出入疫区的人员、运输工具及有关

修改前	修订草案
物疫病的需要对出入疫区的人员、运输工具及有关物品采取消毒和其他限制性措施。	物品采取消毒和其他限制性措施。
第三十二条 发生二类动物疫病时，应当采取下列控制和扑灭措施： （一）当地县级以上地方人民政府兽医主管部门应当划定疫点、疫区、受威胁区。 （二）县级以上地方人民政府根据需要组织有关部门和单位采取隔离、扑杀、销毁、消毒、无害化处理、紧急免疫接种、限制易感染的动物和动物产品及有关物品出入等控制、扑灭措施。	**第三十六条** 发生二类动物疫病时，应当采取下列控制措施： （一）当地县级以上地方人民政府**农业农村（畜牧兽医）**主管部门应当划定疫点、疫区、受威胁区； （二）县级以上地方人民政府根据需要组织有关部门和单位采取隔离、扑杀、销毁、消毒、无害化处理、紧急免疫接种、限制易感染的动物和动物产品及有关物品出入等措施。
第三十三条 疫点、疫区、受威胁区的撤销和疫区封锁的解除，按照国务院兽医主管部门规定的标准和程序评估后，由原决定机关决定并宣布。	**第三十七条** 疫点、疫区、受威胁区的撤销和疫区封锁的解除，按照国务院**农业农村（畜牧兽医）**主管部门规定的标准和程序评估后，由原决定机关决定并宣布。
第三十四条 发生三类动物疫病时，当地县级、乡级人民政府应当按照国务院兽医主管部门的规定组织防治和净化。	**第三十八条** 发生三类动物疫病时，当地县级、乡级人民政府应当按照国务院**农业农村（畜牧兽医）**主管部门的规定组织防治。
第三十五条 二、三类动物疫病呈暴发性流行时，按照一类动物疫病处理。	**第三十九条** 二、三类动物疫病呈暴发性流行时，按照一类动物疫病处理。

修改前	修订草案
第三十六条 为控制、扑灭动物疫病，动物卫生监督机构应当派人在当地依法设立的现有检查站执行监督检查任务；必要时，经省、自治区、直辖市人民政府批准，可以设立临时性的动物卫生监督检查站，执行监督检查任务。	（修改后作为第七十四条）
第三十七条 发生人畜共患传染病时，卫生主管部门应当组织对疫区易感染的人群进行监测，并采取相应的预防、控制措施。	**第四十条** 发生人畜共患传染病时，卫生**健康**主管部门应当组织对疫区易感染的人群进行监测，并采取相应的预防、控制措施。
第三十八条 疫区内有关单位和个人，应当遵守县级以上人民政府及其兽医主管部门依法作出的有关控制、扑灭动物疫病的规定。 任何单位和个人不得藏匿、转移、盗掘已被依法隔离、封存、处理的动物和动物产品。	**第四十一条** 疫区内有关单位和个人，应当遵守县级以上人民政府及其**农业农村（畜牧兽医）**主管部门依法作出的有关控制动物疫病的规定。 任何单位和个人不得藏匿、转移、盗掘已被依法隔离、封存、处理的动物和动物产品。
第三十九条 发生动物疫情时，航空、铁路、公路、水路等运输部门应当优先组织运送控制、扑灭疫病的人员和有关物资。	**第四十二条** 发生动物疫情时，航空、铁路、**道路**、水路**运输企业**应当优先组织运送**防疫**人员和物资。
第四十条 一、二、三类动物疫病突然发生，迅速传播，给养殖业生产安全造成严重威胁、危害，以及可能对公众身体健康与生命安全造成危害，构成重大动物疫情的，依照法律和国务院的规定采取应急处理措施。	**第四十三条** 一、二、三类动物疫病突然发生，迅速传播，给养殖业生产安全造成严重威胁、危害，以及可能对公众身体健康与生命安全造成危害，构成重大动物疫情的，依照法律和国务院的规定采取应急处理措施。

修改前	修订草案
第五章　动物和动物产品的检疫	第五章　动物和动物产品的检疫
第四十一条　动物卫生监督机构依照本法和国务院兽医主管部门的规定对动物、动物产品实施检疫。 动物卫生监督机构的官方兽医具体实施动物、动物产品检疫。官方兽医应当具备规定的资格条件，取得国务院兽医主管部门颁发的资格证书，具体办法由国务院兽医主管部门会同国务院人事行政部门制定。 本法所称官方兽医，是指具备规定的资格条件并经兽医主管部门任命的，负责出具检疫等证明的国家兽医工作人员。	**第四十四条**　动物卫生监督机构依照本法和国务院**农业农村（畜牧兽医）**主管部门的规定对动物、动物产品实施检疫。 动物卫生监督机构的官方兽医具体实施动物、动物产品检疫。
第四十二条　屠宰、出售或者运输动物以及出售或者运输动物产品前，货主应当按照国务院兽医主管部门的规定向当地动物卫生监督机构申报检疫。 动物卫生监督机构接到检疫申报后，应当及时指派官方兽医对动物、动物产品实施现场检疫；检疫合格的，出具检疫证明、加施检疫标志。实施现场检疫的官方兽医应当在检疫证明、检疫标志上签字或者盖章，并对检疫结论负责。	**第四十五条**　屠宰、出售或者运输动物以及出售或者运输动物产品前，货主应当按照国务院**农业农村（畜牧兽医）**主管部门的规定向当地动物卫生监督机构申报检疫。 动物卫生监督机构接到检疫申报后，应当及时指派官方兽医对动物、动物产品实施现场检疫；检疫合格的，出具检疫证明、加施检疫标志。实施现场检疫的官方兽医应当在检疫证明、检疫标志上签字或者盖章，并对检疫结论负责。 **动物饲养场、屠宰企业的兽医专业人员，应当协助官方兽医实施检疫。**

修改前	修订草案
第四十三条 屠宰、经营、运输以及参加展览、演出和比赛的动物，应当附有检疫证明；经营和运输的动物产品，应当附有检疫证明、检疫标志。 对前款规定的动物、动物产品，动物卫生监督机构可以查验检疫证明、检疫标志，进行监督抽查，但不得重复检疫收费。	**第四十六条** 屠宰、经营、运输以及参加展览、演出和比赛的动物，应当附有检疫证明；经营和运输的动物产品，应当附有检疫证明、检疫标志。
第十四条第三款 经强制免疫的动物，应当按照国务院兽医主管部门的规定建立免疫档案，加施畜禽标识，实施可追溯管理。	第四十七条 国务院农业农村（畜牧兽医）主管部门会同国务院市场监督管理等部门建立动物、动物产品卫生防疫安全追溯协作机制和动物防疫信息追溯系统。从事动物饲养、屠宰、经营、运输的单位和个人应当按照规定如实填报信息。 从事动物饲养的单位和个人，应当建立养殖档案。 从事动物经营的单位和个人，应当建立包括动物产地、饲养者、检疫证明编号、购销日期和数量等事项的档案，确保动物、动物产品可追溯。 从事动物运输的单位和个人，应当妥善保存行程路线和托运人提供的动物名称、动物检疫证明编号、数量等信息。 从事动物经营、运输的单位和个人，以及动物运输车辆，应当向所在地县级人民政府农业农村（畜牧兽医）主管部门备案，具体办法由国务院农业农村（畜牧兽医）主管部门制定。

修改前	修订草案
第四十四条 经铁路、公路、水路、航空运输动物和动物产品的，托运人托运时应当提供检疫证明；没有检疫证明的，承运人不得承运。 运载工具在装载前和卸载后应当及时清洗、消毒。	**第四十八条** 经**航空、铁路、道路、水路**运输动物和动物产品的，托运人托运时应当提供检疫证明；没有检疫证明的，承运人不得承运。 **承运人**应当在装载前和卸载后**按规定对**运载工具清洗、消毒。 **跨省、自治区、直辖市通过道路运输动物和动物产品的，应当经省、自治区、直辖市人民政府设立的指定通道入境或者过境。** **对进出口动物和动物产品，承运人凭口岸海关签发的检疫单证运递。**
第四十五条 输入到无规定动物疫病区的动物、动物产品，货主应当按照国务院兽医主管部门的规定向无规定动物疫病区所在地动物卫生监督机构申报检疫，经检疫合格的，方可进入；检疫所需费用纳入无规定动物疫病区所在地地方人民政府财政预算。	**第四十九条** 输入到无规定动物疫病区的动物、动物产品，货主应当按照国务院**农业农村（畜牧兽医）**主管部门的规定向无规定动物疫病区所在地动物卫生监督机构申报检疫，经检疫合格的，方可进入；检疫所需费用纳入无规定动物疫病区所在地地方人民政府预算。
第四十六条 跨省、自治区、直辖市引进乳用动物、种用动物及其精液、胚胎、种蛋的，应当向输入地省、自治区、直辖市动物卫生监督机构申请办理审批手续，并依照本法第四十二条的规定取得检疫证明。 跨省、自治区、直辖市引进的乳用动物、种用动物到达输入地后，货主应当按照国务院兽医主管部门的规定对引进的乳用动物、种用动物进行隔离观察。	**第五十条** 跨省、自治区、直辖市引进的乳用动物、种用动物到达输入地后，货主应当按照国务院**农业农村（畜牧兽医）**主管部门的规定对引进的乳用动物、种用动物进行隔离观察。

修改前	修订草案
第四十七条 人工捕获的可能传播动物疫病的野生动物，应当报经捕获地动物卫生监督机构检疫，经检疫合格的，方可饲养、经营和运输。	**第五十一条** 因科研、药用、展示等特殊情形需要非食用性利用野生动物的，应当按照国家有关规定严格审批和检疫检验。 非食用性利用野生动物的审批、检疫检验及防疫条件审查的具体规定，由国务院或有关主管部门制定。
第四十八条 经检疫不合格的动物、动物产品，货主应当在动物卫生监督机构监督下按照国务院兽医主管部门的规定处理，处理费用由货主承担。	**第五十二条** 经检疫不合格的动物、动物产品，货主应当在**农业农村（畜牧兽医）主管部门**监督下**依照本法和**国务院**农业农村（畜牧兽医）**主管部门的规定处理，处理费用由货主承担。
第四十九条 依法进行检疫需要收取费用的，其项目和标准由国务院财政部门、物价主管部门规定。	**第五十三条** 依法进行检疫需要收取费用的，其项目和标准由国务院财政部门、物价主管部门规定。
	第六章　病死动物和病害动物产品的无害化处理
	第五十四条 从事动物饲养、屠宰、经营、隔离以及动物产品生产、经营、加工、贮藏等活动的单位和个人，应当按照国务院农业农村（畜牧兽医）主管部门的规定做好病死动物、病害动物产品的无害化处理，或者委托动物和动物产品集中无害化处理场所进行处理。 从事动物、动物产品运输的单位和个人，应当配合做好病死动物和病害动物产品的无害化处理。 任何单位和个人不得随意弃置病死动物和病害动物产品。

修改前	修订草案
	野外环境自然生长繁殖的陆生野生动物的无害化处理，由所在地林业草原主管部门按照规定，采取焚毁、深埋或者利用当地动物和动物产品无害化处理设施进行处理，防止疫病扩散。 动物和动物产品无害化处理管理办法由国务院农业农村（畜牧兽医）主管部门会同林业草原等有关部门制定。
	第五十五条　省、自治区、直辖市人民政府制定动物和动物产品集中无害化处理场所建设规划，建立政府主导、市场运作的无害化处理机制。
	第五十六条　各级财政对病死动物和病害动物产品无害化处理及资源化利用、野外环境自然生长繁殖的陆生野生动物无害化处理提供补助，补助标准和补助办法由县级以上人民政府财政部门会同农业农村（畜牧兽医）、林业草原等部门制定。
	第五十七条　在江河、湖泊、水库等水域发现的死亡动物，由所在地县级人民政府组织收集处理并溯源。 在乡村和城市公共场所发现的死亡动物，由所在地乡级人民政府、城市街道办事处组织收集处理并溯源。

修改前	修订草案
第六章　动物诊疗	**第七章　动物诊疗**
第五十条　从事动物诊疗活动的机构，应当具备下列条件： （一）有与动物诊疗活动相适应并符合动物防疫条件的场所； （二）有与动物诊疗活动相适应的执业兽医； （三）有与动物诊疗活动相适应的兽医器械和设备； （四）有完善的管理制度。	**第五十八条**　从事动物诊疗活动的机构，应当具备下列条件： （一）有与动物诊疗活动相适应并符合动物防疫条件的场所； （二）有与动物诊疗活动相适应的执业兽医； （三）有与动物诊疗活动相适应的兽医器械和设备； （四）有完善的管理制度。 **动物诊疗机构包括动物医院、动物诊所，以及其他提供动物诊疗相关服务的经营性机构。**
第五十一条　设立从事动物诊疗活动的机构，应当向县级以上地方人民政府兽医主管部门申请动物诊疗许可证。受理申请的兽医主管部门应当依照本法和《中华人民共和国行政许可法》的规定进行审查。经审查合格的，发给动物诊疗许可证；不合格的，应当通知申请人并说明理由。	**第五十九条**　设立从事动物诊疗活动的机构，应当向县级以上地方人民政府**农业农村（畜牧兽医）**主管部门申请动物诊疗许可证。受理申请的**农业农村（畜牧兽医）**主管部门应当依照本法和《中华人民共和国行政许可法》的规定进行审查。经审查合格的，发给动物诊疗许可证；不合格的，应当通知申请人并说明理由。
第五十二条　动物诊疗许可证应当载明诊疗机构名称、诊疗活动范围、从业地点和法定代表人（负责人）等事项。 动物诊疗许可证载明事项变更的，应当申请变更或者换发动物诊疗许可证。	**第六十条**　动物诊疗许可证应当载明诊疗机构名称、诊疗活动范围、从业地点和法定代表人（负责人）等事项。 动物诊疗许可证载明事项变更的，应当申请变更或者换发动物诊疗许可证。

修改前	修订草案
第五十三条 动物诊疗机构应当按照国务院兽医主管部门的规定，做好诊疗活动中的卫生安全防护、消毒、隔离和诊疗废弃物处置等工作。	**第六十一条** 动物诊疗机构应当按照国务院**农业农村（畜牧兽医）**主管部门的规定，做好诊疗活动中的卫生安全防护、消毒、隔离和诊疗废弃物处置等工作。
第五十四条 国家实行执业兽医资格考试制度。具有兽医相关专业大学专科以上学历的，可以申请参加执业兽医资格考试；考试合格的，由省、自治区、直辖市人民政府兽医主管部门颁发执业兽医资格证书；从事动物诊疗的，还应当向当地县级人民政府兽医主管部门申请注册。执业兽医资格考试和注册办法由国务院兽医主管部门商国务院人事行政部门制定。 本法所称执业兽医，是指从事动物诊疗和动物保健等经营活动的兽医。	（修改后作为第六十八条）
第五十五条 经注册的执业兽医，方可从事动物诊疗、开具兽药处方等活动。但是，本法第五十七条对乡村兽医服务人员另有规定的，从其规定。 执业兽医、乡村兽医服务人员应当按照当地人民政府或者兽医主管部门的要求，参加预防、控制和扑灭动物疫病的活动。	（修改后作为第六十七条、第七十一条）
第五十六条 从事动物诊疗活动，应当遵守有关动物诊疗的操作技术规范，使用符合国家规定的兽药和兽医器械。	**第六十二条** 从事动物诊疗活动，应当遵守有关动物诊疗的操作技术规范，使用符合国家规定的兽药和兽医器械。

修改前	修订草案
	根据风险程度，国家对兽医器械实行分类备案管理，具体办法由国务院农业农村（畜牧兽医）主管部门制定。
	第八章　兽医管理
	第六十三条　县级以上人民政府农业农村（畜牧兽医）主管部门负责官方兽医、执业兽医、乡村兽医的管理。
第四十一条第二款、第三款　动物卫生监督机构的官方兽医具体实施动物、动物产品检疫。官方兽医应当具备规定的资格条件，取得国务院兽医主管部门颁发的资格证书，具体办法由国务院兽医主管部门会同国务院人事行政部门制定。 *本法所称官方兽医，是指具备规定的资格条件并经兽医主管部门任命的，负责出具检疫等证明的国家兽医工作人员。*	第六十四条　国家实行官方兽医任命制度。 官方兽医应当具备国务院农业农村（畜牧兽医）主管部门规定的条件，由省、自治区、直辖市人民政府农业农村（畜牧兽医）主管部门按程序确认，由所在地县级以上人民政府农业农村（畜牧兽医）主管部门任命，具体办法由国务院农业农村（畜牧兽医）主管部门制定。 海关出具检疫证书的官方兽医，应当具备规定的条件，由海关总署任命，具体办法由海关总署会同国务院农业农村（畜牧兽医）主管部门制定。
	第六十五条　官方兽医负责动物、动物产品检疫，出具动物检疫等证明。 官方兽医依法履行职责，受法律保护。任何单位和个人不得拒绝或者阻碍。

修改前	修订草案
	第六十六条　县级以上人民政府农业农村（畜牧兽医）主管部门制定官方兽医培训计划、提供培训条件，定期对官方兽医进行培训和考核。
第五十五条第一款　经注册的执业兽医，方可从事动物诊疗、开具兽药处方等活动。但是，本法第五十七条对乡村兽医服务人员另有规定的，从其规定。	第六十七条　国家实行执业兽医制度。 从事动物疾病诊疗等活动的人员，应当取得执业兽医资格。 取得执业兽医资格的人员从事动物诊疗等经营活动，开具兽医处方，应当向当地县级人民政府农业农村（畜牧兽医）主管部门备案。
第五十四条　国家实行执业兽医资格考试制度。具有兽医相关专业大学专科以上学历的，可以申请参加执业兽医资格考试；考试合格的，由省、自治区、直辖市人民政府兽医主管部门颁发执业兽医资格证书；从事动物诊疗的，还应当向当地县级人民政府兽医主管部门申请注册。执业兽医资格考试和注册办法由国务院兽医主管部门商国务院人事行政部门制定。 *本法所称执业兽医，是指从事动物诊疗和动物保健等经营活动的兽医。*	第六十八条　具有兽医相关专业大学专科以上学历的，可以申请参加执业兽医资格考试；考试合格的，由省、自治区、直辖市人民政府**农业农村（畜牧兽医）**主管部门颁发执业兽医资格证书。执业兽医资格考试办法由国务院**农业农村（畜牧兽医）**主管部门商国务院人事行政**主管**部门制定。
	第六十九条　执业兽医开具兽医处方必须亲自诊断，并对诊疗结果负责。 鼓励执业兽医接受继续教育。执业兽医所在机构应当支持执业兽医参加继续教育。

修改前	修订草案
第五十七条　乡村兽医服务人员可以在乡村从事动物诊疗服务活动，具体管理办法由国务院兽医主管部门制定。	**第七十条**　乡村兽医可以在乡村从事动物诊疗服务活动，具体管理办法由国务院**农业农村（畜牧兽医）**主管部门制定。
第五十五条第二款　执业兽医、乡村兽医服务人员应当按照当地人民政府或者兽医主管部门的要求，参加预防、控制和扑灭动物疫病的活动。	**第七十一条**　执业兽医、乡村兽医应当按照当地人民政府或者**农业农村（畜牧兽医）**主管部门的要求，**或者通过参与承接政府购买服务项目等方式，**参加动物疫病预防、控制和**动物疫情**扑灭**等**活动。
	第七十二条　兽医行业协会提供兽医信息、技术、培训等服务，维护成员合法权益，按照章程建立健全行业规范和奖惩机制，加强行业自律，推动行业诚信建设，宣传动物防疫和兽医知识。
第七章　监督管理	第九章　监督管理
第五十八条　动物卫生监督机构依照本法规定，对动物饲养、屠宰、经营、隔离、运输以及动物产品生产、经营、加工、贮藏、运输等活动中的动物防疫实施监督管理。	**第七十三条**　**县级以上地方人民政府农业农村（畜牧兽医）主管部门**依照本法规定，对动物饲养、屠宰、经营、隔离、运输以及动物产品生产、经营、加工、贮藏、运输等活动中的动物防疫实施监督管理。
第三十六条　为控制、扑灭动物疫病，动物卫生监督机构应当派人在当地依法设立的现有检查站执行监督检查任务；必要时，经省、自治区、直辖市人民政府批准，可以设立临时性的动物卫生监督检查站，执行监督检查任务。	**第七十四条　省、自治区、直辖市人民政府确定并公布动物、动物产品进入本行政区域的指定通道，设置引导标志。省、自治区、直辖市人民政府批准设立的检查站，对跨省调运的动物和动物产品进行监督检查。**

修改前	修订草案
第五十九条　动物卫生监督机构执行监督检查任务，可以采取下列措施，有关单位和个人不得拒绝或者阻碍： （一）对动物、动物产品按照规定采样、留验、抽检； （二）对染疫或者疑似染疫的动物、动物产品及相关物品进行隔离、查封、扣押和处理； （三）对依法应当检疫而未经检疫的动物实施补检； （四）对依法应当检疫而未经检疫的动物产品，具备补检条件的实施补检，不具备补检条件的予以没收销毁； （五）查验检疫证明、检疫标志和畜禽标识； （六）进入有关场所调查取证，查阅、复制与动物防疫有关的资料。 动物卫生监督机构根据动物疫病预防、控制需要，经当地县级以上地方人民政府批准，可以在车站、港口、机场等相关场所派驻官方兽医。	**第七十五条　县级以上地方人民政府农业农村（畜牧兽医）主管部门**执行监督检查任务，可以采取下列措施，有关单位和个人不得拒绝或者阻碍： （一）对动物、动物产品按照规定采样、留验、抽检； （二）对染疫或者疑似染疫的动物、动物产品及相关物品进行隔离、查封、扣押和处理； （三）对依法应当检疫而未经检疫的**动物和动物产品予以收缴；** （四）查验检疫证明、检疫标志和畜禽标识； （五）进入有关场所调查取证，查阅、复制与动物防疫有关的资料。 **县级以上地方人民政府农业农村（畜牧兽医）主管部门、**动物卫生监督机构根据动物疫病预防、控制需要，经当地县级以上地方人民政府批准，可以在车站、港口、机场等相关场所派驻官方兽医**或者工作人员**。
第六十条　官方兽医执行动物防疫监督检查任务，应当出示行政执法证件，佩带统一标志。 动物卫生监督机构及其工作人员不得从事与动物防疫有关的经营性活动，进行监督检查不得收取任何费用。	**第七十六条　执法人员**执行动物防疫监督检查任务，应当出示行政执法证件，**统一着装，**佩带统一标志。 **县级以上人民政府农业农村（畜牧兽医）主管部门**及其工作人员不得从事与动物防疫有关的经营性活动，进行监督检查不得收取任何费用。

修改前	修订草案
第六十一条　禁止转让、伪造或者变造检疫证明、检疫标志或者畜禽标识。 检疫证明、检疫标志的管理办法，由国务院兽医主管部门制定。	**第七十七条**　禁止转让、伪造或者变造检疫证明、检疫标志或者畜禽标识。 **禁止持有、使用伪造或者变造的检疫证明、检疫标志或者畜禽标识。** 检疫证明、检疫标志的管理办法，由国务院**农业农村（畜牧兽医）**主管部门制定。
第八章　保障措施	第十章　保障措施
第六十二条　县级以上人民政府应当将动物防疫纳入本级国民经济和社会发展规划及年度计划。	**第七十八条**　县级以上人民政府应当将动物防疫纳入本级国民经济和社会发展规划及年度计划。
	第七十九条　国家鼓励和支持动物防疫领域新技术、新设备、新产品等技术创新研究开发。
	第八十条　鼓励县级以上人民政府采取保险费补贴等措施，支持发展畜禽养殖保险。
第六十三条　县级人民政府和乡级人民政府应当采取有效措施，加强村级防疫员队伍建设。 县级人民政府兽医主管部门可以根据动物防疫工作需要，向乡、镇或者特定区域派驻兽医机构。	**第八十一条　县级人民政府应当为动物卫生监督机构配备与动物、动物产品检疫工作相适应的官方兽医，保障检疫工作条件。** 县级人民政府**农业农村（畜牧兽医）**主管部门可以根据动物防疫工作需要，向乡、镇或者特定区域派驻兽医机构**或者人员**。
	第八十二条　地方各级人民政府鼓励兽医社会化服务组织发展，引导社会力量参与动物防疫工作。

修改前	修订草案
第六十四条 县级以上人民政府按照本级政府职责，将动物疫病预防、控制、扑灭、检疫和监督管理所需经费纳入本级财政预算。	**第八十三条** 县级以上人民政府按照本级政府职责，将动物疫病的**监测**、预防、控制、**净化、消灭，动物、动物产品的**检疫和**病死动物、病害动物产品的无害化处理，以及**监督管理所需经费纳入本级**政府**预算。
第六十五条 县级以上人民政府应当储备动物疫情应急处理工作所需的防疫物资。	**第八十四条** 县级以上人民政府应当储备动物疫情应急处理所需的防疫物资。
第六十六条 对在动物疫病预防和控制、扑灭过程中强制扑杀的动物、销毁的动物产品和相关物品，县级以上人民政府应当给予补偿。具体补偿标准和办法由国务院财政部门会同有关部门制定。 因依法实施强制免疫造成动物应激死亡的，给予补偿。具体补偿标准和办法由国务院财政部门会同有关部门制定。	**第八十五条** 对在动物疫病预防、控制、**净化、消灭**过程中强制扑杀的动物、销毁的动物产品和相关物品，县级以上人民政府给予补偿。具体补偿标准和办法由国务院财政部门会同有关部门制定。 **各级财政对饲养动物的单位和个人开展重点动物疫病净化的费用给予补助。**
第六十七条 对从事动物疫病预防、检疫、监督检查、现场处理疫情以及在工作中接触动物疫病病原体的人员，有关单位应当按照国家规定采取有效的卫生防护措施和医疗保健措施。	**第八十六条** 对从事动物疫病预防、检疫、监督检查、现场处理疫情以及在工作中接触动物疫病病原体的人员，有关单位按照国家规定采取有效的卫生防护措施和医疗保健措施，**并享受畜牧兽医医疗卫生津贴等相关待遇。**
第九章　法律责任	**第十一章　法律责任**
第六十八条 地方各级人民政府及其工作人员未依照本法规定履行职责的，对直接负责的主管人员和其他直接责任人员依法给予处分。	**第八十七条** 地方各级人民政府及其工作人员未依照本法规定履行职责的，对直接负责的主管人员和其他直接责任人员依法给予处分。

修改前	修订草案
第六十九条 县级以上人民政府兽医主管部门及其工作人员违反本法规定，有下列行为之一的，由本级人民政府责令改正，通报批评；对直接负责的主管人员和其他直接责任人员依法给予处分： （一）未及时采取预防、控制、扑灭等措施的； （二）对不符合条件的颁发动物防疫条件合格证、动物诊疗许可证，或者对符合条件的拒不颁发动物防疫条件合格证、动物诊疗许可证的； （三）其他未依照本法规定履行职责的行为。	**第八十八条** 县级以上人民政府**农业农村（畜牧兽医）**主管部门及其工作人员违反本法规定，有下列行为之一的，由本级人民政府责令改正，通报批评；对直接负责的主管人员和其他直接责任人员依法给予处分： （一）未及时采取预防、控制、扑灭等措施的； （二）对不符合条件的颁发动物防疫条件合格证、动物诊疗许可证，或者对符合条件的拒不颁发动物防疫条件合格证、动物诊疗许可证的； （三）**从事与动物防疫有关的经营性活动的；** **（四）**其他未依照本法规定履行职责的行为。
第七十条 动物卫生监督机构及其工作人员违反本法规定，有下列行为之一的，由本级人民政府或者兽医主管部门责令改正，通报批评；对直接负责的主管人员和其他直接责任人员依法给予处分： （一）对未经现场检疫或者检疫不合格的动物、动物产品出具检疫证明、加施检疫标志，或者对检疫合格的动物、动物产品拒不出具检疫证明、加施检疫标志的； （二）对附有检疫证明、检疫标志的动物、动物产品重复检疫的； （三）从事与动物防疫有关的经营性活动，或者在国务院财政部	**第八十九条** 动物卫生监督机构及其工作人员违反本法规定，有下列行为之一的，由本级人民政府或者**农业农村（畜牧兽医）**主管部门责令改正，通报批评；对直接负责的主管人员和其他直接责任人员依法给予处分： （一）对未经现场检疫或者检疫不合格的动物、动物产品出具检疫证明、加施检疫标志，或者对检疫合格的动物、动物产品拒不出具检疫证明、加施检疫标志的； （二）对附有检疫证明、检疫标志的动物、动物产品重复检疫的； （三）在国务院财政部门、物

修改前	修订草案
门、物价主管部门规定外加收费用、重复收费的； （四）其他未依照本法规定履行职责的行为。	价主管部门规定外加收费用、重复收费的； （四）其他未依照本法规定履行职责的行为。
第七十一条 动物疫病预防控制机构及其工作人员违反本法规定，有下列行为之一的，由本级人民政府或者兽医主管部门责令改正，通报批评；对直接负责的主管人员和其他直接责任人员依法给予处分： （一）未履行动物疫病监测、检测职责或者伪造监测、检测结果的； （二）发生动物疫情时未及时进行诊断、调查的； （三）其他未依照本法规定履行职责的行为。	**第九十条** 动物疫病预防控制机构及其工作人员违反本法规定，有下列行为之一的，由本级人民政府或者**农业农村（畜牧兽医）**主管部门责令改正，通报批评；对直接负责的主管人员和其他直接责任人员依法给予处分： （一）未履行动物疫病监测、检测、**评估**职责或者伪造监测、检测、**评估**结果的； （二）发生动物疫情时未及时进行诊断、调查的； （三）**接到染疫或者疑似染疫报告后，未及时按照国家规定的程序上报的；** **（四）**其他未依照本法规定履行职责的行为。
第七十二条 地方各级人民政府、有关部门及其工作人员瞒报、谎报、迟报、漏报或者授意他人瞒报、谎报、迟报动物疫情，或者阻碍他人报告动物疫情的，由上级人民政府或者有关部门责令改正，通报批评；对直接负责的主管人员和其他直接责任人员依法给予处分。	**第九十一条** 地方各级人民政府、有关部门及其工作人员瞒报、谎报、迟报、漏报或者授意他人瞒报、谎报、迟报动物疫情，或者阻碍他人报告动物疫情的，由上级人民政府或者有关部门责令改正，通报批评；对直接负责的主管人员和其他直接责任人员依法给予处分。
第七十三条 违反本法规定，有下列行为之一的，由动物卫生监督机构责令改正，给予警告；拒不	**第九十二条** 违反本法规定，有下列行为之一的，由**县级以上地方人民政府农业农村（畜牧兽医）**

修改前	修订草案
改正的，由动物卫生监督机构代作处理，所需处理费用由违法行为人承担，可以处一千元以下罚款： （一）对饲养的动物不按照动物疫病强制免疫计划进行免疫接种的； （二）种用、乳用动物未经检测或者经检测不合格而不按照规定处理的； （三）动物、动物产品的运载工具在装载前和卸载后没有及时清洗、消毒的。	**主管部门**责令改正，**处一千元以下罚款**；拒不改正的，由**县级以上地方人民政府农业农村（畜牧兽医）主管部门委托动物诊疗机构、无害化处理场所等**代作处理，所需处理费用由违法行为人承担，处一千元**以上五千元以下**罚款： （一）对饲养的动物不按照动物疫病强制免疫计划**或者免疫技术规范实施**免疫接种的； （二）种用、乳用动物经**监**测不合格而不按照规定处理的； （三）动物、动物产品的运载工具在装载前和卸载后没有**按规定**及时清洗、消毒的； **（四）未按规定对饲养的犬只进行狂犬病免疫接种的。** **实施免疫接种的动物未达到国务院农业农村（畜牧兽医）主管部门规定免疫质量要求的，由县级以上地方人民政府农业农村（畜牧兽医）主管部门责令实施补充免疫接种，补充免疫接种后仍不符合免疫质量要求的，责令饲养动物的单位和个人对动物进行无害化处理。**
第七十四条 违反本法规定，对经强制免疫的动物未按照国务院兽医主管部门规定建立免疫档案、加施畜禽标识的，依照《中华人民共和国畜牧法》的有关规定处罚。	**第九十三条** 违反本法规定，对经强制免疫的动物未按照国务院**农业农村（畜牧兽医）**主管部门规定建立免疫档案、加施畜禽标识的，依照《中华人民共和国畜牧法》的有关规定处罚。

修改前	修订草案
	第九十四条　违反本法规定，动物、动物产品的运载工具、垫料、包装物、容器等不符合国务院农业农村（畜牧兽医）主管部门规定的动物防疫要求的，可以由县级以上地方人民政府农业农村（畜牧兽医）主管部门处五千元以下罚款；情节严重的，处五千元以上五万元以下罚款。
第七十五条　违反本法规定，不按照国务院兽医主管部门规定处置染疫动物及其排泄物，染疫动物产品，病死或者死因不明的动物尸体，运载工具中的动物排泄物以及垫料、包装物、容器等污染物以及其他经检疫不合格的动物、动物产品的，由动物卫生监督机构责令无害化处理，所需处理费用由违法行为人承担，可以处三千元以下罚款。	**第九十五条**　违反本法规定，不按照国务院**农业农村（畜牧兽医）**主管部门规定处置染疫动物及其排泄物，染疫动物产品，运载工具中的动物排泄物以及垫料、包装物、容器等污染物以及其他经检疫不合格的动物、动物产品的，由**县级以上地方人民政府农业农村（畜牧兽医）主管部门**责令无害化处理，所需处理费用由违法行为人承担，处**五千元以上五万元以下**罚款。 **造成环境污染的，依照环境保护有关法律法规进行处罚。**
	第九十六条　违反本法规定，患有人畜共患传染病的人员，直接从事动物诊疗以及易感染动物的饲养、屠宰、经营、隔离、运输等活动的，由县级以上地方人民政府农业农村（畜牧兽医）主管部门责令改正；拒不改正的，可以处五千元以下罚款；情节严重的，处五千元以上五万元以下罚款。

修改前	修订草案
第七十六条 违反本法第二十五条规定，屠宰、经营、运输动物或者生产、经营、加工、贮藏、运输动物产品的，由动物卫生监督机构责令改正、采取补救措施，没收违法所得和动物、动物产品，并处同类检疫合格动物、动物产品货值金额一倍以上五倍以下罚款；其中依法应当检疫而未检疫的，依照本法第七十八条的规定处罚。	**第九十七条** 违反本法**第二十七条**规定，屠宰、经营、运输动物或者生产、经营、加工、贮藏、运输动物产品，**尚不构成犯罪的，**由**县级以上地方人民政府农业农村（畜牧兽医）主管部门**责令改正、采取补救措施，没收违法所得、动物和动物产品**以及屠宰、经营、加工、贮藏的工具、设施、设备；同类检疫合格动物、动物产品货值金额不足一万元的，并处十万元以上十五万元以下罚款；同类检疫合格动物、动物产品货值一万元以上的，**并处同类检疫合格动物、动物产品货值金额**十五倍以上三十倍以**下罚款；其中依法应当检疫而未检疫的，**处同类检疫合格动物、动物产品货值金额一倍以上五倍以下罚款。** **按照前款规定给予行政处罚的个人或者单位的法定代表人、直接负责的主管人员和其他直接责任人员，自处罚决定作出之日起五年内不得从事屠宰、经营、运输动物或者生产、经营、加工、贮藏、运输动物产品等相关活动；被追究刑事责任的，终身不得从事屠宰、经营、运输动物或者生产、经营、加工、贮藏、运输动物产品等相关活动。**
第七十七条 违反本法规定，有下列行为之一的，由动物卫生监督机构责令改正，处一千元以上一万元以下罚款；情节严重的，处一	**第九十八条** 违反本法规定，有下列行为之一的，由**县级以上地方人民政府农业农村（畜牧兽医）主管部门**责令改正，处**三千元以上**

修改前	修订草案
万元以上十万元以下罚款： （一）兴办动物饲养场（养殖小区）和隔离场所，动物屠宰加工场所，以及动物和动物产品无害化处理场所，未取得动物防疫条件合格证的； （二）未办理审批手续，跨省、自治区、直辖市引进乳用动物、种用动物及其精液、胚胎、种蛋的； （三）未经检疫，向无规定动物疫病区输入动物、动物产品的。	**三万元**以下罚款；情节严重的，处**三万元**以上十万元以下罚款： （一）兴办动物饲养场和隔离场所，动物屠宰加工场所，**动物专业交易市场**，以及动物和动物产品无害化处理场所，未取得动物防疫条件合格证的； （二）**跨省、自治区、直辖市引进乳用动物、种用动物到达输入地后未按规定进行隔离观察的**； （三）未经检疫**合格**，向无规定动物疫病区输入动物、动物产品的； **（四）未经备案从事动物经营、运输的；** **（五）未如实记录收购、销售动物的产地、饲养者、检疫证明编号、购销日期和数量等信息的；** **（六）未按规定保存行程路线和托运人提供的动物名称、动物检疫证明编号、数量等相关信息的；** **（七）未按规定处置或者随意弃置病死动物和病害动物产品的；** **（八）饲养种用、乳用动物的单位和个人，未按照国务院农业农村（畜牧兽医）主管部门的要求定期开展动物疫病检测的。**
	第九十九条　动物饲养场和隔离场所，动物屠宰加工场所，动物专业交易市场，以及动物和动物产品无害化处理场所不再符合本法第二十二条规定条件继续从事相关活动的，由县级以上地方人民政府农业农村（畜牧兽医）主管部门给予

修改前	修订草案
	警告，责令改正；仍达不到规定条件的，由发证机关吊销动物防疫条件合格证。
第七十八条　违反本法规定，屠宰、经营、运输的动物未附有检疫证明，经营和运输的动物产品未附有检疫证明、检疫标志的，由动物卫生监督机构责令改正，处同类检疫合格动物、动物产品货值金额百分之十以上百分之五十以下罚款；对货主以外的承运人处运输费用一倍以上三倍以下罚款。 违反本法规定，参加展览、演出和比赛的动物未附有检疫证明的，由动物卫生监督机构责令改正，处一千元以上三千元以下罚款。	**第一百条**　违反本法规定，屠宰、经营、运输的动物未附有检疫证明，经营和运输的动物产品未附有检疫证明、检疫标志的，由**县级以上地方人民政府农业农村（畜牧兽医）主管部门**责令改正，处同类检疫合格动物、动物产品货值金额**一倍**以下罚款；对货主以外的承运人处运输费用**三**倍以上**五**倍以下罚款，**情节严重的，处五倍以上十倍以下罚款**。 违反本法规定，参加展览、演出和比赛的动物未附有检疫证明的，由**县级以上地方人民政府农业农村（畜牧兽医）主管部门**责令改正，处三千元以上一万元以下罚款。
	第一百零一条　违反本法规定，将禁止或者限制调运的动物、动物产品由动物疫病高风险区调入低风险区，或者使用未备案车辆承运动物的，由县级以上地方人民政府农业农村（畜牧兽医）主管部门没收运输费用、违法运输的动物和动物产品，并处运输费用一倍以上五倍以下罚款。
	第一百零二条　违反本法规定，通过道路跨省、自治区、直辖市运输动物和动物产品，未经省、自治区、直辖市人民政府设立的指

修改前	修订草案
	定通道入境或者过境的，由县级以上地方人民政府农业农村（畜牧兽医）主管部门对货主、承运人和接收人分别处五千元以上一万元以下罚款；情节严重的，处一万元以上五万元以下罚款。
第七十九条　违反本法规定，转让、伪造或者变造检疫证明、检疫标志或者畜禽标识的，由动物卫生监督机构没收违法所得，收缴检疫证明、检疫标志或者畜禽标识，并处三千元以上三万元以下罚款。	**第一百零三条**　违反本法规定，转让、伪造或者变造检疫证明、检疫标志或者畜禽标识的，由**县级以上地方人民政府农业农村（畜牧兽医）主管部门**没收违法所得，收缴检疫证明、检疫标志或者畜禽标识，并处**五千元以上五万元**以下罚款。 **持有、使用伪造或者变造的检疫证明、检疫标志或者畜禽标识的，由县级以上地方人民政府农业农村（畜牧兽医）主管部门收缴检疫证明、检疫标志或者畜禽标识，没收对应动物、动物产品，处三千元以上一万元以下罚款。**
第八十条　违反本法规定，有下列行为之一的，由动物卫生监督机构责令改正，处一千元以上一万元以下罚款： （一）不遵守县级以上人民政府及其兽医主管部门依法作出的有关控制、扑灭动物疫病规定的； （二）藏匿、转移、盗掘已被依法隔离、封存、处理的动物和动物产品的； （三）发布动物疫情的。	**第一百零四条**　违反本法规定，有下列行为之一的，由**县级以上地方人民政府农业农村（畜牧兽医）主管部门**责令改正，处**三千元以上三万元**以下罚款： （一）不遵守县级以上人民政府及其**农业农村（畜牧兽医）**主管部门依法作出的有关控制、扑灭动物疫病规定的； （二）藏匿、转移、盗掘已被依法隔离、封存、处理的动物和动物产品的； （三）发布动物疫情的。

修改前	修订草案
第八十一条 违反本法规定，未取得动物诊疗许可证从事动物诊疗活动的，由动物卫生监督机构责令停止诊疗活动，没收违法所得；违法所得在三万元以上的，并处违法所得一倍以上三倍以下罚款；没有违法所得或者违法所得不足三万元的，并处三千元以上三万元以下罚款。 动物诊疗机构违反本法规定，造成动物疫病扩散的，由动物卫生监督机构责令改正，处一万元以上五万元以下罚款；情节严重的，由发证机关吊销动物诊疗许可证。	**第一百零五条** 违反本法规定，未取得动物诊疗许可证从事动物诊疗活动的，由**县级以上地方人民政府农业农村（畜牧兽医）主管部门**责令停止诊疗活动，没收违法所得；违法所得在三万元以上的，并处违法所得一倍以上三倍以下罚款；没有违法所得或者违法所得不足三万元的，并处三千元以上三万元以下罚款。 动物诊疗机构违反本法规定，**未按照规定实施卫生安全防护、消毒、隔离和处置诊疗废弃物的，**由**县级以上地方人民政府农业农村（畜牧兽医）主管部门**责令改正，**处三千元以上一万元以下罚款**；造成动物疫病扩散的，处一万元以上五万元以下罚款；情节严重的，由发证机关吊销动物诊疗许可证。
第八十二条 违反本法规定，未经兽医执业注册从事动物诊疗活动的，由动物卫生监督机构责令停止动物诊疗活动，没收违法所得，并处一千元以上一万元以下罚款。 执业兽医有下列行为之一的，由动物卫生监督机构给予警告，责令暂停六个月以上一年以下动物诊疗活动；情节严重的，由发证机关吊销注册证书： （一）违反有关动物诊疗的操作技术规范，造成或者可能造成动物疫病传播、流行的； （二）使用不符合国家规定的兽药和兽医器械的；	**第一百零六条** 违反本法规定，未经执业兽医**备案**从事动物诊疗活动的，由**县级以上地方人民政府农业农村（畜牧兽医）主管部门**责令停止动物诊疗活动，没收违法所得，并处**三千元**以上**三万**元以下罚款；**对其所在动物诊疗机构处一万元以上五万元以下罚款**。 执业兽医有下列行为之一的，由**县级以上地方人民政府农业农村（畜牧兽医）主管部门**给予警告，责令暂停六个月以上一年以下动物诊疗活动： （一）违反有关动物诊疗的操作技术规范，造成或者可能造成动

修改前	修订草案
（三）不按照当地人民政府或者兽医主管部门要求参加动物疫病预防、控制和扑灭活动的。	物疫病传播、流行的； （二）使用不符合国家规定的兽药和兽医器械的； （三）不按照当地人民政府或者**农业农村（畜牧兽医）**主管部门要求参加动物疫病预防、控制和扑灭活动的。
	第一百零七条　违反本法规定，生产经营兽医器械应当备案而未备案的，或者产品质量不符合要求的，由县级以上地方人民政府农业农村（畜牧兽医）主管部门责令限期整改；情节严重的，停止生产经营，并处二万元以上十万元以下罚款；给他人造成损失的，依法承担赔偿责任。
第八十三条　违反本法规定，从事动物疫病研究与诊疗和动物饲养、屠宰、经营、隔离、运输，以及动物产品生产、经营、加工、贮藏等活动的单位和个人，有下列行为之一的，由动物卫生监督机构责令改正；拒不改正的，对违法行为单位处一千元以上一万元以下罚款，对违法行为个人可以处五百元以下罚款： （一）不履行动物疫情报告义务的； （二）不如实提供与动物防疫活动有关资料的； （三）拒绝动物卫生监督机构进行监督检查的； （四）拒绝动物疫病预防控制机构进行动物疫病监测、检测的。	**第一百零八条**　违反本法规定，从事动物疫病研究与诊疗和动物饲养、屠宰、经营、隔离、运输，以及动物产品生产、经营、加工、贮藏等活动的单位和个人，有下列行为之一的，由**县级以上地方人民政府农业农村（畜牧兽医）主管部门**责令改正，**处一万元以下罚款**；拒不改正的，处**一万元以上五万元**以下罚款： （一）**发现动物染疫、疑似染疫未**报告，**或者未采取隔离等控制措施的**； （二）不如实提供与动物防疫有关资料的； （三）拒绝**或者阻碍农业农村（畜牧兽医）主管部门**进行监督检查的；

修改前	修订草案
	（四）拒绝**或者阻碍**动物疫病预防控制机构进行动物疫病监测、检测、**评估**的； **（五）拒绝或者阻碍官方兽医依法履行职责的；** **（六）不按照县级以上人民政府制定的动物疫病净化规划，开展动物疫病净化的。**
	第一百零九条　因科研、药用、展示等特殊情形需要，经依法批准非食用性利用野生动物，不符合野生动物检疫检验及防疫条件审查的有关规定的，依法从重处罚。
第八十四条　违反本法规定，构成犯罪的，依法追究刑事责任。 违反本法规定，导致动物疫病传播、流行等，给他人人身、财产造成损害的，依法承担民事责任。	**第一百一十条**　违反本法规定，构成犯罪的，依法追究刑事责任。 违反本法规定，导致动物疫病传播、流行等，给他人人身、财产造成损害的，依法承担民事责任。
第十章　附　　则	**第十二章　附　　则**
第二十四条第二款　*本法所称无规定动物疫病区，是指具有天然屏障或者采取人工措施，在一定期限内没有发生规定的一种或者几种动物疫病，并经验收合格的区域。*	**第一百一十一条　本法下列用语的含义：** 无规定动物疫病区，是指具有天然屏障或者采取人工措施，在一定期限内没有发生规定的一种或者几种动物疫病，并经验收合格的区域。 **无规定动物疫病生物安全隔离区，是指处于同一生物安全管理体系下，在一定期限内没有发生一种或者几种规定动物疫病的若干动物饲养场及其辅助生产场所构成的特定小型区域。**

修改前	修订草案
	病死动物，是指染疫死亡、因病死亡、死因不明或者经检验检疫认为不可供食用的动物。 病害动物产品，是指来源于病死动物的产品，或者经检验检疫可能危害人体或者动物健康的动物产品。
	第一百一十二条 境外无规定动物疫病区和无规定动物疫病生物安全隔离区的无疫等效性评估，参照本法执行。
第八十五条 本法自2008年1月1日起施行。	**第一百一十三条** 本法自　年　月　日起施行。

全国人民代表大会宪法和法律委员会关于《中华人民共和国动物防疫法（修订草案）》审议结果的报告

全国人民代表大会常务委员会：

常委会第二十一次会议对动物防疫法修订草案进行了二次审议。会后，法制工作委员会在中国人大网全文公布修订草案征求社会公众意见。宪法和法律委员会、法制工作委员会到贵州、云南等地调研，听取意见，并就修订草案的有关问题同农业与农村委员会、农业农村部等部门交换意见，共同研究。宪法和法律委员会于 2020 年 12 月 30 日召开会议，根据常委会组成人员的审议意见和各方面意见，对修订草案进行了逐条审议。农业与农村委员会、司法部、农业农村部的有关负责同志列席了会议。2021 年 1 月 13 日，宪法和法律委员会召开会议，再次进行了审议。宪法和法律委员会认为，为贯彻落实党中央决策部署，完善我国公共卫生法律制度，保障人民群众生命健康，对动物防疫法作出修改是必要的，修订草案经过两次审议修改，已经比较成熟。同时，提出以下主要修改意见：

一、有的常委会组成人员建议，在修订草案二次审议稿第四条第一款中，明确将动物疫病对人体健康的危害程度和造成的经济损失、社会影响的程度作为动物疫病分类的依据。宪法和法律委员会经研究，建议对这一款作出修改，分别将动物疫病对人和动物构成“特别严重危害”“严重危害”“危害”，以及造成“重大”“较大”“一定程度”的经济损失和社会影响，作为一、二、三类动物疫病的划分依据。

二、一些常委会组成人员和地方、部门提出，实践中，在有的地方，基层动物防疫机构和队伍存在弱化的情况，不利于动物防疫工作的有效开展，建议根据国务院有关文件精神，在本法中对稳定基层防疫机构队伍提出要求。宪法和法律委员会经研究，建议采纳上述意见，在修订草案二次审议稿第八条第一款中增加相应规定。

三、有的常委委员和地方、部门建议，进一步强化动物疫病强制免疫、分区防控及相关监督措施，保证动物防疫工作效果。宪法和法律委员会经研究，建议对修订草案二次审议稿作以下修改：一是，要求村民委员会、居民委员会协助基层政府做好强制免疫相关工作。二是，增加农业农村主管部门定期对强制免疫计划实施情况和效果进行评估的规定。三是，增加对无规定动物疫病区和无规定动物疫病生物安全隔离区的维持情况进行监督检查的规定。

四是，增加对动物疫病实施分区防控，可以采取禁止或者限制特定动物、动物产品跨区域调运等措施的规定。

四、有的常委委员和一些社会公众建议，进一步强化养犬管理，防止犬只伤人、传播疫病。宪法和法律委员会经研究，建议在修订草案二次审议稿第二十九条中增加携带犬只出户应当佩戴犬牌并采取系犬绳等措施、基层政府应当做好农村地区饲养犬只防疫管理工作的规定；同时，考虑到养犬管理的职责主要在地方，且各地情况不同，建议明确由省、自治区、直辖市制定饲养犬只防疫管理的具体办法。

五、有的常委委员提出，相关检疫规范的缺失，是当前野生动物疫源疫病防控工作的一个短板，建议由国务院农业农村主管部门会同野生动物保护主管部门制定野生动物检疫办法。宪法和法律委员会经研究，建议采纳上述意见，在修订草案二次审议稿第四十九条中增加相应规定。

六、有的常委会组成人员和社会公众建议，适当放宽参加执业兽医资格考试的人员范围，允许符合条件的乡村兽医参加执业兽医资格考试。宪法和法律委员会经研究，建议采纳上述意见，在修订草案二次审议稿第六十八条第一款中增加相应规定。

七、有的常委委员提出，动物防疫工作要注重发挥社会力量的作用，建议充实这方面的内容。宪法和法律委员会经研究，建议增加一条规定，鼓励和支持执业兽医、乡村兽医、动物诊疗机构、有关企业等开展动物防疫、提供防疫服务。

八、根据一些常委会组成人员的审议意见，宪法和法律委员会经研究，建议对部分违反本法规定的行为提高罚款数额，增加吊销相关资格证书、责令停业整顿等处罚。

此外，还对修订草案二次审议稿作了一些文字修改。

2021 年 1 月 8 日，法制工作委员会以现场和网络视频相结合的方式召开会议，邀请部分全国人大代表、专家学者、基层立法联系点、动物卫生监督机构、动物疫病预防控制机构和养殖企业等，就草案中主要制度规范的可行性、法律出台时机、法律实施的社会效果和可能出现的问题等进行评估。普遍认为，为了进一步加强动物防疫工作，有效预防和控制动物疫病，维护生物安全和公共卫生安全，对动物防疫法作出修改十分必要、及时。修订草案针对我国动物防疫中面临的突出问题，落实各方面的动物防疫责任，完善疫病预防、控制和应急处置等制度，强化动物防疫工作的支持和保障措施，针对性、可行性较强。修订草案经过广泛征求意见和常委会两次审议修改，已经比较成熟，建议尽快通过实施。与会人员还对修订草案提出了一些具体修改意见，有的意见已经采纳。

修订草案三次审议稿已按上述意见作了修改，宪法和法律委员会建议提请本次常委会会议审议通过。

修订草案三次审议稿和以上报告是否妥当，请审议。

全国人民代表大会宪法和法律委员会

2021 年 1 月 20 日

全国人民代表大会宪法和法律委员会关于《中华人民共和国动物防疫法（修订草案三次审议稿）》修改意见的报告

全国人民代表大会常务委员会：

本次常委会会议于1月20日下午对动物防疫法修订草案三次审议稿进行了分组审议。普遍认为，草案已经比较成熟，建议进一步修改后，提请本次常委会会议表决通过。同时，有些常委会组成人员和列席人员还提出了一些修改意见和建议。宪法和法律委员会于1月21日上午召开会议，逐条研究了常委会组成人员的审议意见，对草案进行了审议。农业与农村委员会、司法部、农业农村部的有关负责同志列席了会议。宪法和法律委员会认为，草案是可行的，同时，提出以下修改意见：

一、一些常委会组成人员建议，进一步充实人畜共患传染病防控的内容，切实保障人民群众生命健康安全。宪法和法律委员会经研究，建议对修订草案三次审议稿作以下修改：一是在第一条中突出“防控人畜共患传染病，保障公共卫生安全和人体健康”的立法宗旨；二是将第三十三条中关于建立人畜共患传染病防治协作机制、制定并公布人畜共患传染病名录的内容移至总则一章中规定；三是在第三十三条中明确由卫生健康主管部门依照传染病防治法的规定及时公布人畜共患传染病疫情；四是在法律责任一章中增加规定：违反本法规定，造成人畜共患传染病传播、流行的，依法从重给予处分、处罚。

二、有的常委委员提出，对境外动物疫病输入的防控，有关部门也应当建立相应的协作机制。宪法和法律委员会经研究，建议增加规定：国务院农业农村主管部门和海关总署等部门应当建立防止境外动物疫病输入的协作机制。

三、有的常委委员提出，对动物疫病的发生、流行等情况进行监测，应当按照动物疫病监测计划进行。宪法和法律委员会经研究，建议采纳上述意见，在修订草案三次审议稿第十八条第四款中增加相应规定。

四、关于养犬管理问题，审议中有两种意见：有的建议进一步细化管理措施；有的建议授权地方规定，本法可不作统一规定。宪法和法律委员会经同有关方面反复研究认为，我国不同地区、城市和农村情况差异较大，实践中各地管理措施也不相同，修订草案三次审议稿主要从疫病防控的角度，对接种狂犬病疫苗、办理登记等重点环节提出要求，同时明确由省、自治区、直辖市制定具体管理办法，是合适的。

还有两个问题需要汇报：一是，有些常委委员建议对动物产品的含义作出界定。宪法和法律委员会经与农业农村部研究认为，修订草案延续了现行动物防疫法的规定，对动物产品的范围作了较为全面的列举，是符合动物防疫、检疫工作实际的，可不作修改。二是，有的常委委员建议将修订草案三次审议稿第四条第一款规定的狂犬病由二类动物疫病调整为一类。宪法和法律委员会经与农业农村部研究认为，狂犬病已在传染病防治法中明确为乙类传染病，在动物防疫工作中也一直是作为二类动物疫病管理，建议在本次修改中不作调整，可由国务院农业农村主管部门进一步组织研究论证。

经与有关部门研究，建议将修订后的动物防疫法的施行时间确定为 2021 年 5 月 1 日。

此外，根据常委会组成人员的审议意见，还对修订草案三次审议稿作了一些文字修改。

修订草案建议表决稿已按上述意见作了修改，宪法和法律委员会建议本次常委会会议审议通过。

修订草案建议表决稿和以上报告是否妥当，请审议。

全国人民代表大会宪法和法律委员会

2021 年 1 月 22 日

关于动物防疫法贯彻实施情况的报告*

全国人大农业与农村委员会调研组

今年4月以来，为配合全国人大常委会开展农产品质量安全法执法检查，推动修改完善动物防疫法，全国人大农业与农村委员会对动物防疫法实施情况开展了专题调研。在农产品质量安全法执法检查期间，全国人大常委会副委员长张春贤、吉炳轩、武维华分别带队赴辽宁、青海、山东、广西、重庆、四川等6省区市，同时就动物防疫法贯彻实施情况进行了调研，农委主任委员陈锡文，副主任委员杜德印、廖晓军、龙庄伟、刘振伟、王刚，委员冯忠华、刘玉亭、张烈英等参加调研。此外，农委还召开全体会议，听取农业农村部贯彻动物防疫法有关情况的汇报；组织召开座谈会，听取有关部门和专家学者对修改动物防疫法的建议；组织调研组赴广东、贵州等地开展了专题调研。现将有关情况报告如下。

---

* 2018年，全国人大农业与农村委员会对动物防疫法实施情况开展了专题调研，形成了调研报告。

一、基本情况

动物防疫法颁布实施以来，各地各部门高度重视法律贯彻实施工作，将依法提升动物疫病防控水平、确保畜产品质量安全，作为促进现代畜牧业持续健康发展的重要保障，立足于实施食品安全战略，不断加强动物防疫活动管理，确保人民群众身体健康和生命安全。

（一）动物防疫法律法规体系逐步健全。目前，除动物防疫法外，农业法、农产品质量安全法、畜牧法、野生动物保护法、传染病防治法、进出境动植物检疫法等法律的部分条款对动物防疫作出了相应规范。按照动物防疫法的有关规定，国务院先后制定了重大动物疫情应急条例、兽药管理条例等行政法规；农业农村部制定了动物检疫管理办法、动物防疫条件审查办法等 24 部配套规章和 30 件规范性文件，发布有关动物防疫的国家标准 122 项、行业标准 98 项；22 个省区市颁布实施了与动物防疫法相配套的地方性法规或者政府规章，如山东制定了无规定动物疫病区管理办法，青海制定了跨省引进动物防疫安全管理办法，四川、重庆等地制定了关于病死畜禽无害化处理的实施意见，在动物疫病区域化管理、跨省调运动物监管、病死畜禽无害化处理等方面进行积极探索。

（二）重点动物疫病有效控制并逐步净化。按照动物防疫法确定的预防为主的基本原则，目前我国将 157 种动物疫病分别列入一、二、三类动物疫病病种名录，将对人和动物危害较大的26种疫病列入人畜共患传染病名录。多年来，全国高致病禽流感、口蹄疫、小反刍兽疫等重点动物疫病的常年平均免疫密度保持在90%以上，群体平均免疫合格率保持在70%以上，2017年猪、家禽、牛、羊的疫病发病率分别比2012年下降了1.7%、2.59%、1.45%和1.41%，因病死亡率分别下降了1.07%、1.98%、0.68%和0.7%，减少直接经济损失570.8亿元。逐步净化消灭重点疫病，先后于1956年消灭了牛瘟、1996年消灭了牛肺疫、2016年消灭了马鼻疽，家畜血吸虫病感染率由2006年的3.42%下降到2016年的0.01%，四川省已达到传播阻断标准。在全国23个省启动无规定动物疫病区建设，建成辽宁、海南免疫无口蹄疫区、胶东半岛免疫无口蹄疫和高致病禽流感区、广州从化无规定马属动物疫病区等，针对猪伪狂犬病、禽白血病等8种重点净化病种，实施种用动物疫病净化场创建，全国已建成93个动物疫病净化示范场。

（三）防疫保障政策措施不断完善。国务院及有关部门先后制定了全国动物防疫体系建设规划、国家中长期动物疫病防治规划和全国动植物保护能力提升工程建设规划，投入132.5亿元用于疫病监测预警、动物卫生监督、疫病预防控制和技术支撑建设。对高致病性禽流感、口蹄疫、小反刍兽疫、布病、包虫病等5种疫病实施强制免疫，中央财政对散户通过购买服务方式进行免疫的给予补助，其中，山东省在全国首推强制免疫疫苗自购备案和经费直补改革。各地依法将防疫工作经费纳入财政预算管理，青海省2017年共落实疫苗采购、强制扑杀、生猪养殖环节无害化处理等补助经费1.74亿元；四川省成都市双流区将村级动物防疫经费从中央财政基层动物防疫工作补助经费中列支，不足部分由区财政足额保障，2017年区级财政投入工作经费198.5万元；贵州省部分县安排专项经费，为人民公社时期全脱产兽医缴纳养老保险，发放困难补助，推动解决老兽医生活保障问题。加快推进病死畜禽的集中无害化处理，辽宁省推动建立病死动物无害化处理监管长效机制，健全病死动物报告、无害化处理和来源追查等工作制度，加大对违规运输贮藏、转移销售、随意抛弃病死动物等行为的打击力度。

（四）动物疫情应急处理能力提升。2013年至2018年5月，我国累计发生61起口蹄疫、35起H5亚型高致病性禽流感、14起家禽H7N9高致病性流感疫情。面对疫情，各级农业部门坚持属地管理原则及时处置应对，有效防止了重大动物疫病爆发性、区域性流行。农业农村部先后制定了10个优先防治和2个重点防范外来病种防治计划，发布高致病性禽流感等14种动物疫病防治技术规范，为疫情处置提供工作遵循。针对2017年下半年以来H7N9流感疫情变化，对家禽实施全面免疫，2018年以来全国家禽H7N9流感发病数、死亡数、扑杀数同比下降在87%以上（见附件表一）。针对非洲猪瘟、疯牛病等13种境外动物疫病，不断强化边境防控，广西持续开展国门生物安全“绿蕾”专项行动，构建口岸疫病疫情联防联控体系，2015年以来累计检出有害生物36种、779次。为提升应急处置能力，各地兽医主管部门在加强优先防治病种监测预警和流行病学调查的基础上，不断加大防疫物资储备，重庆市设立了1个市级和4个区级疫情应急物资储备库，市级库常年储备价值200余万元的应急物资。

（五）动物卫生监督执法力度持续加大。依法严格执行产地检疫、屠宰检疫制度，目前已实现了全国跨省调运畜禽电子出证和检疫信息互联互通。2008年以来，全国各级动物卫生监督机构共产地检疫动物994.65亿头（只、羽），检出的病害畜禽占比0.316‰；屠宰检疫动物610.01亿头（只、羽），检出的病害畜禽占比0.898‰。依法开展动物防疫条件审查，2008年以来，全国共审核发放各类场所动物防疫条件合格证204.54万个。依法加强动物卫生监督执法，2008年以来全国共查处各类违反动物防疫法案件30.89万件。依法推动兽医队伍建设，全国共确认官方兽医12.2万人，执业兽医10.1万人，登记乡村兽医31.3万人。同时，一些地方还探索通过政府购买服务方式，将疫病监测、动物检疫、无害化处理等基层动物防疫工作交由兽医社会化服务组织承担，为基层动物防疫注入新的活力。

二、主要问题

当前，我国的动物防疫形势仍不容乐观，全面贯彻实施动物防疫法还面临着以下问题：

一是动物防疫形势仍然比较严峻。我国疫病病种多、病原复杂、人畜共患问题仍然存在，境外动物疫病传入风险增大，发生局部疫情的风险依然存在。2017 年，全国共报告发生 93 种动物疫病，发病动物 255. 52 万头（只、羽）、发病率 4. 39%，病死动物 59. 06 万头（只、羽）、病死率 23. 12%（见附件表二）。虽然主要人畜共患病得到有效控制，但布病发病近年来出现上升趋势，人感染新发病例报告县从 2003 年的 353 个增加到 2017 年的 1943 个，每年有超过 4 万人感染。我国陆地边境线长且口岸通道多，跨境放牧、边民互市和畜禽产品贸易活跃，由于周边部分国家疫病防控能力较差，境外动物疫病传入风险不断增加，2013 年底小反刍兽疫在中西亚、南亚持续流行并传入我国；今年 8 月以来，非洲猪瘟传入我国境内，先后在辽宁、河南等多地发生疫情。

二是净化重点动物疫病缺乏制度设计。动物防疫法第 24 条规定，国家实行动物疫病区域化管理，推动建立无规定动物疫病区。区域化管理和无疫区建设是逐步净化消灭重点动物疫病的重要举措，据联合国粮农组织测算，全球畜禽养殖死亡率降低 1 个百分点，可增加 434 万吨肉蛋奶供给，间接节约 5.1 亿亩草场、7000 万亩耕地，但现行动物防疫法对净化消灭动物疫病缺乏制度性设计，对于区域化管理的规定也比较原则，对无疫区的规划建设、疫情监测、疫病防控、调入动物落地和隔离观察、屏障及边界控制措施等都缺乏明确具体的法律规范。一些地方根据本地实际情况开展动物疫病强制免疫的主动性不够，强制免疫疫苗经费、动物防疫经费等需要地方配套资金，受财力限制，开展区域化管理的积极性不高，难以确保已建或在建无疫区实现重点动物疫病净化的长远目标。

三是活畜禽长途调运成为监管薄弱环节。动物防疫法第 42 条至第 44 条规定，运输活体动物或动物产品应向输出地申报检疫，运输过程应附检疫证明标志。当前，活体动物跨省调运频繁，长距离、跨区域运输存在较大风险隐患，我国 70% 的重大动物疫情源于活体动物调运，2013 年底小反刍兽疫传入我国后，通过活羊长距离调运，在短时间内迅速传播到 22 个省、119 个地市、261 个县，引发疫情 287 起（见附件图一）。对于有条件地限制动物从高风险地区向低风险地区调运，现行动物防疫法没有作出相应限制和管理规定。尽管一些地方根据当地实际采取了一些监管措施，但规定不同，尺度不一，难以形成合力；一些地方虽然设立了运输指定通道，但个别商贩常借助鲜活农产品“绿色通道”运输活畜禽，监管无法得到有效保障。

四是基层动物防疫和监管力量仍需加强。动物防疫法第8条规定，县级以上地方政府设立动物卫生监督机构，履行监管执法职责；第9条规定，县级以上政府建立动物疫病预防控制机构，承担疫病监测、检测等技术工作；第41条规定，官方兽医承担动物检疫职责。目前，基层动物防疫和动物卫生监督机构人员数量普遍不足，且非专业技术人员较多，业务素质、检测设备和技术水平无法有效满足动物防疫和卫生监督执法的工作需要。重庆市市县兽医主管部门、动物卫生监督机构、动物疫病预防控制机构、乡镇畜牧兽医站分别缺岗13.6%、20.4%、12.5%和20.8%（见附件表三），一些乡镇只是在农业综合服务站加挂动物卫生监督分所的牌子，难以有效履行监管职责。青海省村级防疫员人均报酬仅为3000元/年，却承担每年2万多头次的免疫任务，队伍很不稳定。虽然全国产地检疫和屠宰检疫检出病害畜禽的比例均不足1‰，但绝对数量较大，2008年以来分别累计达到3142.51万、5480.18万头（只、羽）。地方反映，由于基层官方兽医不足，养殖场配备的执业兽医又较少，难以满足检疫工作需要，如广西壮族自治区2017年产地检疫畜禽数量为8.75亿头

（只、羽），官方兽医数量为7737人，每名官方兽医的日平均检疫量达到310头（只、羽），落实产地到场临栏检疫要求困难，也无法确保在屠宰过程中开展同步检疫。

五是养殖经营者的防疫主体责任需要进一步强化。动物防疫法第14条和第17条规定，从事动物饲养的单位和个人应当履行强制免疫义务，做好疫病预防有关工作；第19条规定，建设各类养殖场所应当符合动物防疫条件；第21条规定，染疫动物和动物产品、病死动物尸体等应按照国家规定处理，不得随意处置。当前，一些养殖散户的防疫意识比较淡薄，生物安全水平较低，部分中小规模养殖场为了降低成本，对防疫设施设备投入不足，乱用兽药、在饲料中超量超范围使用药物添加剂、大量使用抗生素（2017年全国兽用抗菌药共使用原料药4.4万吨）等违法违规行为突出，兽药残留人民群众普遍关切，存在着“重养轻防、轻防重治”的倾向。现行动物防疫法对养殖经营者未履行防疫检疫义务的处罚手段有限、标准过低，缺少对养殖场配置执业兽医和合法合理使用兽药的相关规定。在无害化处理方面，未将无害化处理纳入养殖经营场所的防疫条件建设内容，关于养殖环节病死畜禽无害化处理的补偿规定也还不够完善（国家仅对养殖环节病死猪无害化处理补贴），集中无害化收集难、处置成本高，私自转移出售染疫动物、随意丢弃病死畜禽现象屡禁不止。

动物防疫法自1997年颁布实施，2007年进行了一次修订，距今已有11年，2013年、2015年两次修正仅涉及部分行政许可事项，现行动物防疫法已难以适应现代畜牧业高质量发展的新要求，亟须根据当前新形势新变化作出修改完善。动物防疫法贯彻实施中存在的问题，既有法律执行的问题，也有法律制度性问题，根据农业农村部对部分兽医主管部门、动物卫生监管机构、疫病防控机构及专家的问卷调查显示，88%的受访者认为动物防疫法应作部分调整（见附件图二），68%认为动物防疫法的有关条款已部分或完全不适用（见附件图三），64%认为现行动物防疫法操作性一般或较差（见附件图四），这些情况在赴地方调研中都有所反映。

三、几点建议

全面贯彻实施动物防疫法，要充分认识动物防疫对于决胜全面建成小康社会，加快实现农业农村现代化的重要意义，要紧紧围绕推动实施乡村振兴战略，立足确保畜产品质量安全、公共卫生安全、畜牧产业安全的目标任务，不断提升动物疫病防控能力和水平。

（一）推动净化消灭重点动物疫病

明确重点动物疫病净化消灭的目标导向。在坚持预防为主的基础上，将动物防疫的目标由控制扑灭重大动物疫情调整为净化消灭重点动物疫病，对政府及相关部门、养殖生产经营主体的净化职责作出规范，明确净化消灭动物疫病特别是人畜共患病、种畜垂直传播疫病的要求、实施原则和机制措施，推动制定完善、实施净化消灭重点动物疫病的标准和计划。健全动物疫病区域化管理机制。建立完善中央和地方紧密结合的动物疫病区域化管理体系，合理规划和推动国家优势畜牧业产业带发展，推动规模化标准化养殖，加强对全国性、区域性重大动物疫病、外来动物疫病防治；推动实施以省为单位的疫病区域化管理，加强无规定动物疫病区和生物安全隔离区建设，以无疫区畜禽养殖、屠宰加工企业为重点，推动养殖屠宰场所疫病净化。进一步完善疫病强制免疫政策。按照分类实施、分病种补助的原则，在免疫病种选择、疫苗采购和使用等方面给予无疫区更大的自主权。探索强制免疫评估退出机制，提高强制免疫的针对性和补助资金使用效率。加大对生猪调出大县、家禽养殖大县开展强制免疫的投入保障力度，减少地方配套资金，对免疫疫苗的运输、冷链保管等给予必要支持。

（二）加强动物防疫薄弱环节重点监管

加强活畜禽移动调运监管。建立完善基于风险评估的活畜禽移动监管制度，严格禁止活畜禽由疫区等高风险区域向无疫区等低风险区域调运；规范活畜禽指定通道运输监管，对种用、乳用动物必须经指定通道运输，对经指定通道运输的活畜禽，严格落实落地报告和隔离检测要求；完善产地检疫相关规定，将电子单证作为活畜禽享受农产品“绿色通道”运输的通行证；推进活畜禽集中屠宰、冷链运输、冰鲜上市，尽可能减少活畜禽跨省长距离调运。规范养殖环节兽药使用管理。不断健全兽药使用标准，加强对兽药质量和残留超标的风险监测；加大对养殖主体执行兽用处方药、休药期和用药记录等相关规定的监管力度；探索对养殖主体使用中兽药、微生态制剂等低残留兽药产品予以财政补贴，鼓励和支持养殖主体开展兽用抗生素减量使用行动。推动病死畜禽集中无害化处理。加大中央财政投入，在生猪调出大县、家禽养殖大县建设病死畜禽集中无害化处理场所，配备病死畜禽收集、运输、贮存等设备设施。扩大养殖环节无害化处理财政补助的畜禽种类和范围，大力发展政策性养殖保险，保障养殖户权益。

（三）夯实基层动物防疫和卫生监管基础

改善基层动物防疫和卫生监管工作条件。大力实施动物保护能力提升工程，突出重点县域，加快生猪调出大县、畜禽养殖大县疫病防控基础设施建设；推动县级动物卫生监督机构根据实际工作需要在乡镇设立派出机构，配齐基层动物疫病检疫、检测工具等设施设备，进一步减少执法层级，下沉执法力量，改善执法条件；建立全国动物防疫和监管信息平台，推动畜禽养殖、生产经营、兽药使用、活畜禽调运等源头追溯，实现信息共享。加强基层动物防疫和卫生监管两支队伍建设。增加县乡基层动物防疫和监督执法专业技术人员，合理用编、有序进人，尽快解决村级防疫人员待遇问题。加强动物防疫和监督执法业务培训，增强基层人员专业素质和执法能力，提升基层动物检疫效果和依法行政水平。保障基层动物防疫和监管经费投入。坚持将动物防疫作为畜牧业的投入重点，依法将动物疫病防控和监管工作经费纳入全额预算管理；加大中央财政动物防疫补贴对县乡基层的倾斜力度，提高强制扑杀补偿标准；省级财政采取必要措施保障基层监管工作经费支出；鼓励基层统筹使用中央和省级补助经费，提高资金使用效率。

（四）强化兽医队伍建设和规范管理

明确各类兽医职责分工。统一规范官方兽医、执业兽医和乡村兽医资格条件，规范兽医从业人员管理，将政府兽医主管部门和官方兽医的工作重心放在加强监管上，承担政府公共管理职责；通过政府购买服务方式，引导执业兽医提供更多的专业化动物防疫服务，增强动物防疫社会化服务供给能力；发挥乡村兽医为散养农户提供疫病防控服务的积极作用。加快建立养殖场配备执业兽医和规范用药制度。明确规模化养殖场所必须配备一定数量的执业兽医，推动由养殖场配备的执业兽医履行产地和屠宰检疫义务，承担督促指导养殖场规范使用兽药的职责，探索将官方兽医实施检疫调整为对检疫、用药行为实施监督。

（五）落实养殖生产者防疫主体责任

强化各类养殖生产经营者的市场主体责任。在依法落实政府及有关部门防疫职责和监管责任的基础上，将从事动物养殖、经营、屠宰等活动的单位和个人作为动物防疫的第一责任人予以明确，并根据生产经营的不同环节，对其应当承担的检验、检疫、防疫、净化以及无害化处理等义务作出具体细化，增强法律的可操作性和执行性。严格审查并督促各类养殖场所落实防疫条件建设。加大对各类养殖主体不按规定要求防疫、乱用滥用兽药、在饲料中违规添加兽药、私自转移出售染病病死动物和动物产品、随意丢弃病死畜禽等违法违规行为的处罚力度，提高违法成本，形成法律震慑。推动将屠宰环节涉及的屠宰检疫、肉制品品质检疫和卫生检疫三检合一，明确由屠宰企业实施。

（六）修改完善动物防疫法律制度

加快动物防疫法修订工作，推动动物防疫法与农产品质量安全法、畜牧法、食品安全法、进出境动植物检疫法等实现有效衔接。适时修改《重大动物疫情应急条例》《兽药管理条例》《饲料和饲料添加剂管理条例》《生猪屠宰管理条例》《动物防疫条件审查办法》《动物检疫管理办法》等与动物防疫法相配套的行政法规和部门规章，不断完善动物防疫法律制度体系。修改动物防疫法，要瞄准净化动物疫病的长远目标，对逐步净化消灭严重威胁畜牧业生产安全和人民群众健康的重点动物疫病和人畜共患病，作出制度设计和安排；要遵循全面加强监管执法的基本原则，明确各级农业、市场监管（食药监）、交通运输等部门的监管职责，依法落实属地管理责任，既要防止职能交叉，又要避免推诿扯皮；要体现加强生态文明建设的明确要求，推动兽药使用减量化、生产清洁化、废弃物资源化、产业模式生态化，依法规范兽医队伍建设和管理，建立完善病死畜禽无害化处理机制、兽药规范管理使用机制，推动动物防疫能力实现现代化。

附件

表一：家禽强制免疫前后禽和人感染 H7N9 情况统计

时间	免疫前 （2016 年 9 月至 2017 年 7 月）	免疫后 （2017 年至今）
疫情数量	9 起	2 起
染疫家禽报告数量	17.2 万羽	1812 羽
染疫家禽死亡数量	11.5 万羽	1509 羽
扑杀染疫家禽数量	204.4 万羽	5865 羽
人感染数量	750 人	4 人
染疫死亡人数	283 人	1 人

表二：2017 年全国动物疫病情况统计

类别项目	一类病	二类病	三类病	其他病
病种数量	6 种	48 种	33 种	6 种
发病省数量	23 个	31 个	28 个	29 个
发病县数量	105 个	1599 个	1329 个	863 个
疫点数量	173 个	15599 个	8068 个	3476 个
疫点动物存栏数量（头/只/羽）	3232973	37626581	14341243	2960458
发病动物数量（头/只/羽）	257944	1202069	810421	284769
发病率（%）	7.98	3.19	5.65	9.62
病死动物数量（头/只/羽）	158074	200511	159688	72373
病死率（%）	61.28	16.68	19.7	25.41

表三：重庆市动物防疫人员编制和在岗情况

部　门	核定编制	在编在岗	缺岗
市县兽医主管部门	1193 个	1031 名	13.6%
市县动物卫生监督机构	732 个	583 名	20.4%
市县动物疫病预防控制机构	526 个	460 名	12.5%
乡镇畜牧兽医站	7564 个	5989 名	20.8%

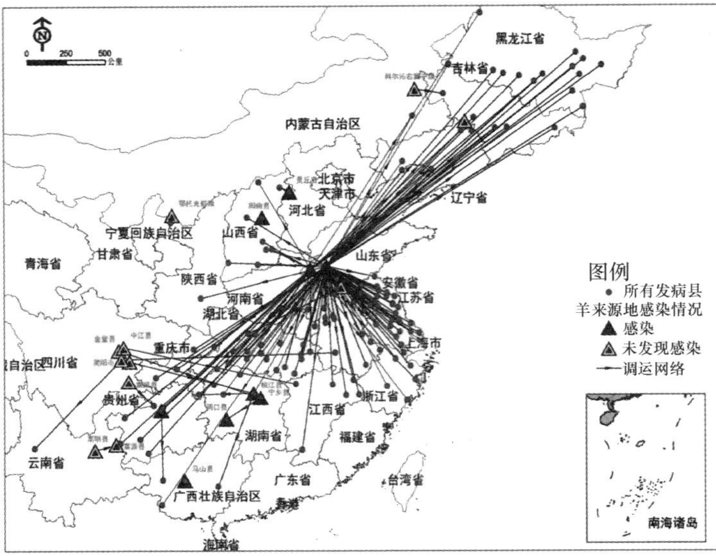

图一：2013 年活羊运输造成小反刍兽疫传播情况

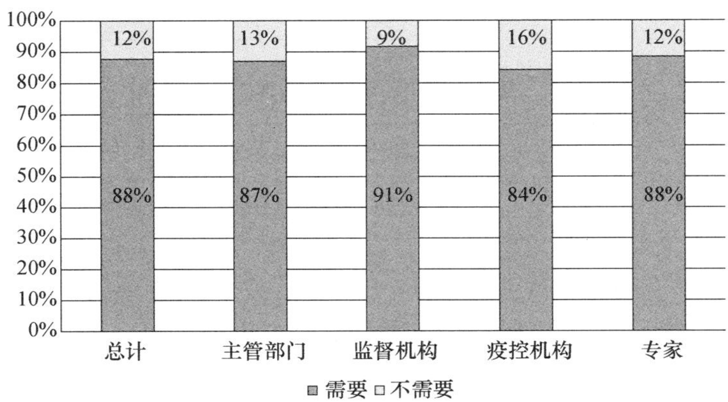

图二：动物防疫法是否需要修改问卷调查统计

说明：根据农业农村部对部分兽医主管部门、动物卫生监管机构、疫病防控机构及专家的问卷调研统计，样本数量为 695 个。

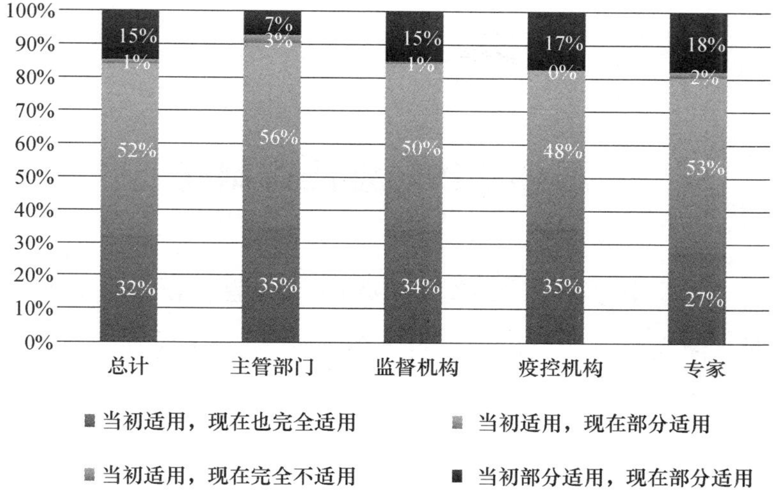

图三：动物防疫法适用性问卷调查统计

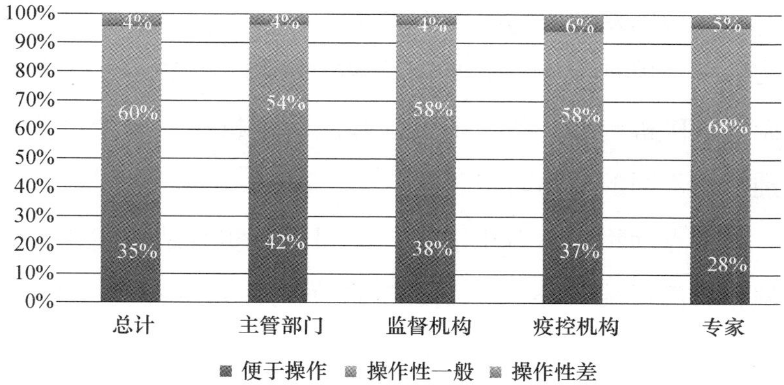

图四：动物防疫法操作性问卷调查统计

国外动物防疫法律制度

本文就美国、加拿大、英国、欧盟、新西兰、俄罗斯、澳大利亚、以色列、日本等国家和地区的动物防疫法律制度作一简要介绍。

一、美国

美国是畜牧业生产大国，具有高效完备的动物疫病防控体系和成熟的动物防疫法律体系。

机构设置和职能。美国农业部设立了国家兽医管理机构——动植物卫生检验局（简称 APHIS），除 APHIS 向州派驻兽医机构外，各州都设立兽医管理机构。两个机构分别承担不同的动物防疫职能。

重点动物疫病净化消灭。美国通过实行结核病扑灭计划、布氏杆菌病扑灭计划、畜群净化计划等制度，对牛、野牛及驯鹿等动物实施疫病净化消灭。其中“畜群净化计划”是指持证兽医师、APHIS 或州代表和畜主共同签署的书面畜群管理协议，各方同意在畜群计划中分别承担一定任务，以控制动物疾病在感染群、暴露群和示踪群中的蔓延。

扑杀染疫动物的补偿。美国制定了对扑杀染疫动物的补偿制度。赔偿根据发现的阳性数目及种群清群数目，或允许销毁的动物的数目来决定。为完善国家养殖业保障体系，美国鼓励养殖户加入国家卫生保健计划，对加入该计划的养殖户给予全额补偿，而未加入该计划的养殖户则需要自己承担25%的损失。《联邦农作物保险法》针对动物疫情相关的保险内容均有规定。

活畜禽运输监管。美国《动物卫生保护法》设置了四项制度，以加强对活动物跨州调运的监管。一是分类管理疫病；二是对跨州调运动物签发兽医监督证书和其他调运文件，对不同卫生状况的动物实施用途管制；三是要求跨州调运动物具有官方标识，以便追溯；四是要求运输设施清洁卫生，保障动物福利。

犬猫等宠物疫病预防。对犬猫等宠物的狂犬病预防，是美国动物防疫制度的重点之一。为更好地预防犬猫等宠物发生狂犬病，在饲养、买卖和运输等各环节都作出详细规定。首先，持证经销者、饲养者或宠物赠与人都必须依法对犬猫进行标记，规定了标记的时间、方法、标牌形式等。其次，为确保犬猫信息的准确性，经营者和展览者必须记录犬猫交易信息。犬猫或非人灵长目动物只有配带持证兽医师颁发的健康证书，经营者、展览者、拍卖商、经纪人才可以委托中间处理人或承运人进行商业托运或商业运输。

二、加拿大

加拿大动物防疫法律完备，建立起动物疫病通报制度、动物及动物产品的进出口管制制度、疫病根除区制度、废弃兽用生物药品许可制度、动物福利制度、动物标识制度、动物扑杀补偿制度等。

动物疫病通报。加拿大规定，当发现需要报告的动物疫病或有毒物质时，畜主、兽医或动物样本分析员应立即通报距离最近的兽医检验员，并按照规定的方式采集动物或其他物品的样本。任何人不得隐瞒，不得驱赶、收留、放养已感染或污染、接触过需报告疫病或有毒物质的动物，不能将其带入市场、集市或者其他地方。动物死亡后，不得随意丢弃、放置、水洗全部或部分动物尸体。

动物及动物产品的进出口管制。加拿大对动物和相关胚质进口、动物产品进口、动物副产品，动物病原体及其他物品进口、动物饲料进口等进行管制，允许检举违反法律规定的进口行为，并强化被检举人的举证责任。动物出口要遵守有关动物，卫生、保护、运输等要求，在加拿大出口牲畜、家禽、动物胚胎或动物精液等均需要获得兽医签发的检疫证书，并确保出口动物符合进口国的各项进口要求。

疫病根除区制度。加拿大《动物卫生条例》第 73、74、75 条规定，建立疫病根除区、种群疫病根除计划。按照规定，加拿大每个省都建立疫病根除区，反刍动物，马科动物或猪科动物均应在此区域内进行检疫、隔离，并作结核病或布鲁氏杆菌病检验。为彻底根除反刍动物中的结核病和布鲁氏杆菌病，在此区域内组织实施“种群疫病根除计划”。对布鲁氏菌病、鸡白痢和鸡伤寒等主要的动物疫病有类似规定。加拿大《动物卫生条例》对患有狂犬病或怀疑患有狂犬病的狗或其他动物，亦会采取强制措施。

动物标识制度。规定未佩戴获批标签的动物不得移离种场或农场，不得运输，其他人不得接收。要记录动物市场交易信息，运输动物的运输工具要有封条或其他识别标志。

动物扑杀补偿制度。为控制动物疫病，要在扑杀通知书所规定的时间内，以规定的方式将动物送往屠宰场进行处置，在此过程中产生的合理费用，物主或畜主可以获得相应的扑杀动物赔偿。

三、英国

英国有着完善的动物防疫法体系，既有与其他国家或地区，特别是欧盟动物防疫体系中具有共性的动物疫病净化消灭制度、动物扑杀补偿制度、运输活畜禽管理制度等，也有个性化的制度。

共性制度。对于动物疫病净化消灭，英国《动物卫生法》根据国情，确定需要净化消灭的重点动物疫病为口蹄疫、羊痒病等，通过生物安全指导措施、国家应急计划等严格措施净化消灭疫病。对于进出境检疫，与国内检疫同步并互相认可。对于动物扑杀补偿，为防止疫病传播，地方行政长官务卿可下发命令屠宰动物，对被扑杀动物的物主或畜主相应补偿。对于运输活畜禽管理，既强调对运输的活畜禽及其运输工具应当强制检疫检验，又强调运输过程中的动物福利。

个性制度设计方面。区分一般动物与野味，并对野味进行特殊规定。英国《鲜肉卫生和检验条例》第 2 条，将动物与野味进行了区分。此外，英国还对野味屠宰场及野味加工厂操作作出专门规定，规范野味加工场行为。

四、欧盟

欧盟在动物防疫方面，出台的指令较多，涉及管理体制、具体管理规范、动物检疫方面的技术标准等。

管理体制。首先，欧盟对官方兽医实施“垂直管理”制度，首席兽医官是最高兽医行政官，地方官方兽医由其管理，不受地方领导。其次，欧盟在动物防疫上实行区域化管理。这一区域并不限于国别，而是根据相同动物卫生状况或传染病控制措施相近的国家或部分地区来进行区域划分。在同一区域内实行统一的传染病监测体系。

动物疫病监测。欧盟有着完备的动物疫病报告和联动的防疫制度，各成员国所有的兽医防疫机构均可以互联互通，按照要求在每年3月底前将本国的各类动物疫病信息汇总上报欧盟总部，当某一成员国或某地区出现严重动物传染病时，该国在确定疫情后24小时内直接通过通报系统向欧盟和其他成员国报告，欧盟及各成员国的相关机构收到信息后，迅速评估疫情，共同拟定应对方案。欧盟各成员国实验室形成网络，可以针对疫情防控实现资源共享、技术互助。

五、俄罗斯

管理体制。俄罗斯《联邦兽医法》第16、20、48、53、56条规定，俄联邦国家兽医部门组织和机关和俄联邦国家卫生—流行病部门的机构和机关协同负责动物防疫的体系，并界定了不同机构的职权范围。俄罗斯以国家财政支持保障兽医学发展。

动物防疫制度。一方面，俄罗斯为预防动物疫病，保障动物产品安全，对生产、加工和保管动物产品的企业规划和施工，饲料和饲料添加剂的使用，动物的饲养、饮水安全、运输安全，采购、运输、保管、加工和销售动物产品原料，动物屠宰和生产肉和肉制品组织，生产、加工、保管、运输和销售动物产品等作出相应的规定，预防动物疫病。另一方面，俄罗斯《联邦兽医法》规定了针对动物传染病的预防免疫制度，对预防接种、免疫预防制剂和预防药剂使用均作出明文规定。

动物卫生基金。俄罗斯设立了俄罗斯联邦的国家和市政府所属的兽医部门的发展基金、社会兽医基金来保障本国动物卫生事业的发展，还设立了在俄罗斯联邦区域内运送生病动物损失补偿的保险基金。

六、澳大利亚

管理体制。澳大利亚农业部门有专门的动植物检疫处长，所有首席动物检疫官和首席植物检疫官对其负责，履行职责，行使权力。动物检疫官和植物检疫官对委托他的检疫部门负责，依照法律规定履行职责，行使权力。

入境检疫制度。由于澳大利亚独特的地理位置，决定了国家动物疫病防控体系是以隔离为基础的。因此，澳大利亚实行严格的动物及动物产品入境检疫制度。其动物防疫重点在海关清关环节。按照《澳大利亚检疫法》，检疫官可以以书面形式，命令任何已感染或将要感染应检疫的疾病或害虫的船只及装置、人员、货物接受检疫。

临时检疫官制度。澳大利亚设置了独具特色的临时检疫官制度，应对流行病或传染病。《澳大利亚检疫法》规定，根据疫情的紧急程度，动植物检疫处长可以授权特定人员或任何人担任临时检疫官，临时检疫官可以按照自己的职责和能力，根据动植物检疫处长的指示，履行职责，行使权力，并在委托或授权期间，享有正式检疫官所有的权利。

七、以色列

管理体制。以色列农业部部长和兽医局局长为动物防疫的主要负责人，农业部部长可以根据《动物疫病法》制定防疫的实施细则，还可颁布一般或特殊种类诊所行医规则，以规范其服务、预防工作。兽医局局长可以依法定程序以政府公告的形式宣布某区、村或场所为疫区，官方兽医可以宣布疫区所在镇某村庄为疫区。官方兽医受兽医局局长领导。

活畜禽市场交易和运输监管。一是，立法规定禁止、限制活畜禽交易、运输的情形。二是，规定交易、运输的严格消毒制度。三是，对于活畜禽运输实行许可制度、动物运输车辆注册制度。动物流动许可制度是指，如果某地存在疫病传播风险，禁止动物在不同行政区间流动，禁止将动物带入该行政区。动物运输车辆注册制度是指，运输牛、羊、猪、马等禽畜的车辆的所有者要按照规定向主管部门提交注册申请，主管部门根据车辆是否符合方便消毒等要求，确定是否同意注册，获得注册的运输车辆应当在车厢两侧标明“运输动物”的字样。

动物扑杀的补偿。对为防止疫病扩散而扑杀动物的所有者进行相应补偿，并规定相应的评定标准。以色列《动物疫病法》规定了对扑杀动物的补偿以及对补偿金额的评定标准。当有动物感染疫病进行扑杀时，要给予健康动物价值的一半；当动物没有感染疫病而只是因怀疑感染进行扑杀时，要给予健康动物价值的全额；如果动物尸体返还给了畜主，并且该尸体可以使用，则应在赔偿款中扣除尸体价值。

八、日本

管理体制。日本的动物防疫主要由农林水产部负责。农林水产部在听取食品、农业、农村政策审议会的意见后制定防疫方案。

活畜禽市场交易和运输监管。日本更侧重于预防和隔离。《日本动物传染病防治法》规定家畜市场为预防、监视传染病必须配备相应的设备；家畜防疫官或者家畜防疫员按照法定事项对家畜市场进行检查、巡视；明确动物运输者对运输畜禽的申报义务等。

动物疫情报告和通报。日本详细规定了疫病报告、通报的程序、方式和内容：当兽医发现患病或疑似患病动物后，应当立即报告；都道府县知事接到报告后，应立即逐级向农林水产省大臣报告，同时要向患病动物所在的市町村和相关都道府县知事通报。如是新发动物疫病，都道府县知事要通知家畜防疫员予以诊断，确诊后再按程序进行通报和报告。疫情报告实行“月报”和“年报”制度，定期将上月、上年度的动物疫病预防控制的实施情况和实施结果逐级上报至农林水产大臣。

种畜禽防疫。《日本动物传染病防治法》对种畜禽的检查、注射、药浴或给药作出明确规定；在进出境动物及动物产品的监管中，重视检疫与疾病预防工作相结合；为防止疫情蔓延，可采取隔离、交通限制、扑杀、无害化处理等动物疫病的控制和扑灭措施。

动物扑杀补偿。国家财政保障被扑杀的家畜的所有者所遭受的部分损失，并规定相应的评定标准。

兽医人员管理。日本有专门的《兽医师法》，围绕兽医师资质的取得、兽医师的义务、兽医师的诊疗规范等作了详细规定，明确兽医师职责，规范兽医人员从业行为，监督兽医人员执业活动。

法律责任。日本对违反动物防疫相关法律规定的处罚，规定了法律责任。对于发现疫病但不及时报告的兽医，给予3年以下监禁或100万日元以下罚款；对于没有按要求实施扑杀措施的畜主，处以3年以下监禁或100万日元以下罚款；对于没有按要求及时隔离、无害化处理措施的畜主，处以1年以下监禁或50万日元以下罚款；对于不配合家畜防疫员开展防疫工作或违反规定下达命令的都道府县知事，处以30万日元以下的罚款。

（本文作者为牟萍）

后　记

《中华人民共和国动物防疫法》是涉及动物卫生安全和公共卫生安全的重要法律，也是涉农法律中带有基础性的法律，十分重要。全国人大常委会对动物防疫法修订工作高度重视，全国人大常委会委员长栗战书、副委员长王晨对修法工作提出了明确要求，副委员长吉炳轩、武维华对修法给予指导。法律修订草案自2020年4月26日由全国人大农业与农村委员会提出，到2021年1月22日审议通过，10个月内连续三次审议，足以说明修订这部法律的重要性和紧迫性。

为配合学习宣传贯彻动物防疫法，全国人大农业与农村委员会、农业农村部组织编写了《〈中华人民共和国动物防疫法〉导读》，为学习理解、贯彻实施动物防疫法提供帮助。本书编写人员均为全国人大农业与农村委员会、农业农村部等单位直接参与动物防疫法修订工作的同志，具有比较扎实的专业背景，对立法要义有比较准确的理解和把握。全书由张福贵、管崇涌同志负责统稿，刘振伟、于康震同志审阅定稿。

第十二届全国人大常委会副委员长张宝文、全国人大农业与农村委员会主任委员陈锡文、各位副主任委员及委员，全国人大宪法和法律委员会主任委员李飞，副主任委员沈春耀、丛斌，农业农村部部长唐仁健、原部长韩长赋等同志都给予修法工作大力支持。全国人大农业与农村委员会法案室、农业农村部畜牧兽医局修法工作小组的同志，从构建科学、合理、健全的动物防疫法律制度目标出发，付出了辛勤劳动。特别是在对一些重要制度安排形不成共识时，起草组的同志实事求是，深入基层，广泛听取意见，使法律修订达到预期。修订动物防疫法的动议是 2017 年提出的，时任农业部动物疫病预防控制中心副主任刁新育同志、兽医博士杨林同志，全国人大代表、华南农业大学教授陈瑞爱同志等，对调整动物防疫方针提出了切合实际的建议，发挥了应有的作用。

如果我国的动物卫生安全因动物防疫法修订能跨上一个新台阶，人畜共患传染病能被最大限度遏制并消减存量，不因人畜共患传染病影响公共卫生安全，就充分体现了这次修法的价值。

在此，对所有给予修法工作支持的人士谨表衷心感谢！

由于水平有限，书中难免有不妥之处，敬请批评指正。

本书编写组

2021 年 5 月